母語を活用した内容重視の
教科学習支援方法の構築に向けて

シリーズ 言語学と言語教育

第1巻　日本語複合動詞の習得研究－認知意味論による意味分析を通して　松田文子著

第2巻　統語構造を中心とした日本語とタイ語の対照研究　田中寛著

第3巻　日本語と韓国語の受身文の対照研究　許明子著

第4巻　言語教育の新展開－牧野成一教授古稀記念論文集
　　　　鎌田修，筒井通雄，畑佐由紀子，ナズキアン富美子，岡まゆみ編

第5巻　第二言語習得とアイデンティティ
　　　　－社会言語学的適切性習得のエスノグラフィー的ディスコース分析　窪田光男著

第6巻　ポライトネスと英語教育－言語使用における対人関係の機能
　　　　堀素子，津田早苗，大塚容子，村田泰美
　　　　重光由加，大谷麻美，村田和代著

第8巻　母語を活用した内容重視の教科学習支援方法の構築に向けて
　　　　清田淳子著

第10巻　大学における日本語教育の構築と展開
　　　　－大坪一夫教授古稀記念論文集
　　　　藤原雅憲，堀恵子，西村よしみ，才田いずみ，内山潤編

シリーズ 言語学と言語教育 8

母語を活用した内容重視の教科学習支援方法の構築に向けて

清田淳子 著

ひつじ書房

まえがき

　日本社会の急速な国際化や法律の改正に伴い、「言語少数派の子ども」（外国から来て日本で暮らす、日本語を母語としない子どもたち）が増えている。子どもたちの多くは、来日後、地元の小・中学校に編入し、日本語の取り出し授業を受けながら徐々に在籍級の授業に参加していくことがめざされる。しかし、休み時間のおしゃべりなど日常的な対話場面で必要な日本語は1～2年で習得できるのに対し、教科学習場面で要求される日本語の習得には長い時間がかかるとされる。そのため子どもたちの多くは教科学習の理解に困難を抱え、学校の授業についていけないことは認知面の発達、情緒面の安定、そして進路選択にも大きな影響を及ぼしている。

　実際、子どもたちはどのような時間を学校の教室で過ごしているのだろうか。地域の支援教室に通う子どもたちの声から、いくつかの姿を描いてみたい。

- フィリピン出身のT男（小6、男子、来日1年後）は、取り出し授業のない時は、じっと黙って在籍級の教室の椅子に座り続けていた。在籍級で使っている「国語」の教科書を初めて支援教室で開いたときには、色鮮やかな写真や挿し絵を次々と見続けていた。
- 台湾出身のH子（中2、女子、来日半年後）は、「先生の言っていることは何もわからない」が、何もしないでいると眠ってしまうので、板書だけは写そうとした。H子同様に、板書だけを写していたF子は、意味のわからないままノートをとり続け、級友からは「Miss 板書」と呼ばれた。
- ブラジル出身のM男（中2、男子、来日2年半後）は、教科書や板書は自分には読めないとあきらめ、授業中はずっと机の上に突っ伏していた。しかし、本当に眠っていたわけではなく、教師の話に耳を傾けながらたく

さんの情報を得ていた。

　言語少数派の子どもが教科学習の内容を理解することは簡単なことではなく、特に学年が高いほど困難さが増す。しかし、彼らが黙って座り続けていたり、意味もわからず黒板に書かれたことを写していたりするのではなく、日本人生徒と同様の課題にすべて取り組むことはできないとしても、学習内容に主体的に関わっていくすべはないものだろうか。例えば「国語」の授業であれば、クラスのみんなは「山の話を読んでいるのか、海の話を読んでいるのか」、そのことだけでもわかった上で授業に臨むにはどうすればいいのだろうか。

　本書では、言語少数派の子どもの教科理解を促すための支援方法として、年少者の第二言語教育の知見をふまえ、「日本語がある程度できてから、教科学習を行う」「日本の学校で勉強するのだから、日本語だけを用いるべきだ」という従来の発想から脱し、日本語指導と教科指導を統合して行うことと、子どもの母語を活用することを提案する。すなわち、教科学習という意味のあるやりとりを通して日本語を学んでいくこと、教科学習に子どもの母語を積極的に活用していくことの可能性を、実際の支援で得られたデータをもとに追求する。

　今後、言語少数派の子どもが日本人の子どもと机を並べて学ぶ光景は、一部の都市や地域に限られた現象ではなく、日本各地にあまねく広がっていくことであろう。そのような中で、言語少数派の子どもと日本人の子どもが「学びあう」という状況を創り出していくためには、言語少数派の子どもが教科学習へ参加していく手立てを確立していくことが欠かせない。

　言語の学習と教科学習との統合、母語の活用を掲げた本書の実証的な研究が、さまざまな支援の現場で何らかの意味で役に立ち、さらには、子どもの属性や現場の状況に応じた新たな支援方法の創出につながっていくとすれば幸いである。

目　次

まえがき ………………………………………………………………… i

第1章　言語少数派の子どもたちに対する教育の現状 ── 1
1.1　はじめに ……………………………………………………… 1
　1.1.1　言語少数派の子どもたちに対する教育の現状と課題 ……… 1
　1.1.2　教科学習を視野に入れた日本語教育の必要性 ……………… 3
1.2　言語少数派の子どもたちの教科学習支援に関わる先行研究 …… 7
　1.2.1　「内容重視のアプローチ（content-based instruction）」
　　　　（Brinton 他 1989）……………………………………………… 8
　1.2.2　「教科・母語・日本語相互育成学習」（岡崎1997）………… 16
　1.2.3　母語を活用した内容重視のアプローチの必要性 ………… 18
1.3　本書の目的 …………………………………………………… 22
1.4　本書の構成 …………………………………………………… 23
1.5　研究の方法 …………………………………………………… 25
　1.5.1　学習支援の概要 ……………………………………………… 26
　1.5.2　分析に用いたデータ ………………………………………… 31

第2章　内容重視のアプローチの支援における
　　　　母語の役割 ── 35
2.1　はじめに ……………………………………………………… 35
2.2　教科学習場面における母語の活用に関わる先行研究 ……… 36
2.3　研究の概要 …………………………………………………… 37
　2.3.1　研究の目的 …………………………………………………… 37
　2.3.2　分析の方法 …………………………………………………… 37
2.4　母語の役割に関する分析結果 ………………………………… 38

  2.4.1　「日本語による先行学習場面」における母語話者支援者の
    母語の使用頻度の変化 ……………………………………… 38
  2.4.2　「日本語による先行学習場面」における母語の役割 ………… 39
 2.5　母語の役割についてのまとめ………………………………………… 48

第3章　母語を活用した内容重視のアプローチの可能性の検討 —— 51

 3.1　支援の授業で用いた学習課題の特質……………………………… 51
  3.1.1　はじめに ……………………………………………………… 51
  3.1.2　研究の概要 …………………………………………………… 52
  3.1.3　学習課題の特質に関する分析結果 ………………………… 57
  3.1.4　学習課題の特質についてのまとめ ………………………… 62
 3.2　内容重視のアプローチによる書く力の育成……………………… 64
  3.2.1　はじめに ……………………………………………………… 64
  3.2.2　言語少数派の子どもたちの「書くこと」に関わる先行研究 …… 65
  3.2.3　研究の概要 …………………………………………………… 72
  3.2.4　書く力に関する分析結果 …………………………………… 74
  3.2.5　書く力の変化についてのまとめ …………………………… 84
 3.3　内容重視のアプローチによる教科理解の促進…………………… 89
  3.3.1　はじめに ……………………………………………………… 89
  3.3.2　日本における内容重視のアプローチによる実践と研究 … 90
  3.3.3　研究の概要 …………………………………………………… 92
  3.3.4　内容理解に関する分析結果 ………………………………… 99
  3.3.5　内容理解についてのまとめ ………………………………… 123

第4章　言語少数派の子どもたちの教科学習における評価 —— 135

 4.1　はじめに…………………………………………………………… 135
 4.2　教科学習の評価に関わる先行研究………………………………… 137
  4.2.1　アメリカの学校教育における評価 ………………………… 137
  4.2.2　日本における評価の動向 …………………………………… 145
  4.2.3　言語少数派の子どもたちを対象とした評価 ……………… 146

4.3　研究の概要 ·· 146
　　　　4.3.1　研究の目的 ·· 146
　　　　4.3.2　分析の方法 ·· 147
　　　　4.3.3　子どもの属性 ·· 147
　　4.4　創出型解答の評価に関する分析結果 ······················· 149
　　　　4.4.1　学習課題の特質 ······································ 149
　　　　4.4.2　創出型解答の評価の分析 ····························· 152
　　4.5　教科学習における評価についてのまとめ ··················· 162

第 5 章　言語少数派の子どもたちに対する教科学習支援への提案 ── 171

　　5.1　研究のまとめ ·· 171
　　5.2　母語を活用した内容重視のアプローチの意義 ··············· 175
　　5.3　母語を活用した内容重視のアプローチと、
　　　　従来型の教科学習支援との比較 ····························· 177
　　5.4　言語少数派の子どもたちに対する教科学習支援への提案 ···· 180
　　　　5.4.1　言語少数派の子どもたちの教科学習支援に求められる視点 ······ 180
　　　　5.4.2　日本人生徒を視野に入れた実践の追究 ················· 182
　　5.5　今後の課題 ·· 184

参考文献 ─────────────────────── 187

資料 ─────────────────────────── 205

あとがき ─────────────────────── 247

索引 ─────────────────────────── 249

第1章
言語少数派の子どもたちに対する教育の現状

1.1　はじめに

1.1.1　言語少数派の子どもたちに対する教育の現状と課題

日本社会の急速な国際化や出入国管理及び難民認定法の改正(1990)に伴い、言語少数派の子どもたち[1]が増え続けている。文部科学省の調査(2004)によると、2003年9月現在、公立学校に在籍する「日本語指導が必要な外国人児童生徒」は19,042人で、1991年に調査を開始して以来2番目に多い数となった。このうち小学校に在籍している者は12,523人、中学校は5,317人である。その在籍状況をみてみると、一つの学校に一人だけ在籍する場合が47.2%と約半数を占め、30人以上が在籍する学校も44校に上るなど、「分散と集中の二極化の状況にある」ことが指摘されている。また、在籍期間については2年以上の者が45.1%と最も多く、さらに母語別にみると、ポルトガル語を母語とする者が35.6%、次いで中国語(25.8%)、スペイン語(14.0%)となっている。

　次に、言語少数派の子どもたちの在籍する学校が、日本の公立学校全体のどれほどの割合を占めているかをみてみよう。「学校基本調査」(文部科学省 2003)によれば、日本には小・中学校あわせて33,739校の公立学校がある。このうち言語少数派の子どもたちが在籍している学校数は小学校で3,166校、中学校は1,722校であり、単純に計算してみても7校に1校の割合になる[2]。言語少数派の子どもたちの存在はどこか特別の地域で起こっている現

象でないことは明らかである。

　ところで、文部科学省の調査（2004）によれば、19,042人の「日本語指導が必要な外国人児童生徒」のうち、学校で実際に日本語指導を受けている者の割合は83.7%とされる。この子どもたちは、どのような日本語指導を受けているのだろうか。

　言語少数派の子どもたちの指導形態としては、授業時間に対象生徒を在籍学級から取り出す「取り出し指導」、授業時間に日本語担当者が在籍学級に入り込んで対象生徒を補助する「TT（= Team Teaching）指導」が一般的である。そして、取り出し指導やTT指導で展開される日本語指導は、「初期指導」から「中期指導」へ、そして「教科指導」へと大きく三つの段階から構成されている（伊東1999）。

「初期指導」：編入してきたばかりの子どもを対象とする。生活適応や日常生活で最小限必要な日本語指導を行う。
「中期指導」：会話による意思の疎通がある程度できるようになった子どもを対象とする。
　　　　　　在籍学級での学習に必要な言語能力（文章の読解や作文の指導、教科理解のための基本的語彙の指導など）を身につけさせる指導が中心となる。
「教科指導」：在籍学級の教科学習支援を目的とする。教科内容の予習的指導や、やさしい日本語を使って教科内容の説明を行う。

以上のような段階的な指導には、教科学習を視野に入れて子どもの日本語力に応じた指導を行うという意図が認められる。しかし、現在ではこのような段階的指導に含まれる問題点も指摘されるようになった。

　伊東（1999）はその問題点として、初期指導のカリキュラム開発は進んできたものの、中期指導から教科指導への体系化されたカリキュラム作成は不十分であるとしている。また齋藤（2002）は、特に初期指導における文法積み上げ型の指導内容や方法が子どもたちに適しているのか、取り出し指導の日本語学習が在籍学級の教科学習に結びついていないのではないか、子ども

の状況を十分考慮した適切な支援が行われているとは言い難いのではないか、という問題点を投げかけている。

このうち子どもたちが抱える教科学習の困難については、「順調に日本語を習得し環境への適応にも問題がないようにみえる児童生徒が、教科学習の内容をほとんど理解していないことに気づいて愕然としたという教育現場からの報告が多い」(西原 1996a：67)や、「初期指導が終わって、日常会話は話せるようになったが、教科の内容が理解できないなど、学力が伸びないことが、広く学校現場で認められるようになってきた」(川上 2002：16)、「取り出し学級における日本語学習から母学級における教科学習への移行が必ずしもスムーズにはいかず、日本語はできるのに教科学習には取り組めない子どもが多く見られるようになった」「取り出し学級では活発に授業に参加できるのに、母学級では全く授業に参加できず完全に『お客様』となる子どもも多い」(岡崎他 2003a：64)などの指摘が相次いでいる。さらに、一口に教科学習の困難といっても、その様相は子どもの学年段階によって大きく異なる。佐藤(2001：158)は受け入れ校の教師に対する調査の結果、中学校では社会科の学習が困難であるという回答は全体の 85.2％、「国語」[3] は 83.7％ にのぼり、続いて理科が 65.9％、数学 57.5％、英語 45.5％ と、「中学校段階の教科学習は、きわめて困難な状況にある」ことを指摘している。

日本における言語少数派の子どもたちの教育が本格的に始まって 10 年、公立小・中学校の 7 校に 1 校は言語少数派の子どもたちが在籍する状況の中で、生活適応や日常生活に必要な日本語指導の充実は図られてきたものの、現在では子どもたちの教科学習支援をどのように行っていくかということの解決が求められている。特に学年が上がるにつれ教科学習の問題は深刻化し、子どもたちの学びをどう保障していくかということは喫緊の課題であるといえる。

1.1.2 教科学習を視野に入れた日本語教育の必要性

子どもを対象とした場合、日本語指導だけではなく、なぜ教科学習を視野に入れた取り組みが求められるのだろうか。子どもにとって学校の授業がわからないということは何を意味するのだろうか。この項では、教科学習を視野

に入れた日本語教育の必要性について考えてみたい。

(1) 教室での学習に必要な言語能力それ自体をねらいとして育てていく必要性

冒頭部分で述べたように、言語少数派の子どもたちにおいては友だちとの日常会話に不自由はなくなっても、教科学習の理解に困難を感じている場合が多い。このことをうまく説明してくれる先行研究として、Cummins and Swain（1986）の「言語能力発達モデル」がある（図 1-1）。

図 1-1 の「言語能力発達モデル」は二つの座標軸からなり、横軸は意味の授受に役立つようなコンテクストからの助けがどれくらいあるかを示し、

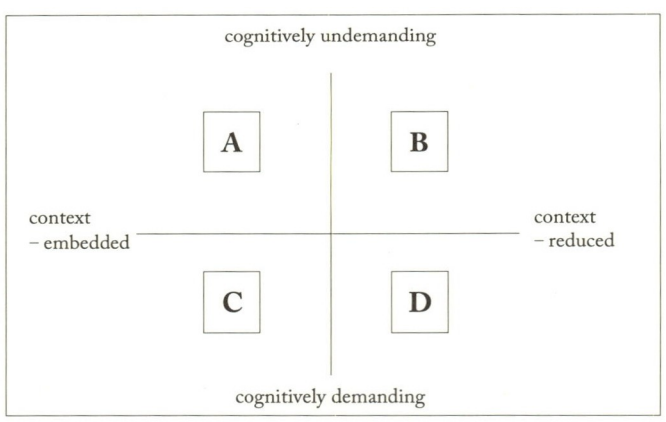

図 1-1　言語能力発達モデル
（Cummins, J. and Swain, M.（1986：153）より引用）

縦軸はタスクや活動における認知的な要求の程度を表す。「コンテクスト」と「認知的な要求」という視点から教室での学習をとらえてみると、教室での学習は二つの座標軸で表される 4 領域のうち D の部分に相当する。Cummins（1984）によれば、認知的な能力や読み書きの技能は会話の流暢さとは無関係であることから、両者の言語能力は区別されるべきであるという。したがって、休み時間や放課後の友だちとのやりとりに必要な言語能力（図 1-1 の A 領域）と、教室での学習に必要な言語能力（図 1-1 の D 領域）

とは別物であることから、「日本語ができるようになれば、学校の勉強にも自然についていけるようになる」「これだけ日本語がすらすら話せるのだから、学校の勉強ができないのは努力しないからだ」という考えは否定され、言語少数派の子どもたちが教科学習を理解していくためには、教室での学習に必要な言語能力それ自体をねらいとして育てていく必要がある。

(2) 教室での学習に必要な言語能力獲得の重要性

子どもの第二言語習得をめぐってCummins (1984)は、日常生活を送るための言語能力 (BICS: basic interpersonal communicative skills) と教室での学習に必要な言語能力 (CALP: cognitive/academic language proficiency) の区別を唱えたが、後者の獲得には5年から7年かかるとされる。しかし、子どもにとって5年から7年という時間がもつ意味はあまりにも重い。その理由は以下の点による。

まず第1に、子どもたちはCALPに関わる日本語力の不足ゆえに、小学校から高校という多感な時期に学業面において絶えず周囲から遅れをとっているという状況におかれることになる。蘭 (1989)は子どもの自己概念について、学業的自己概念と非学業的自己概念から構成されているとした。このうち学業的自己概念は「国語」や算数などの学業成績とそれらの評価から成り、非学業的自己概念は社会的、感情的、身体的自己概念から構成される。そして子どもが自己概念を形成していく際には、両親や教師、仲間との相互作用を通して、どの程度学業を達成するのか、また、どのくらい社会的コンピテンスや役割取得能力などを学習するのかということが重要であるとしている。

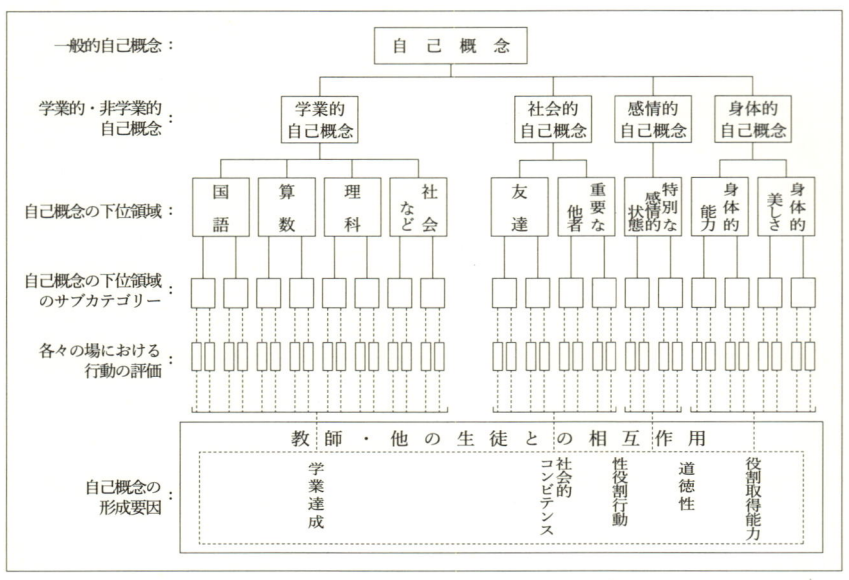

図1-2 子どもの自己概念理解のための枠組み
(蘭(1989:19)より引用)

　蘭のモデルを用いて言語少数派の子どもたちの状況をとらえてみると、「学業面において絶えず周囲から遅れをとっている」ということは学業的自己概念の形成が難しいということであり、このことは自分をどの程度価値のある者としてみているかを示す自尊感情の形成にもマイナスの影響を及ぼすことが予想される。

　第2の理由として、子どもは、教科学習の基礎となる思考力、言語による自己表現力、他者の思考を言語を媒介として受け止める力を獲得する必要がある。

　日本語教育はもちろん言語教育では、近年、コミュニケーション能力の育成が重視されている。しかし子どもを対象にしたことばの教育に求められるものは、意思伝達のための言語能力だけではなく、自分自身の考えや意見そのものも豊かに育てることではないだろうか。CALPの習得とは勉強がわかったかどうかという結果のみを問題とするものではなく、あるいは学習用

語や語彙の習得のみをさすものでもなく、言語による概念理解の過程で、今学んでいることに対してどれほど自分で考えることができたか、どれほど自分の思いや考えを表現することができたか、どれほど友だちの意見に触発されて自分の考えを問い直してみたかということをも含み、その意味においてCALPの習得は重要である。

　さらに子どもは、ことばを通して他者と共感し、価値観を共有していくための言語能力が必要である。言語少数派の子どもたちと級友との交流の実態を明らかにした調査（中西、佐藤 1995）によれば、小・中学生を比較したとき、中学生の方がはるかに交流が少ないことが報告されている。その理由としては子どもの友人関係に関する発達的変化があり、小学校から中学校に上がるにつれて友人関係は仲間集団による遊びを中心とした関係から、悩みごとを相談したり趣味や価値観を共有するなど個人間の心理的な結びつきを中心とした関係に変化するという。このような状況は、学年が上がるにつれ、子どもたちの友人関係が体（遊び）を通じたものからことばを通した関係に移行していくことを表している。そしてことばを通して友だちを作っていくためには、言語少数派の子どもたちといえどもことばによる感情や思いのやりとり、そしてことばを手がかりとして相手の思いを想像していくことが求められる。

　以上のような理由から、発達途上にある子どもたちにとってCALPとは、「教科学習に関わる言語能力」のみならず、教科学習の基礎となる思考力、言語による自己表現力、他者の思考や感情を言語を媒介として受け止める想像力・共感力を含むものとして再定義することができ、その獲得はきわめて重要であるといえよう。

1.2　言語少数派の子どもたちの教科学習支援に関わる先行研究

移民の子どもたちを早くから受け入れ、年少者を対象とした第二言語教育の歴史の長い欧米諸国では、教科の内容理解を促す方法の一つとして、教科の内容と言語を統合して教える「内容重視のアプローチ」（Brinton 他 1989）に基づく実践が行われてきた。内容重視のアプローチ（後述）は価値ある興味

深い内容を学生に与えることで言語と概念の両方の発達をめざす教授法であり、年少者を対象とした場合、この「価値ある興味深い内容」は教科学習に相当すると考えられる (Snow 他 1992)。

　本書では、この「内容重視のアプローチ」(Brinton 他 1989) を、教科学習へ発展する日本語教育を考えるときの先行研究とする。さらに、教科学習支援を実施するときのモデルとしては、教科、母語、日本語の三者の育成をめざす「教科・母語・日本語相互育成学習」(岡崎 1997) の枠組みを用いる。

1.2.1 「内容重視のアプローチ (content-based instruction)」(Brinton 他 1989)

内容重視のアプローチ (Brinton 他 1989) とは、教科の内容と言語を統合して教えるというもので、価値ある興味深い内容を学生に与えることで、言語と概念の両方の発達が促されると考える。その論理的根拠として Brinton 他 (1989) は、

　　①学生が必要とする言語形式を供給する
　　②内容に難しいことばがあっても、内容への興味から学ぼうという動機が強い
　　③学生の背景知識を活用できる
　　④断片的でない、文脈化されたことばを含む
　　⑤読んだり書いたりする中で理解可能なインプットを受け、学生は自然に言語を獲得する

という5点をあげている。

　ところで内容重視のアプローチは、Brinton 他 (1989) では大学レベルの高等教育を対象に提唱され、その後、年少者の教育へ広まったという経緯をもつ。そこで、まず内容重視のアプローチの由来と広がりを概観し、その上で年少者の第二言語教育において言語と内容を統合することの根拠と意義について先行研究をみていくこととする。

（1） 内容重視のアプローチの由来と年少者の第二言語教育への導入

Brinton 他（1989）は内容重視のアプローチに影響を及ぼしたものとして次の3点をあげている。一つはイギリス教育省による委員会[4]がまとめたレポート 'A Language for Life'（1975）で、そこでは第一言語発達のために学校ではすべての教科領域にわたって言語指導が行われるべきであるという主張がなされた。二つ目は「専門のための言語（Language for Special Purposes）」のプログラムで、このプログラムは第二言語において特別な目的（たとえば経済や科学の領域で専門性を身につけたいなど）をもつ成人を対象に大学や職場で展開された。三つ目はイマージョン教育である。Brinton 他はカナダのケベック州で行われたフレンチ・イマージョン（1965）とカリフォルニア州におけるスペイン語のイマージョン・プログラム（1971）を、第二言語を使って教科を教えることに焦点化した実践としてあげている。このように、全教科領域での言語指導をというイギリス教育省の提案、専門性へのアクセスを与えるための「専門のための言語（Language for Special Purposes）」プログラム、そして第二言語を使って教科を教えるイマージョン教育の流れを受けて、内容重視のアプローチが提唱されることとなった。

それでは内容重視のアプローチは、小学校や中学校にどのような経緯で導入されていったのだろうか。Freeman and Freeman（1998）によれば、1980年代初めのアメリカでは、増加し続ける言語少数派の子どもたちに対して、日常生活に必要な言語能力の獲得を主眼とした教育が行われていた。しかしこのようなプログラムは子どもたちの会話能力を向上させたものの、母学級の授業に十分参加できるほどの言語能力を獲得させるには至らなかった。そして、意味のある内容を勉強しながら英語を学んでいくことの方が論理的であるという考え方が支持を受け、内容重視のアプローチへの関心が高まったという。こうして内容重視のアプローチは小・中学校のバイリンガルクラスや第二言語としての英語（English as a second language、以下 ESL と表す）を学ぶクラスだけでなく母学級にも導入されるようになるが、その後、このプログラムのもとで子どもたちに学習に必要な言語能力をいかに獲得させるか、子どもたちの文化的・教育的背景をふまえた授業をいかに行うかという二つの点が重要な課題として把握されるようになった（Short 1994）。また授業形

態についても、第二言語教育を専門とする ESL の教師、あるいは母学級を担当する教師が個別に授業を行うのではなく、両者が協働して行う形についても追究されるようになった（Teemant 他 1996）。

（2） 言語と内容を統合することの根拠と意義

年少者の第二言語教育においてなぜ言語と内容を統合して教えるのか、その根拠については大きく二つのことが指摘されている。第 1 の根拠は、「言語は、意味や目的のある社会的でアカデミックなコンテクストのやりとりにおいて最も効率的に学習されるが、学校ではそれが教科に当たる」（Snow 他 1992：28）、「人は言語を使うとき言語を学ぶ。意味あるコンテクストで学習しながら言語を学ぶ方が、別の科目として学ぶより論理的である」（Freeman and Freeman 1998：32）という指摘に見られるように、教科学習という意味あるやりとりを通して子どもはことばを学んでいくのだから、両者を統合する方が別々に教えるより理にかなっているという考え方である。第 2 の根拠は、「学校の学習のほとんどは言語技能にひどく依存しているので、内容と言語の間には強い相互作用がある」（Met 1998：42）というもので、教科学習において内容と言語は不可分の関係にあるという根拠である。内容重視のアプローチを念頭においた発言ではないが、牧野（1993：264）は教科教育とことばの関わりについて、「教育の場において、言語は不可欠である。あらゆる教科が言語を媒体として教育され、学習される。理科、家庭科、数学などいずれの教科も言語がなければ成り立たない。教育・学習される教科ばかりでなく、これらの教科と直接・間接にかかわる学習者の思考も言語なしでは不可能である」とし、やはり両者が不可分の関係にあることを指摘している。

では、言語と内容を統合して教えることにはどのような意義があるのだろうか。Brinton 他（1989：215）は「内容重視のアプローチは言語と概念の発達を強化し、積極的な態度を促す」とその意義について述べているが、子どもを対象とした場合はどうなのだろうか。

先行研究では三つの観点から内容重視のアプローチの意義が主張されている。第 1 の意義は、子どもの第二言語能力、特に学習に必要な言語能力を高

めるという主張である（Met 1998、Stryker and Leaver 1997、Crandall 1987 など）。第2は、言語と内容を統合した指導はアカデミックで認知的な発達を促すという意義である（Crandall 1993、Snow 他 1992 など）。そして第3は学習への動機に関わる。「（内容重視のアプローチは）プログラムが生徒の言語的・認知的・情意的ニーズに合っていれば、動機が高められる」「内容重視のアプローチは自己への自信と、新しい言い回しなどの積極的な使用に有効である」（Stryker and Leaver 1997：5, 307）、「内容は学習者にとって興味深くて価値がある限り、言語学習への動機づけとなる」（Snow 他 1992：28）のように、内容への興味が子どもたちの学習への動機を高めるというものである。

　以上、子どもを対象とした内容重視のアプローチでは、学習に必要な第二言語能力の向上、認知的な発達の促進、そして学習への動機づけという三つの意義が提唱されている。それではこれらの意義は、言語に統合する教科によってどのように具体化されるのだろうか。本書では「国語」を統合した支援を対象としていることから、次の項では「国語」を取り上げることの意義についてみていきたい。

（3）「国語」を統合することの意義
① 「国語」という教科の特性

「国語」という教科は何を学ぶ教科なのだろうか。この問いに答えるにあたって、まず「国語」という教科は何をめざしているのかということをみておきたい。世羅（1991：30）は国語科教育の目標として「①言語能力・言語生活力を育成することと、それを身につけさせる過程で、②ものの見方・感じ方・考え方を豊かにすること、すなわち認識を豊かにすること」をあげ、①は国語科独自の目標であり、②は他教科にもかかわる目標であるとしている。同様に、飛田（1984：20）も、国語科教育の使命は、第一に「言語を契機とし、言語に即した表現力と理解力を身につけさせることにある」とし、今ひとつの面として「教材の価値内容にある精神的教化・人間性の開発」をあげている。

　たとえば『守る、みんなの尾瀬を』（『国語六年』光村図書）という文章を

読んだとき、尾瀬に関する知識を蓄えることは「国語」の第1の目標ではない。「国語」では、この文章を通して論の展開の仕方を学んだり自分の意見をまとめたりするなど、ことばによる理解力や表現力を育てていくことをめざす。「国語」は道徳教育でもなく社会科や理科の補完でもなく、言語の教育なのである。しかし、言語が伝達や思考、認識の機能を担っている以上、文章には思想が内包される。先の例でいえば、尾瀬での取り組みを通して環境に対する人間の責任や自然保護について認識を深めていくことが「ものの見方・感じ方・考え方を豊かにすること」や「人間性の開発」に関わる部分である。

つまり、「国語」という教科は「教材を学ぶのではなく、教材で学ぶ教科」と言われるように、算数における「分数」や「体積」と同じように「尾瀬」について学ぶのではなく、尾瀬に関する文章を通してことばの使い方を学び、さらには自然環境についての認識を深めていくことをめざす。

したがって、内容重視のアプローチの取り組みで「国語」が取り上げられる場合、その内容は算数や理科の場合とは当然性質が異なってくる。たとえば算数では、「長さ」の学習（＝内容）と比較の言い方（＝言語）を統合する試みが報告されている（谷口 2000）。しかし「国語」では教科の特性ゆえに、「尾瀬」という内容と何らかの表現形式を結びつけて教えるような図式は成立しない。「国語」における内容は、教材文を通して育成される言語能力（＝教材の技能的価値）と、教材文を通して育成されるものの見方や考え方（＝教材の内容的価値）という点から論じられるべきなのである。そして、それらの言語能力（＝技能的価値）やものの見方考え方（＝内容的価値）は、授業者が設定する学習活動や具体的な課題を通して子どもたちに獲得させていくこととなる。

では、このような特性をもつ「国語」は、日本語教育と比較した場合どのような違いがあるのだろうか。次項では、国語科教育と日本語教育の相違点について述べていく。

② 国語科教育と日本語教育の相違点

国語科教育と日本語教育の最も大きい相違点は、どのような学習者を対象と

するかということにある(安達1996、西原1996b、小林1996、北原1996など)。すなわち、国語科教育は日本語を母語とする学習者を対象とする教育実践であり、日本語教育は日本語を第二言語として習得しようとする学習者を対象とする。

　教育の対象が異なれば、教育の目標や内容も違ったものとなる。両者の目標について甲斐(1997：75)は、「国語教育は、学校教育の基盤としての言語能力の育成、具体的に言えば、他の各教科の基礎としての言葉による思考力、表現力などを育成することになる。また、日本の社会人としての言語能力を培うことを目的としている」、「他方、外国人への第二言語としての日本語教育は、日常生活におけるコミュニケーションができる日本語能力の育成を意図している。(略)日本語教育は、その日本語の習得によって心情を豊かにするとか、生きる力を培うなどといった間接的に得られる目標は掲げていない。日本語によるコミュニケーション能力の育成に中心が置かれているからである」と述べている。また、菊地(1996：77–78)は、国語科教育の目標として「心を豊かにする〈心の教育〉」「言葉の能力を養う〈言語の教育〉あるいは〈技の教育〉」「日本語・日本文学・日本文化あるいは広く人文社会科学に関する知識を与え、知的関心を持たせる〈知の教育〉」の三つをあげ、一方、日本語教育の目標は「〈言語の教育〉あるいは〈技の教育〉が中心をなし、〈知の教育〉が適宜加わる」としている。このように教育の目標が異なる結果、国語科教育と日本語教育では内容も異なる。たとえば、安達(1996：43)は「国語教育は日本語に精通していることが前提であるために、おのずから言語による思考・鑑賞型の指導が中核を占める」ことを指摘しているが、日本語教育の場合は、「文学作品の鑑賞に属する質問は必要ない」(国松1989：325)とされる。

　以上のような相違点を反映し、実際の教育現場においても、国語科教育は学校教育の基盤としての「言語能力」と、「ものの見方や考え方」を豊かにすることの双方を追究する授業が展開され、一方、日本語教育では実生活上で必要なコミュニケーション能力の向上をめざす活動が主体となっている。

　しかし、上記の比較においては、「子ども」を対象とする国語科教育と、「成人」を対象とする日本語教育の姿が取り上げられているという点に留意しな

くてはならない。第一言語の力が確立し、しかも思考力も認識力も十分に兼ね備えている成人の学習者に対しては、第二言語のコミュニケーション能力育成が焦点化されるのは当然のことといえる。しかし、第二言語を学ぶという点は同じであっても、発達途上の「子ども」を対象とする場合は、成人の学習者を対象に展開されてきた日本語教育では決して十全とはいえず、日本語によるコミュニケーション能力の育成と同時に、子どものものの見方や考え方を広げ、考える力や感じる力の育成にもかかわっていくような視点が必要であると考えられる。

③ 「国語」を統合することの意義

以上のような「国語」という教科の特性をふまえた上で、本項では「国語」を統合することの意義について考えていきたい。

　先行研究においては社会や理科、数学を統合した実践例が多く、内容理解のほとんどをことばに頼らざるをえない「国語」を取り上げた報告はきわめて少ない。そのような中で Custodio and Sutton (1998) は、読み物 (literature) を用いた内容重視のアプローチの試みを中学校の ESL で8年間にわたって行った。Custodio らは日本の国語科教科書の文種と共通する小説・物語とノンフィクションの両方を取り上げ、読み物を用いることの意義を次のように示している。

　①読む・書く・話す活動が授業の中で統合され、また話のコンテクストは現実的な作業の基盤を与えてくれる
　②作品で提示された問題についての話し合いはより高度なレベルの思考技能を促し、言語を現実的に使う機会となる
　③読むことが苦手な生徒は、興味深いテキストを長期的に学習することで、作品のスタイルやフォーマットに慣れ親しむことができ、安心感をもてる
　④読むことに関心をもった生徒は、生涯にわたって学び続けることができる
　⑤読み物はアメリカ文化の窓口となる。すなわち、アメリカの人々がど

のように暮らし、考えているのか理解するのを助ける
⑥小説には、生徒の文化が現実性のある形で、また価値あるものとして反映される

　また、内容重視のアプローチに言及した研究ではないものの、Sage (1987) は ESL で読み物を用いることの価値を三つの観点から論じている。第 1 は「文化的な価値」で、読み物は「文化のモデルを与えるので、生徒が文化的な洞察を得るための明白で貴重な手段」となる。第 2 は「言語的な価値」で、読み物は「広範なコミュニカティブ・ストラテジーの規範となる」ことに加え、「耳で聞くときは学生の聞く力を改善し、多くの興味深い書く機会を与え、議論を通じて話すことの実践を促す」としている。第 3 は「教育的価値」で、読み物は「言語と思考のつながりの見本」となること、あらゆる学問の知識を伝えること、そして情報や理論という知識だけでなく「物語、詩、演劇、小説など、読み物は知覚されない何か、心に描かれても十分に理解されない何かを描くことができる」ことをあげている。

　さらに Langer (1997：2) は、スペイン語を母語とするヒスパニック系の高校生を対象に、読み物を通じて読み書き能力を育てることをめざした。2 年間の実践を通して、「読み物は生徒に自分たちの人生、学習、言語について振り返らせることができる」と述べている。

　以上のような知見をもとに、「国語」を統合することの意義を整理しておきたい。

①学習に必要な第二言語能力の発達
・読むことはもちろん聞く・話す・書くなど 4 技能にわたる言語能力を育てる
②認知的な発達
・文章の理解を通じて、思考力を育てる
・さまざまな学問領域における知識を伝える
③他者への共感力や想像力の育成
・自分の人生を作品に重ね合わせたり多様な登場人物の心情に触れる

ことで、他者に共感する力や想像力を養う
④学習への動機づけ
・作品の内容への興味が子どもたちの学習への動機を高める
・一つの作品に長期的に関わることで、作品への親しみや学習への安心感を生む
⑤母文化や目標文化の理解
・母文化や目標文化が描かれた作品を通じて、それらに対する理解を深める

なお、日本における内容重視のアプローチの取り組みについては、第3章3.3で取り上げることとする。

1.2.2 「教科・母語・日本語相互育成学習」(岡崎1997)

本書では「1.5 研究の方法」の項で述べるように、実際の学習支援で得られたデータをもとに分析を進めている。学習支援は基本的に、子どもの母語がわかる支援者と日本語話者支援者との協働支援の形態を取るが、その枠組みとしては、岡崎（1997）によって提唱された「教科・母語・日本語相互育成学習」を用いた。「教科・母語・日本語相互育成学習」を用いた理由は、このモデルが日本語だけでなく母語の保持・伸張や教科学習をねらいとしていること、子どもたちの認知面の発達と学習への意欲や態度の育成を視野に入れていること、そして家庭学習と学校の授業とのつながりを重視していることによる。

「教科・母語・日本語相互育成学習」においては、子どもは各家庭で、学校の授業の予習として教科書を母語訳した音声テープを聞き、母語と日本語の両方で書かれたワークシートの課題に取り組む。このような家庭学習で得た知識や情報によって子どもたちは見通しをもって学校の授業に臨むことができるようになり（スキーマの形成）、授業での「理解可能なインプット」が増え、その結果として学習内容の理解や日本語力の向上につながっていくとされる。

また、「教科・母語・日本語相互育成学習」を家庭ではなく支援教室で実

施する場合は、母語話者と日本語話者の協働支援が展開されることとなる。この場合、母語話者の存在には、「母語話者の支援者には日本語話者支援者には話せないようなことも話す機会を提供したり、両言語ができる有能な先輩として役割モデルを与えたり、何より、母語が副次的な位置ではなく、日本語と並ぶ位置にあるというメッセージを送ることができる」(岡崎他 2003a：72) という意義も指摘されている。

次に、「教科・母語・日本語相互育成学習」に基づく実践を概観すると、茨城県の小学校 (1 校) の実施報告書 (茨城県教育庁指導課 1997) によれば、44 名の児童を対象に 5 ヶ月間の実践を行った結果、「国語」の学習では、滞日年数が 1 年未満の子どもは、ほとんど内容を理解できない状態から物語の流れをつかむまでになり、滞日年数が比較的長い子どもは、日本語だけでは理解が不十分な部分の解明に役立ったという変容が示されている。また、情意面では、「わからないとあきらめていたことが母語の助けを得ることで理解でき、自信につながったり、意欲の向上につながった」(1997：66) という学習意欲の向上に関する指摘や、さらに、家庭で母語訳のテープを親子で聞くことを通して親子のコミュニケーションが図られるなどの有効性が報告されている。

また、岡崎他 (2003b) では支援教室における二つの事例を通して、母語による先行学習は「①高度な母語使用の機会を提供する、②母語の読み書き能力を継続的に発達させる、③日本語の学習言語の育成に寄与し、認知面・言語面の発達の基盤を創る」ことや、日本語による先行学習は「母語による先行学習で学んだ内容を梃子に、母語によるサポートの下、教科と統合された日本語学習の場である」(2003b：75) ことを示し、さらに「教科・母語・日本語相互育成学習」による学習が学校の授業の予習として役に立つという実感は、子どもに「自分が一貫した存在であるという安心感」(2003b：69) を与えるとしている。

原 (2001) は韓国出身の 4 名の児童 (小学 6 年生) に対する社会科支援を取り上げ、韓国語話者と協働で行った「教科・母語・日本語相互育成学習」は、子どもたちの母語に対する態度や認識にも肯定的な影響を与えることを指摘した。同じ支援を対象に、原・三宅 (2004) は母語力の保持育成の観点

から分析を行っているが、その結果、教科学習に取り組むことによって、認知面・学習面の言語能力を要する母語使用が可能になることや、さらには子ども自身が母語使用の場としての意義を支援教室の学習に見いだしていることを示した。

　一方、朱（2003）は、「教科・母語・日本語相互育成学習」による「国語」の支援を取り上げ、支援における母語の役割を追究した。分析の結果、母語話者支援者は子どもの既有知識に関連づけた多様なヒントを与え、子どもはそのヒントを手がかりに自力で日本語による理解や産出を行っていること、また子どもはことばの説明を求めたり自分の理解が正しいかを確認したり、あるいは教材文に関わって自分の意見を述べる際に母語を活用していることを明らかにした。

　以上のように「教科・母語・日本語相互育成学習」においては、日本語の学習言語の育成や教科の内容理解の促進、学習意欲の向上、母語力の保持伸長や母語に対する肯定的な態度の養成、そして親子のコミュニケーションに寄与するなど、認知面と情意面の双方における意義が指摘されている。

1.2.3　母語を活用した内容重視のアプローチの必要性

前項までは「内容重視のアプローチ」（Brinton 他 1989）と「教科・母語・日本語相互育成学習」（岡崎 1997）のそれぞれの概要について述べてきたが、本項では、従来の内容重視のアプローチが内包する問題点を検討し、子どもを対象とした場合、言語と内容を統合した内容重視のアプローチをより豊かなものにしていくにはどうすればよいかということについて先行研究の知見をもとに考えていきたい。

　内容重視のアプローチと「教科・母語・日本語相互育成学習」はともに年少者の教科学習支援に関わる教授法でありながら、母語の位置づけや役割の明確さという点において大きく異なっている。「教科・母語・日本語相互育成学習」ではその名称にも現れているように、教科、母語、日本語が同じ重みをもつものとして位置づけられ、三者の育成がめざされる。これに対し内容重視のアプローチでは母語の保持・伸張は目的とはせず、また、内容領域に関わる学習の中で母語を活用するという視点も明示されていない。

とはいえ、内容重視のアプローチは子どもの母語活用を決して排除するものではない。たとえば、Freeman and Freeman（1998）は、子どもたちの第二言語能力が低い場合や、第一言語でも教科学習が遅れている場合は、教師は、特に主要な考え方や概念について生徒の理解を助けるために、母語によるサポートを与えることが必要であるとしている。また、Sheppard（1997）によれば、内容重視のアプローチに基づいて第二言語で内容指導を行うESLクラスでは、子どもの母語を使う場合と使わない場合があると述べている。したがって、内容重視のアプローチにおいては、子どもたちの母語を使うかどうかは教師や学校の裁量に任されているといえよう。

　しかし、言語少数派の子どもたちの教科支援においては、母語は使っても使わなくてもよいと曖昧にしておくのではなく、あるいは「子どもの第二言語能力が低い場合」や「教科学習が遅れている場合」という限定的な状況下だけで使用するのでもなく、母語を積極的に活用していくことが必要ではないだろうか。その理由を以下に述べたい。

　母語を活用することの第1の理由は、教科学習の継続ということである。

　Collier（1987）は、母国で中・上級の社会層に属し、入国時に学年相応レベルの第一言語の力をもつ4歳〜16歳の言語少数派の子ども1,548人を対象に、すべての授業を英語（＝第二言語）で受けた場合、アカデミックな英語に熟達するのにどれくらい時間がかかるかということについて分析した。その結果、第二言語だけで教育を受けている場合、12歳〜16歳でアメリカに来た子どもたちは、数学だけは6年後に英語母語話者の平均レベルに達するが、読解（reading）、言語技術（language arts）、理科、社会などは追いつくことができず、アカデミックな英語を獲得するのに最も大きな困難を抱えていることを明らかにした。このような結果をふまえ、Collierは、「中等教育段階の生徒が英語をマスターしながら教科学習においても学年レベルにとどまるためには、第一言語で教科を教えてもらうことが最も必要である」（1987：635）と提言している。また、Collier（1989）は、母国やホスト国で第一言語による教育経験のない子どもは、第二言語だけでなく読解、理科、社会においても英語母語話者平均のレベルに到達するのに長い時間がかかること、さらには、第一言語でアカデミックな勉強が継続できない中学生は、高

校進学後、教科学習に関して失われた年月を補うには不十分な時間しか残されていないため、高校中退の危険性が高いことを指摘している。

　社会的な事柄や科学的な事象などの概念を確立している成人の第二言語学習者とは異なり、子どもの場合は第二言語環境下においても引き続き概念形成を行う必要がある。教科学習はその概念形成のための主要な場としてとらえることができるが、Collier の指摘をふまえて考えれば、日本語の学習に専念する中で教科学習が断ち切られてしまうという問題を克服するためには、日本語と教科の学習を統合して行うことに加え、母語を活用することで教科学習の継続を実現していくことが求められよう。

　次に、本書では言語に統合する教科として「国語」を取り上げているが、第 2、第 3 の理由は、この「国語」という教科の特性に関わる。

　「国語」を統合することの意義は先に述べたとおりであるが、その反面、「国語」は他教科と比べて「コンテクストからの助け」がきわめて少ないという特性をもつ。たとえば、論の展開を示す数式、視覚的情報をもたらす地図やグラフ、実技を通して理解を促す実験や実習が「国語」という教科にはほとんどない。図 1–1 に示した「言語能力発達モデル」(Cummins and Swain 1986) に即して考えれば、「国語」の学習は「コンテクストからの助け」がきわめて少なく、加えて、小学校高学年以降の「国語」の教科書は抽象概念を表す語彙が多用されるなど (岩田 1987)、「認知的な要求」もかなり高い。

　このような特性をもつ「国語」の支援では、文章世界についてイメージを描けるように具体的な情報を提供したり、教材文に含まれる抽象語彙をわかりやすく説明するなど、母語は、文脈を提供したり認知的な負荷を減らすために貢献できるのではないかと予想される。これが母語活用の第 2 の理由である。「国語」の時間だから日本語だけ使うべきだという狭い発想ではなく、子どもたちの強い方のことば (＝母語) で培ってきた能力や知識を利用して、弱い方のことば (＝日本語) による教科学習を進めていくという姿勢は、「コンテクストからの助け」が少なく、「認知的な要求」の高い「国語」という教科だからこそ必要ではないかと考えられる。

　第 3 の理由は、「国語」は他者への共感力や想像力の育成を担うという特性に関わる。先に、「国語」を統合する意義の一つとして、「(教材文を読んで)

自分の人生を作品に重ね合わせたり多様な登場人物の心情に触れることで、他者に共感する力や想像力を養う」ことをあげたが、たとえばある教材文を読んで、主人公の行動がわかり、場面の状況を思い描き、自分自身と主人公を重ね合わせて考えることができたとしても、人物の微妙な心の動きを不十分な日本語で言語化することはきわめて難しい。あるいは、筆者の主張や作品に対する自分自身の思いや考えを語りたいとき、それを最もよく表すことができるのは日本語ではなくて母語であろう。

「国語」という教科学習における共感力や想像力の育成といったとき、そこでは子どもの心に抱いた人物への共感や頭の中に描かれた豊かな想像を、どの言語であっても表出させることがまず優先され、そのあと、その表出された内容を表すような日本語を支援者とともに探していくことが行われるべきであると考える。このように、「国語」は人物の心情や自分の感情に迫ることのできる教科であるからこそ、自分を最もよく語ることのできる母語を用いることの有用性が期待される。

そこで本書では、母語を活用した内容重視のアプローチの可能性を、「国語」を統合した場合を取り上げて、以下の5点から検討していくこととする。

第1は、内容重視のアプローチの支援に母語を活用することの意義や役割に関わる視点である。すなわち、母語の活用は内容重視のアプローチの支援にどのように貢献できるのかということについて明らかにしていく。第2は、母語を活用することで、どのような「国語」の授業が可能になるかということを、学習課題の特質という点から明らかにする。第3、第4の視点は、言語と内容を統合して教えるという内容重視のアプローチの根本的な理念に鑑み、言語と内容の双方から可能性を探る。すなわち、子どもの日本語力は伸張しているのか、「国語」の内容理解は促進しているのかということについて追究する。そして第5の視点としては、日本語力の発達や教科の内容理解の向上という結果を支援者や教師はどのように受け止めているのか、評価の問題を取り上げる。

なお、各観点に関わる先行研究については第2章から第4章においてそれぞれ取り上げることとする。

1.3　本書の目的

本書では、母語を活用した内容重視のアプローチの可能性とその意義について、「国語」を統合した場合を対象に、以下の五つの研究課題を立てて明らかにする。

　研究課題（1）では、内容重視のアプローチの支援における母語の役割を明らかにする。その際、学年相応の第一言語の読み書き能力をもつ子どもを対象とするが、これは、第一言語で聞く・話すことはできても読み書きの力が不十分な子どもに比べて、支援における母語の役割がより明確な形で把握できると考えたためである。

　次に、研究課題（2）～（4）では、母語を活用した内容重視のアプローチの可能性を、支援の授業で用いた学習課題の特質、子どもの日本語力の変化と教科の内容理解の状況から検討する。これらの研究課題では2名の言語少数派の子どもたちを対象とするが、その理由を以下に述べる。

　わたしたちは、「外国人児童生徒」「言語少数派の子ども」などの呼称のもと、ともすれば外国から来た子どもたちの存在を一括りにして考えてしまいがちであるが、実際には、子どもたちの学習歴や来日後の状況は、子どもの数だけ多様であるともいえよう。したがって支援の有効性を明らかにしていく際には、可能な限り子どもの属性を明らかにすることが求められるが、本書では、言語少数派の子どもたちの置かれている一方の極として、第一言語の読み書き能力も不十分で、しかも教科学習に大きな欠落部分があり、日本語や教科の学習について親からの助けを期待できない子ども1名と、もう一方の極として、学年相応の第一言語の読み書き能力を有し、母国で順調に教科学習を積み重ね、教育意識の高い親をもつ子ども1名を対象とすることで、母語を活用した内容重視のアプローチは両極端の状況にある子どもたちに適用することができるかどうかという点から、その可能性を追究していきたいと考えた。すなわち、来日時点で不利な条件を一手に引き受けているような子どもをどう伸ばせるのか、有利な条件にある子どもをどう伸ばせるのか、という点から内容重視のアプローチの可能性を追究するために、2名の子どもを研究対象とした。

最後の研究課題（5）では、日本語力においても教科の内容理解においても在籍学級の授業に参加できる程度に力をつけた、いわば研究課題（1）〜（4）で対象とした子どもたちの「発展形」といえるような子どもを対象に、教科学習における評価の問題を取り上げる。

以下、五つの研究課題を示す。

（1） 母語は、内容重視のアプローチの支援において、どのような役割を果たしているか。（第2章）

母語を活用した内容重視のアプローチでは、「国語」を統合した場合、

（2） どのような学習課題を設定することができるか。（第3章3.1）
（3） 子どもたちの書く力はどのように変化しているか。（第3章3.2）
（4） 子どもたちは学年相応の「国語」の教材文をどこまで理解することができるか。また、どのような力を用いて学習課題の解決に当たっているか。（第3章3.3）
（5） 「国語」の教科担当者は言語少数派の子どもの記述解答をどのように評価しているか。また、適切な評価のあり方とはどのようなものか。（第4章）

1.4　本書の構成

本書は、以下の5章から構成される（図1–3）。

　第1章では言語少数派の子どもたちに対する教育の現状と課題を概観し、教科学習支援を実施することの必要性と重要性を述べる。そして、教科学習支援に関わる理論的背景として二つの先行研究「内容重視のアプローチ」（Brinton 他 1989）、「教科・母語・日本語相互育成学習」（岡崎 1997）を取り上げ、本書の目的を示し、分析の方法について説明する。

　第2章は、内容重視のアプローチにおける母語の役割を、学年相応の第一言語の読み書き能力をもった子どもの支援を通して明らかにする。

　第3章では、母語を活用した内容重視のアプローチの可能性を三つの研究

```
┌─────────────────────────────────────────────────────────┐
│ 第1章 言語少数派の子どもたちに対する教育の現状          │
│  1. 言語少数派の子どもたちに対する教育の現状と課題       │
│  2. 教科学習を視野に入れた日本語教育の必要性             │
│  3. 理論的背景                                          │
│    ・「内容重視のアプローチ」(Brinton 他 1989)          │
│    ・「教科・母語・日本語相互育成学習」(岡崎 1997)       │
│  4. 「国語」を統合することの意義                         │
│  5. 母語を活用した内容重視のアプローチの必要性           │
│  6. 研究の目的、研究の方法                              │
└─────────────────────────────────────────────────────────┘
                            ⇩
┌─────────────────────────────────────────────────────────┐
│ 第2章 内容重視のアプローチの支援における母語の役割       │
│    1. 母語の使用頻度   2. 母語の役割                    │
└─────────────────────────────────────────────────────────┘
                            ⇩
┌─────────────────────────────────────────────────────────┐
│ 第3章 母語を活用した内容重視のアプローチの可能性の検討  │
│       ┌────────────────────────────────────────┐        │
│       │ 3.1 支援の授業で用いた学習課題の特質    │        │
│       │  1. 課題の認知レベル  2. 課題の質問の型 │        │
│       └────────────────────────────────────────┘        │
│              ⇩                        ⇩                │
│  ┌──────────────────────┐  ┌──────────────────────────┐ │
│  │ 3.2                  │  │ 3.3                      │ │
│  │ 内容重視のアプローチ │  │ 内容重視のアプローチによる│ │
│  │ による書く力の育成   │  │ 教科理解の促進           │ │
│  │  1. 文の長さの変化   │  │  1. 内容理解の到達度     │ │
│  │  2. 文構造の複雑さの │  │  2. 課題の解決過程で活用 │ │
│  │     変化             │  │     している思考力や想像力│ │
│  │  3. 使用語彙の広がり │  │                          │ │
│  └──────────────────────┘  └──────────────────────────┘ │
└─────────────────────────────────────────────────────────┘
                            ⇩
┌─────────────────────────────────────────────────────────┐
│ 第4章 言語少数派の子どもたちの教科学習における評価      │
│    1. 内容面と言語面の採点基準と方法                    │
│    2. 評価試案の提案                                    │
└─────────────────────────────────────────────────────────┘
                            ⇩
┌─────────────────────────────────────────────────────────┐
│ 第5章 言語少数派の子どもたちに対する教科学習支援への提案│
│  1. 母語を活用した内容重視のアプローチの意義             │
│  2. 母語を活用した内容重視のアプローチと、従来型の教科学 │
│     習支援との比較                                      │
│  3. 言語少数派の子どもたちに対する教科学習支援への提案   │
└─────────────────────────────────────────────────────────┘
```

図 1–3　本書の構成

から検討する。三つの研究はいずれも、第一言語の読み書き能力に差がある2名の言語少数派の子どもたちを対象とする。

　まず、3.1では、母語を活用することで、どのような学習課題を設定することができるのか、「国語」の教材文を読みとるための学習課題の特質を「課題の認知レベル」と「課題の質問の型」に着目して分析する。3.2では、日本語力の中でも書く力に焦点を当て、「文の長さ」「文構造の複雑さ」「使用語彙の広がり」から子どもたちの書く力の変化を分析する。そして3.3では、子どもたちがどこまで学年相応の教材文を理解することができたか到達度をとらえ、また、学習課題の解決過程でどのような力を用いているか、思考力や想像力の活用の状況を明らかにする。

　第4章では、日常会話はできるが教科学習に困難を感じている子どもを対象として、教科学習における評価の問題を取り上げる。ここでは多様な評価方法の中でも学校で行われる定期テストを取り上げ、教科担当者の採点の観点や基準を明らかにし、そのうえで「国語」のテストにおける記述型解答の適切な評価のあり方を探る。

　第5章では、第2章〜第4章で得られた知見をまとめ、今後の課題を述べる。

1.5　研究の方法

本書では、母語を活用した内容重視のアプローチによる三つの教科学習支援で得られたデータをもとに分析を進めていく。そこで、ここでは三つの支援の概要を説明し、分析に用いた教材一覧を示す。続いて、各支援における子どもの属性について述べる。

　第2章〜第4章における分析の方法については、各章で述べることとする。

1.5.1　学習支援の概要
（1）　支援の授業の概要

まず、第2章〜第3章で取り上げる、S男とK男を対象とする支援について説明する。これらの支援はいずれも都内某大学に開設されている「子ども支援クラス」[5]において行ったものである。学習者は中国出身の男子2名（以下、S男、K男と呼ぶ）で、後述するように2名は日本の小学校5年生に編入した点は同じながら、編入の経緯や母国での学習歴の違いによって、支援開始時点における第一言語の読み書き能力や教科知識などが大きく異なる。

表 1–1　三つの支援の概要

学習者	支援の場所	支援期間	日本語に統合する教科	支援の形態	対象としている章段 第2章	第3章	第4章
S男	都内某大学に開設された「子ども支援クラス」	2000年4月〜2003年3月	「国語」	・日本語話者支援者による単独支援 ・子どもの母語話者との協働支援		○	
K男	都内某大学に開設された「子ども支援クラス」	2001年10月〜2002年7月	「国語」	子どもの母語話者との協働支援	○	○	
M男	公立中学校における取り出しの授業	2002年4月〜2003年3月	「国語」	日本語話者支援者による単独支援			○

　支援期間は、S男の場合は中学校入学時から卒業までの3年間（2000年4月〜2003年3月）で、K男は小学校5年生から6年生にかけての10ヶ月間（2001年10月〜2002年7月）である。日本語に統合した教科としてはいずれも子どもの意向をふまえて「国語」を取り上げ、在籍学級と同じ教科書を用いて、週1回90分程度の授業を行った。S男の支援では、最初の1年間は日本語話者支援者（＝筆者）が単独で支援を進め、それ以降は中国語母語話者と協働して支援に当たった。K男の場合はすべて母語話者との協働支援による。

　毎回の授業は、「先行研究」の項で述べたように、「教科・母語・日本語相互育成学習」（岡崎1997）の枠組みを用いて行った。図1–4に示すように、協

働支援の場合は、まず中国語話者支援者[6]が子どもの母語で先行学習を行い、続いて日本語話者支援者が日本語で読解の学習を行うという流れで展開した。「国語」の支援を例に授業の進め方を述べると、まず「母語による先行学習場面」では、母語話者支援者は文章の概要を確認する課題や、「あなたのふるさとの夜はどんな様子ですか」（S男、『夜は暗くてはいけないか』2002年4月）、「砂漠はどんなところですか」（K男、『砂漠に挑む』2002年5月）など子どもの経験や背景知識を問う課題を、口頭であるいは紙に書いて母語で提示し、その課題をめぐって母語でのやりとりを十分に行う。続いて「日本語による先行学習場面」では、日本語話者支援者が、教材文の読み取りのための学習課題（4〜5題程度）を書いたワークシートを用意し、課題を巡るやりとりを子どもと日本語で、時には母語の助けを借りながら十分に時間をかけて行い、一つの課題が解決するごとに子どもは自分が理解できたことや考えたことをワークシートに記入するという活動を行った。

　日本語話者支援者が単独で支援する場合も、学習課題をめぐるやりとりを十分に行う点は同じであるが、授業の中で、教材文のあらすじを母語訳して録音した母語訳テープを利用する点が協働支援の場合とは異なる。

以上のような授業の流れを先行研究のモデルと比較してみると、次のように整理することができる。

本書の場合（協働支援）：

　　　支　援　の　授　業
　　　母語による先行学習 ⇒ 日本語による先行学習　→→《学校の授業》

本書の場合（単独支援）：

　　　母語訳テープ等を利用した支援の授業　→→《学校の授業》

岡崎（1997）の場合：

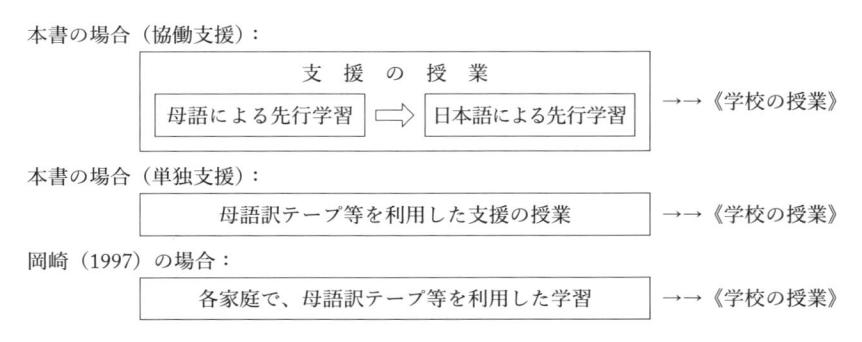

　　　各家庭で、母語訳テープ等を利用した学習　→→《学校の授業》

図1-4　支援の授業の流れ

次に、第4章で取り上げる支援について説明する。第4章の支援は、国際学級が設置されている神奈川県の公立中学校で取り出しの授業として行ったものである。取り出しの授業の参加者は3名であったが、分析に際しては、日常会話にはほとんど不自由はないが教科学習に困難を感じているブラジル出身の生徒1名（中学2年、男子。以下、M男と呼ぶ）を対象とした。支援期間は2002年4月～2003年3月の1年間で、日本語に「国語」を統合し、週1回50分、在籍学級と同じ教科書を用いて支援を行った。教材文の読み取りのための課題を用意し、課題をめぐるやりとりを十分に行ってから書く活動に入るという授業の展開の仕方はS男やK男の場合と同じであるが、母語話者は参加していない。

（2） 子どもの属性

表1–2は、本書が分析対象とする3名の子どもの在学状況と支援時期を示したものである。以下、この表をもとに個別の状況について述べることとする。

① S男の属性

来日前、S男は中国福建省の農村部にある小さな学校で学んでいた。中国では「満6歳または7歳の9月から1年生になる。また農村部では就学年齢は都市部よりさらに高い傾向にある」と就学年齢に幅があり、そのため「10歳で2年生、13歳で5年生というケースもままある」ことが報告されている（安場2000：22）。S男の場合も、表1–2に示すように、10歳で小学校2年生を修了するという状況にあった。母親によれば「S男は中国の学校では優秀で、成績も上位であった」と支援開始時のインタビューで述べている。

　S男は1998年に小学校2年生を終えて来日したが、日本ではS男の10歳という実年齢に合わせて編入学年が決められたため、日本の小学校の5年生に「飛び級」をして編入することとなる（表1–2における網掛けの部分）。編入先の小学校では、生活適応を目的とした取り出し指導を不定期ながら受けていた。中学校では取り出し等の制度がないこともあり教科の内容理解は困難であったが、先生の話を聞く姿勢や黒板に書かれたことを写すなど授業に対する基本的な構えは身につけていた。しかし、家庭学習の習慣はまった

表 1-2　3名の子どもの在学状況と支援時期

子ども	居住地	1995年	1996年	1997年	1998年	1999年	2000年	2001年	2002年
S男 (1988年 /早生まれ)	中国			小1 (9歳)	小2 (10歳) *7月修了				
	日本				小5 (11歳) *10月来日	小6 (12歳)	中1 (13歳)	中2 (14歳)	中3 (15歳) *03年3月 卒業
							←――支援――→
K男 (1990年 生まれ)	中国			小1 (7歳)	小2 (8歳)	小3 (9歳)	小4 (10歳)	小5 (11歳)	
	日本							小5 (11歳) *8月来日	小6 (12歳) *8月帰国
								←―支援―→	
M男 (1988年 生まれ)	ブラジル	小1 (7歳)	小2 (8歳)	小3 (9歳)	小4 (10歳)	小5 (11歳)			
	日本					小5 (11歳) *6月来日	小6 (12歳)	中1 (13歳)	中2 (14歳)
									←支援→

(注)
1. 表中の上段「小1」は、小学校1年という学年を表し、下段「7歳」は、上段に示した学年の修了時点における年齢が7歳であることを表す。
2. 中国の始業年度は9月から翌年の7月、ブラジルは3月から翌年の2月である。

く形成されていなかった。家庭での使用言語は両親とは中国語、弟とは日本語と中国語である。

　支援開始当時(来日1年半)[7]、S男は日本語話者支援者の簡単な問いかけや指示に反応するなど日本語を聞く力はある程度もっていたが、自分から話すことはきわめて少なかった。またひらがなを読むことはできたがいくつかの文字に混同が見られた。カタカナは未習である。文字を書くことに対しては抵抗感がなく、学校の授業でも黒板に書いてあることは進んで写そうとし

ている。しかし、作文はもとよりわずか1文でさえも自分の考えを書いて表すということはできなかった。

　先に述べたように、S男は小学校2年生修了直後に中国を離れ、日本の小学校の5年生に編入するという飛び級を経験している。学習面においてこの3学年分の飛び級がS男に与える影響には、少なくとも次の3点が予想される。まず第1に、日本語はもちろん中国語での読み書きも発達途上にあるということがある。このことは、S男が使える語彙や表現がきわめて限られているだけでなく、ピンインという中国語の読み書きに不可欠な手段をS男が獲得していないことを意味する。第2に、S男は3学年分の未学習部分を抱えているということがある。これは、たとえば、九九を習い終えた子どもが、その直後に分数のわり算や円の面積を求める問題をこなさなければならない状況を表す。しかし未学習部分があるということは、単にその領域の知識が欠けているというだけではなく、それらの学習過程で獲得できたはずの思考力や想像力、表現力をも身につけていない可能性があることを表す。そして第3に、学び方を学んでいないという問題がある。たとえば、S男に家庭学習の習慣が確立していないのは、S男が怠け者だからなのではない。これは、宿題をする、家で復習する、わからないところをきく・調べるなど、子どもたちが自立した学び手になっていくためのステップを踏む機会をS男がもたなかったからにほかならない。

　以上のことをふまえて考えると、S男を単に「日本語指導の必要な外国人生徒」としてのみみていくことはまったく一面的なとらえ方であるといえよう。むしろS男は、「発達上必要なプロセスを飛び越してしまった」(安場2000)生徒として把握される必要があるといえる。

② K男の属性

K男は中国北部の都市、長春出身の小学5年生である。2001年8月に来日し、すぐに公立小学校の5年生に編入した。編入に際しては、表1-2にも示すように、学制の違いによる飛び級などは一切生じていない。学年相応の中国語の読み書き能力は十分身につけており、家庭での使用言語は中国語である。

日本語が全くわからない状態で来日した K 男に対して、学校では日本語の取り出し指導が不定期に行われていた。支援開始時（来日 2 ヶ月）、K 男はひらがなの読み書きができ、「こんにちは」「わかりません」「先生」「友だち」など身のまわりの生活でよく見聞きする単語をいくつか使うことができた。学校生活にも比較的早くなじみ、友人関係も良好であったが、在籍学級の「国語」の授業は全くわからない状況であった。「学校の授業が分かるようになりたい」「日本語を使いたい」など学習への動機は大変高く、家庭での学習習慣も確立していた。

③　M 男の属性

M 男は日系ブラジル人の中学 2 年生で、小学校 5 年生のとき来日した。来日当時は日本語が全くわからなかったが、中学校に入る頃には聞く・話すともほとんど問題がなくなり、取り出しの授業でも日本語でのやりとりを十分行うことができた。学校生活への適応も良好で、クラスや友人の話題も豊かである。家庭での使用言語は、母や姉とは日本語とポルトガル語、父とはポルトガル語である。また家庭の事情もあって、来日後は家庭で学習することはほとんどない。

　M 男が通う中学校は国際学級が設置されているため、日本語指導の専門家が週に 1 日派遣され、M 男も 1 年生の時から日本語の取り出し指導を受けていた。「国語」や社会、数学など教科の支援が国際教室で行われるようになったのは 2 年生になってからである。

　なお、教科の内容理解に関わる M 男の状況については、第 4 章で具体的に述べることとする。

1.5.2　分析に用いたデータ

S 男、K 男、M 男に対する支援の中で、本書の分析に用いた教材一覧を掲げる。それぞれの支援では表 1–3 に示した教材文の他に、詩や古文を読んだり、弁論大会や入学試験の準備のために作文の練習も行ったが、分析においてはそれらは除外し、「現代文」で「散文」の教材文のみを対象とした。

表1-3　分析に用いた教材一覧

学習者	時期*		教材名（ジャンル）	実施時期	授業回数	課題数
S男	中学1年	I期	そこまでとべたら（小説）	2000年5月〜7月	8回	113
			大人になれなかった弟たちに（小説）	2000年8月〜10月	6回	
		II期	自然の小さな診断役（説明文）	2000年10月〜11月	5回	74
			少年の日の思い出（小説）	2001年1月〜3月	7回	
	2年	III期	短歌・その心（鑑賞文）	2001年5月〜6月	4回	42
			字のないはがき（随筆）	2001年9月〜10月	4回	
		IV期	縄文土器に学ぶ（説明文）	2001年11月〜12月	4回	34
	3年	V期	夜は暗くてはいけないか（説明文）	2002年4月〜5月	5回	34
		VI期	故郷*（小説）	2003年1月〜2月	3回	32
K男	小学5年	I期	大造じいさんとガン（物語）	2001年10月〜2002年1月	7回	57
	6年	II期	森へ（随筆）	2002年4月〜5月	4回	53
			砂漠に挑む（説明文）	2002年5月〜7月	3回	
M男	中学2年	I期	ホタルの里作り*（説明文）	2002年5月〜6月	3回	30
		II期	心のバリアフリー（随筆）	2002年9月〜11月	7回	70
			走れメロス（小説）	2003年11月〜2月	8回	

（注）＊「時期」は支援開始後の時間を表し、I期（1年目前半）、II期（1年目後半）、III期（2年目前半）、IV期（2年目後半）、V期（3年目前半）、VI期（3年目後半）を表す。
　　＊S男の『故郷』は入試の準備のために、M男の『ホタルの里作り』は学校行事の関係で教材文の半ばまでしか扱っていない。
　　＊各教材文の概要と、授業で扱った学習課題及び課題に対する子どもたちの解答は、巻末に資料一覧として添付した。

注

（1）　本書では、圧倒的な日本語環境の中で生活し学んでいる、日本語以外の言語を母語とする子どもたちという意味で、「言語少数派の子どもたち」という言い方を用いる。文部科学省の調査では「外国人児童生徒」という呼び方がされているが、本書では国籍ではなく言語に着目して子どもたちをとらえていることから「外国人児童生徒」という呼称はとらない。また、この子どもたちが必要とするのは日本語教育だけではないと考えることから、「日本語指導が必要な児童生徒」という呼称もと

らない。
（2）文部科学省（2004）『日本語指導が必要な外国人児童生徒の受け入れ状況等に関する調査（平成15年度）の結果』によれば、外国人児童生徒が在籍する小学校は3,166校、中学校は1,722校である。また、文部科学省（2003）『平成15年度学校基本調査』によれば、日本の公立小学校は23,381校、中学校は10,358校である。
（3）本書で、学校教育における教科としての国語を指し示す場合は、「国語」と表すこととする。
（4）Committee of Inquiry into Reading and Use of English（Bullock Committee）。イギリス教育省によって設置された委員会で、座長はSir. Alan Bullock。子どもたちの学力低下を背景に、英語指導のあり方を検討することを目的とした。1975年には委員会の最終レポートが'A Language for Life'としてまとめられている。
（5）「子ども支援クラス」は、小学生から高校生の言語少数派の子どもたちを対象に、日本語、母語、そして教科の学習支援を行うことを目的とした教室である。2004年からは「NPO法人　子どもLAMP」として、大学の内外を問わず目的に賛同した人々が集まって支援活動を行っている。
（6）S男とK男の支援に参加した中国語話者支援者は、大学院で日本語教育を専攻する中国出身の留学生1名である。母国では成人対象の日本語指導に携わっていた経験をもつが、子どもの教育に関わったのは来日後のことである。

　　　日本語話者支援者と協働支援を行うに当たっては、授業のねらいと課題の内容、そしておおよその進度については打ち合わせを行ったが、子どもにどう働きかけるかということについては各自に任されていた。また、授業終了後には、その日の子どもの様子や学習の理解状況について意見や情報を交換し、次の授業の方針について話し合った。さらに、その日の授業を振り返った「授業記録」を中国語話者支援者と日本語話者支援者の双方が書き、交換した。
（7）本書が分析対象とする3名の子どもについて、来日後の年数、表1-3に示した支援の各時期（Ⅰ～Ⅵ期）、及び在籍学年の関係を次に示す。

　　　次ページの表においてS男の場合を見てみると、S男は1998年10月に来日し、中学1年生になって支援を始めたことから、支援を始めたのは来日2年目ということになる。また、支援の各時期との関わりでいえば、たとえば支援を開始して最初の半年間を表す「Ⅰ期」は、来日2年目の後半に当たることになる。以下、K男とM男の場合も表の見方は同様である。

子ども	1998年	1999年	2000年	2001年	2002年	
S男	小5 *10月来日	小6	中1	中2	中3 *2003年3月卒業	
	来日1年目	来日2年目	来日3年目	来日4年目	5年目	
			支 援 期 間			
			Ⅰ期	Ⅱ期	Ⅲ期	Ⅳ期	Ⅴ期	Ⅵ期

子ども	1998年	1999年	2000年	2001年	2002年
K男	（中国の小学校に在籍）			小5 *8月来日	小6 *8月帰国
				来日1年目	
				支援期間	
				Ⅰ期	Ⅱ期

子ども	1998年	1999年	2000年	2001年	2002年	
M男	（ブラジルの小学校に在籍）	小5 *6月来日	小6	中1	中2	
		来日1年目	来日2年目	来日3年目	4年目	
					支援期間	
					Ⅰ期	Ⅱ期

第 2 章
内容重視のアプローチの支援
における母語の役割

2.1 はじめに

　第 2 章では、内容重視のアプローチの支援における母語の役割を明らかにする。その際、学年相応の第一言語の読み書き能力をもつ子どもを対象とするが[1]、これは、第一言語で聞く・話すことはできても読み書きの力が十分でない子どもに比べて、支援における母語の役割がより明確な形で把握できると考えたためである。

　教科学習場面における母語の活用は、「母語能力が確立されていない時期に、母語教育の機会が閉ざされた状態で第二言語のみによる学習を行うことは、基礎的な認知能力の発達に不可欠で重要な言語システムを破壊し、表現と思考の道具としての母語も第二言語も用いることができない状態に子どもをおとしいれる」(太田 2000：181)、「教育学者はメキシコ系アメリカ人の子供たちの成績が水準を下回るのは南西部特有の現象ではなく、子供たちが母語で教育を受けられないところではどこでも見られることを認識していた。登校第一日目から生徒に新しい言語を押しつけるのは、ただ単に子供の正常な知的発達を妨げるのみではなく、それを永続的に遅らせる危険性すらあった」(クロフォード 1994：123)という指摘にもあるように、子どもたちの認知的な発達を阻害しないためにも、また学習に対する意欲をもたせるためにも重要であると考えられる。また、第 1 章の「母語を活用した内容重視のアプローチの必要性」の項でもふれたように、Collier (1987) は、特にカリキュ

ラム上の要求度が高い中学・高校段階の子どもたちにとっては、母語で教科を教えてもらうことが重要であると主張している。一方、子どもの側から見れば、学習の場は変わっても母国で身につけたものや学んできたこととの連続性を学習内容に求めることは当然のことであり、母語はその「母国で身につけたものや学んできたこと」の重要な一部を成すといえる。さらに、母語は既有の知識を活性化し、内容理解ための手がかりを与えることが期待される（Cummins 1984）。

しかし日本の現状では、母語を活用するという発想は教科書の対訳本の作成や通訳の派遣制度などに具体化されているにすぎない。その理由としては、まず、「日本語の習得が授業へのアクセスの絶対条件であるという前提に日本の学校が立脚している」（太田 2000：178）という指摘をあげることができる。つまり、「日本語能力は授業に参加するための最低かつ最重要な要件」であることから、言語少数派の子どもたちには何よりも優先して日本語を教える必要があるというわけである。このような日本語優先という姿勢には母語活用という発想の入り込む余地はないように見える。しかしそれだけではなく、言語少数派の子どもたちの受け入れの歴史が浅い日本の学校では、教科学習に母語を活用すると言われてもその具体像を描きにくいということがあるのではないだろうか。

そこで第2章では、教科学習支援における母語の役割を明らかにし、母語の活用が子どもの教科理解とどのように関わっていくかについて探っていく。

2.2　教科学習場面における母語の活用に関わる先行研究

言語少数派の子どもたちに対する教科学習支援において、子どもたちの母語を視野に入れた取り組みは始まったばかりである。そのような中にあって朱（2003）は、来日間もない中国出身の児童を対象に「国語」の学習支援を行い、母語話者支援者が子どもの既有知識に関連づけた多様なヒントを与えていること、子どもはそのヒントを手がかりに自力で日本語による理解や産出を行っていること、また子どもはことばの説明を求めたり自分の理解が正し

いかを確認したり、あるいは教材文に関わって自分の意見を述べる際に母語を活用していることを明らかにした。このことから朱は、母語は子どもが教科学習に参加するための「重要な資源の一つ」であると位置づけている。

さらに、朱他（2004）は第一言語の読み書き能力が不十分な子どもの場合を取り上げ、このような子どもを対象とする場合は、第一言語の読み書きから入るのではなく、教科内容に関わったやりとりを口頭で行うことが重要であるとしている。その上で、在籍学級の教科学習と関連づけた母語学習は、子どもの語彙を拡充し概念理解を補強する、子どもの体験を引き出すことで思考の材料を提供する、母語を思考や表現の道具として機能させるという役割をもち、さらに、子どもの母語学習の意欲向上にもつながることを指摘している。

2.3 研究の概要

2.3.1 研究の目的

子どもの母語を活用することは、内容重視のアプローチによる支援にどのように貢献しているのだろうか。第2章では、支援の授業において母語話者支援者の母語使用がどのような役割を果たしているかを追究することを通して、内容重視のアプローチにおいて母語の活用を積極的に位置づけていく意義を明らかにする。

2.3.2 分析の方法

K男の支援における「日本語による先行学習場面」（図1-4）で交わされた、「国語」の学習課題をめぐる子ども（＝K男）、母語話者支援者、日本語話者支援者の発話をもとに、母語の役割を質的に分析する。分析に用いたデータは、表1-3に掲げた教材文を扱った授業について、授業中のやりとりを録音し文字起こしたものと、学習課題に対する子どもの記述解答である。

2.4 母語の役割に関する分析結果

2.4.1 「日本語による先行学習場面」における母語話者支援者の母語の使用頻度の変化

「日本語による先行学習場面」における母語話者支援者(以下CTと表す)の母語の使用頻度は、10ヶ月間の学習支援の中でどのように変化したのだろうか。日本語話者支援者(以下JTと表す)の提示した課題をめぐるやりとりの際に、CTがどのくらい母語による発話を行っているか、授業の発話データをもとに出現頻度を調べてみた。

表2-1 「日本語による先行学習場面」におけるCTの母語の使用頻度

実施時期	教材名(全課題数)	母語を活用しながら解決した課題の数	母語を活用しないで解決した課題の数
I期 (1年目前半)	『大造じいさんとガン』(57例)	22例(42%)	30例(52%)
II期 (1年目後半)	『森へ』(30例)	9例(30%)	21例(70%)
	『砂漠に挑む』(23例)	6例(26%)	17例(74%)

(注)
- 『大造じいさんとガン』の課題数の合計が57例にならないのは、録音状態が不良で母語の使用を確認できない課題が5例あるためである。
- 「母語を活用しながら解決した課題」の項目における「母語を活用しながら」とは、一つの課題が提示されてから解決に至るまでの一連のやりとりの中で、CTが母語による発話を行っている場合を指す。

上の表2-1からは、来日直後に扱った『大造じいさんとガン』では、学習課題の解決に際しては42%の課題について母語が使用されていたが、支援を開始して半年(来日8ヶ月)が過ぎたII期に入ると、『森へ』で30%、『砂漠に挑む』では26%と、母語の使用は減少傾向にあることがわかる。

では、これらの使用例においてCTは何を行うために母語を発したのだろうか。次項では母語の役割という観点から探っていく。

2.4.2 「日本語による先行学習場面」における母語の役割

第2章では、子どもが課題の解決にたどり着くまでの過程で、CTによる母語使用はどのような役割を果たしているかということを探っていく。課題解決までの過程は、授業の展開にしたがって「課題や活動を提示する場面」「解決の場面」「評価の場面」の三つにわけ、それぞれの場面ごとに母語の役割をみていく。

(1) 課題や活動を提示する場面におけるCTの母語使用の役割

まず、課題や活動を提示する場面におけるCTの母語使用はどのような役割を果たしているか分析したところ、次に示す二つの例のように、課題文に含まれることばの意味を説明するなど「課題についての補足説明」の役割（例①）や、「課題のやり方についての補足説明」という役割（例②）が認められた。（例における下線部分は中国語の発話を表す）

例①　「課題についての補足説明」

次は、課題に含まれることばの意味がわからないK男に対し、CTが母語を用いて説明している例である。

```
JT　：大造じいさんはガンを捕るために何を仕掛けましたか。
K男：仕掛ける？
CT　：さっき説明したでしょ。罠をかけた。
K男：ああ。（「ウナギ釣り針」とワークシートに記入する）
JT　：おお、そうです。ウナギ釣り針。　　　　（2001年11月）
```

例①では、「大造じいさんはガンを捕るために何を仕掛けましたか」という課題に対し、K男は「仕掛ける」の意味がわからず答えることができなかった。そこでCTは「さっき説明したでしょ」とこれまでの学習内容を思い出させるとともに、母語を用いて「罠をかけた」という意味を示している。その結果、K男は課題に対して「ウナギ釣り針」という正答を得ることができた。

例② 「課題のやり方についての補足説明」

次は、「よく読んでから課題に答えるように」というJTの指示を、CTが母語で伝えている例である。

> JT ：大造じいさんはガンを手に入れることができましたか。…よーく読んでから。
> K男：うん。読む？
> CT ：黙読してもいいよ。
> K男：（しばらく黙読する）。うん。これ。（教材文の「大造じいさんは一羽のガンも手に入れることができなくなった」を指し示す。）
> JT ：うん。
> (2001年11月)

例②では、JTは教材文をよく読んでから課題に答えるようにと課題のやり方を示している。しかしK男はJTの指示がよくわからず、「読む？」と聞き返している。それに対し、CTは母語で「黙読してもいいよ」と課題のやり方を説明し、その結果、K男は「一羽のガンも手に入れることができなかった」と正答にたどり着いている。

そして、これらの役割がどのくらい見られるかその出現頻度を調べたところ、次のような結果となった（表2–2）。

表2–2 課題や活動を提示する場面におけるCTの母語使用の役割

教材名（実施時期）	課題についての補足説明	課題のやり方についての補足説明
『大造じいさんとガン』（I期）	15例	7例
『森へ』（II期）	5例	0例
『砂漠に挑む』（II期）	0例	0例

表2–2において時間の経過に伴う変化に着目してみると、支援開始直後（来日2ヶ月後）のI期に扱った『大造じいさんとガン』では、CTは「課題についての補足説明」や「課題のやり方についての補足説明」を母語を用いて頻繁に行っていたが（それぞれ15例と7例）、II期（支援開始半年後、来

日8ヶ月）に入るとその数は減少し（それぞれ5例と0例）、II期の『砂漠に挑む』に至ってはいずれの役割もゼロとなっている。

『大造じいさんとガン』の場合、「課題についての補足説明」は15例ほど見られ、その内容は「課題文に含まれる言葉の意味の説明」が9例、「課題の意味や意図の説明」が6例であった。また「読む時、日本語で」「教科書を参考にしてもいいです」（2001年11月）のような「課題のやり方についての補足説明」も7例ほどあり、来日間もないK男にとっては課題の内容だけでなく、その課題をどのように行えばいいのかについても母語による説明が必要だったことがわかる。

以上のことから、課題や活動を提示する場面におけるCTによる母語使用の役割は、以下のようにまとめることができる。

　　・課題についての補足説明
　　・課題のやり方についての補足説明

（2）　解決の場面におけるCTの母語使用の役割

次に、課題を解決する場面におけるCTの母語使用の役割を分析したところ、CTは子どもに対して、課題を解決するための手がかりを母語で与えたり、JTの行った説明を母語で補足するという役割が認められた。また、課題に対して子どもが中国語で応答した場合、CTはその発話内容をJTに日本語で伝えるという役割も行っていた。さらに、子どもとの母語によるやりとりの中で子どもの誤解やつまずきに気づいた場合、CTはJTに対し、子どもがどこまで理解できているのか、どこでつまずいているのかについて説明するという役割も果たしていた。

これらの役割の出現頻度は、次に示すとおりである（表2–3）。

表 2–3　解決の場面における CT の母語使用の役割

教材名（実施時期）	子どもに対する母語使用		JT に対する日本語使用	
	課題解決のための手がかりの提示	JT の行った説明の補足	子どもの中国語による発話の通訳	子どもの理解状況やつまずきの説明
『大造じいさんとガン』（Ⅰ期）	11 例	6 例	6 例	6 例
『森へ』（Ⅱ期）	3 例	4 例	3 例	10 例
『砂漠に挑む』（Ⅱ期）	7 例	3 例	0 例	3 例

　表 2-3 に示した四つの役割について詳しく見ていきたい。

　まず、一つ目の役割「課題解決のための手がかりの提示」について、その使用頻度はⅠ期の『大造じいさんとガン』が 11 回と最も多いものの、Ⅱ期の『森へ』や『砂漠に挑む』においても引き続き行われている。

　では、CT はどのように課題解決のための手がかりを母語で提示しているのだろうか。CT と K 男の授業中のやりとりをもとに分析を行ったところ、次の①〜④に示すような提示の仕方が認められた。（例における下線部分は中国語の発話を表す）

①子どもの既有の知識を示して推測させる

JT　：じゃあ、まず、タニシって知ってる？ K 男：…タニシは何？ CT　：糸につながってるのは何ですか。 K 男：あ、あわかる。　　　　　　　　　　　　　（2001 年 11 月）

②先行学習の内容を思い出させる

・CT：これも中国語での時間に勉強したよ。 ・CT：さっき描いた絵、あれは何ですか。　　（いずれも 2002 年 6 月）

③教材文を読み直させる

CT　：教科書にも書いてあるよ。ちょっと探して。　　（2001 年 11 月）

④子どもの既有の日本語から推測させる

> （課題）「じいさんはなぜすばらしいと言ったのですか」
> K男：つまり、じいさんは「すばらしい」と言ったかどうかですか。
> CT ：なぜ、なんで、どうして、みな同じ意味です。
> K男：ああ。じいさんはどうしてすばらしいを言ったか。
> CT ：もうわかった。質問の意味。　　　　　　　（2001年11月）

　例①では、「タニシは何？」というK男の問いかけに、CTはタニシを中国語で伝えるのではなく、それまでの学習内容を思い起こさせるべく「糸につながっているのは？」とヒントを与えている。②や③は、母語による先行学習の内容や既習事項の中に手がかりがあることを、子どもに気づかせることを意図した働きかけといえる。また例④では、課題を誤って受け止めているK男に対し、CTはK男の誤解の原因が「なぜ」の意味がわかっていないからだと考え、しかも「なんで、どうして」というK男がわかる日本語を使って「なぜ」の意味を理解させようとしている。

　これらの手がかりの使用状況は次の表2-4に示す通りである。

表2-4　CTの提示した手がかりの使用状況

手がかりの種類	『大造じいさんとガン』	『森へ』	『砂漠に挑む』
子どもの既有の知識を示して推測させる	2例	2例	1例
先行学習の内容を思い出させる	0例	0例	5例
教材文を読み直させる	3例	1例	0例
子どもの既知の日本語から推測させる	4例	0例	0例
その他	2例	0例	1例

　表2-4からは、CTは、子どもの既有知識や既知の日本語、先行学習の内容やこれまでの学習で積み重ねてきた理解など、子どものもっているものを引き出すことで課題解決の手がかりを与えていることがわかる。このようなCTの対応からは、答えを母語で教え込むのではなく、第二言語で書かれた教材文の読み方を教えようとする姿勢を見いだすことができ、CTはまさに

「教材文を」教えるのではなく「教材文で」教えているといえよう。
　二つ目の役割「JT の行った説明の補足」では、CT は母語を用いて JT の説明を補足しているが、その内容は JT の説明をくり返したり、具体例を付け加えたり、JT が説明の中で使った難しいことばを取り上げて母語で確認するなどである。
　次は、JT の説明を母語でくり返すことで子どもの理解の徹底を図っている例である。

（ガンを捕るための仕掛け、ウナギ釣り針の絵を示しながら）
JT　：糸の先に、ここにウナギ（がある）。…だから、ウナギと釣り針がつながっている。
K 男：うん。
CT　：ああ。ほら、これはウナギ。これは糸。これは釣り針です。この三つの物がつながっているんです。
K 男：うん。　　　　　　　　　　　　　　　　　　　　　（2001 年 11 月）

　上の例では、最初に JT が絵を示しながら「ウナギ釣り針」について説明している。K 男は絵を見ながら理解に努めているが、CT は K 男の理解をさらに徹底させるために母語で JT の説明を繰り返している。このような「JT の行った説明の補足」は I 期に 6 例、II 期に 7 例とその使用頻度は時期によって大きな変化はなく、母語を使って子どもの理解を定着させようとする CT の一貫した姿勢がうかがえる。
　三つ目の役割「子どもの中国語による発話の通訳」では、CT は JT に対し、「さっきの中国語で、こういう意味を言っている。『自然に戻した。大自然に戻した。』」（2002 年 5 月）のように子どもの中国語による解答を訳したり（I 期に 3 例、II 期に 3 例）、「本を見ながら答えてもいいですか」（2001 年 11 月）のように課題のやり方を確認する子どもの発話を訳している（I 期に 3 例）。「子どもの中国語による発話の通訳」は I 期に 6 例、II 期に 3 例と時間の経過とともに減少傾向にあるが、これは K 男の日本語力が向上し、母語ではなく日本語で自分の考えを表出する場面が増えてきたことと関わりがあると

推測される。

　四つ目の役割「子どもの理解状況やつまずきの説明」では、CT は子どもの理解の状況やつまずきの様子を JT に説明している。

　次の例は、選択肢のことばの意味がわからないために子どもが答えられないことを、CT が指摘し JT に伝えている例である。

　（「大造じいさんはガンを手に入れることができましたか」という課題に対し）
JT　：「はい、できました」「いいえ、できませんでした」、どっちでしょう。
K 男：<u>「できました」って、どんな意味ですか。</u>
CT　：この子、「できました」がわからないみたい。
JT　：じゃあ、「手に入れることができましたか」って聞いて、「はい、手に入れました」「いいえ、手に入れませんでした」。
K 男：ああ。「いいえ」。
JT　：そうだね。　　　　　　　　　　　　　　　　　　（2001 年 11 月）

　上の例では、「大造じいさんはガンを手に入れることができましたか」という課題に対し、JT は当初「はい、できました」「いいえ、できませんでした」という選択肢の解答を用意していた。しかし、K 男は「できました」ということばの意味がわからないために答えることができず、その意味を母語で CT に尋ねている。CT は K 男からの質問を受けた後、「この子、『できました』がわからないみたい」と K 男がどこでつまずいているのか JT に教えている。JT は CT からの指摘を受けて選択肢の文言を言い換え、その結果、K 男は課題に対して答えることができるようになった。なお「できる」ということばの意味については、この後に説明が行われている。

　このような「子どもの理解状況やつまずきの説明」は、I 期に 6 例、そして II 期にも 13 例が認められた。その背景には、日本語が全くわからない状況で来日した K 男にとって第二言語で書かれた学年相応の教材文を理解することは決して簡単なことではなく、教材文の内容をつかめなかったり誤解したりしている状況が、K 男の中では II 期になってもなお生じていたことが予想される。そして、このような K 男の混乱した状況を CT は母語でのや

りとりを通じて的確に把握し、子どもがどこまでわかっているのか、どこでつまずいているのかという情報を支援の全期間を通じてJTに提供しているといえよう。

ところで、「子どもの中国語による発話の通訳」や「子どもの理解状況やつまずきの説明」は、JTが授業の次の展開を決める上で非常に重要な意味をもつ。K男が母語を用いて返答するのは「大造じいさんは残雪のこと、すごくえらいと思っている。尊敬する、鳥なんだけど。心から尊敬しているから。(2002年1月)」のように、登場人物の心情把握など認知的に高度な課題の場合に行われることが多い。難しい概念を表すだけの日本語力が獲得されていない場合、子どもの母語による発話内容をCTが日本語で伝えてくれることは、JTが子どもの理解の状況を把握する上で意味のあることといえよう。

また、子どもの母語がわからないJTにとって、子どもの理解の状況を判断する手がかりはわずかな日本語力と外から観察できる表情や様子などに限られる。そこではたとえば子どもが沈黙を続けている場合、課題の意味がわからないのか、答えがわからないのか、答えはわかるが日本語で言えないのか的確な判断が下せないため、JTは待てばいいのかそれとも説明すればいいのか、しかも何について説明すればいいのか有効な意思決定ができない。そのようなときCTが「この子、『できました』がわからないみたい(2001年11月)」「今、日本語でどう言うか、一生懸命考えてる(2001年11月)」のような情報を与えてくれることは、次の展開や対応を決める上できわめて有効である。

以上のことから、解決の場面におけるCTによる母語使用の役割は、以下のようにまとめることができる。

・子どもに対する、課題解決のための手がかりの提示
・子どもに対する、JTの行った説明の補足
・JTに対する、子どもの中国語による発話の通訳
・JTに対する、子どもの理解状況やつまずきの説明

（3） 評価の場面におけるCTの母語使用の役割

最後に、評価の場面におけるCTの母語使用の役割を分析したところ、CTは母語を用いて評価のコメントを与えたり、励ましのことばを投げかけたり、さらにはJTの日本語による評価のコメントを母語に訳して子どもに伝えていることが認められた。

これらの役割が見られた出現頻度は、次に示すとおりである（表2–5）。

表2–5　評価の場面におけるCTの母語使用の役割

教材名（実施時期）	子どもに対する評価や励まし		JTの評価の通訳
	母語使用	日本語使用	
『大造じいさんとガン』（Ⅰ期）	5例	3例	2例
『森へ』（Ⅱ期）	2例	2例	0例
『砂漠に挑む』（Ⅱ期）	1例	2例	0例

評価の場面でCTは母語だけでなく日本語も使ってK男を評価したり励ましている。特に不安感の大きい最初の頃は、CTは積極的に「本当に正しく答えましたね」「がんばらなきゃ。ちゃんと考えますね」（2000年11月）のように機会をとらえてK男に評価や励ましのことばを投げかけている。さらに、CT自身の評価を伝えるだけではなく、「先生（＝JT）はあなたをほめましたよ」（2000年11月）のようにJTの評価を母語に訳して子どもに伝えることも行っている。これらはいずれも子どもの意欲を高めたり学習への積極的な態度を養うことにつながっていると考えられる。

したがって、評価の場面におけるCTによる母語使用の役割は、以下のようにまとめることができる。

・子どもに対する評価や励まし
・JTの評価の通訳

以上、「課題や活動を提示する場面」「解決の場面」「評価の場面」のそれぞれの場面におけるCTによる母語使用の分析からは、CTの母語使用によっ

て課題や活動が成立し、解決の手がかりが提示され、正答を得た後も理解の徹底が図られ、そして評価や励ましが行われていることが確認された。このように母語はすべての学習場面で子どもの内容理解を促す働きをしていたといえる。また、母語の活用は子どもにとってだけ意味があるのではなく、授業を展開するJTにとっても意思決定のための貴重な情報源であることも明らかとなった。母語を使用する頻度は時間の経過とともに、すなわち子どもの日本語力の伸張とともに減少してくるが、II期の時点でも提示された課題の3割は母語の助けを借りながら解決されたものであり、特に「子どもの理解状況やつまずきの説明」はII期においても13例と多くの使用が見られた。

2.5　母語の役割についてのまとめ

母語を活用した内容重視のアプローチにおいて、授業の展開にしたがって母語の役割を追究したところ、母語は、課題の補足説明や課題解決のための手がかりの提示、日本語による説明の補足など、いずれの展開部分でも子どもの内容理解に貢献していた。また、励ましや評価のことばを与えるなど子どもの意欲を喚起し、さらには授業を行うJTに対しても意思決定に必要な情報を提供していた。

　「2.1　はじめに」の項で示したように、先行研究では、母語で教科を教えてもらうことの重要性や、母語は内容理解の手がかりを与えることが主張されているが(Collier 1987、Cummins 1984)、第2章の分析結果はこれらの指摘を裏付けるものということができよう。すなわち、内容重視のアプローチにおいて母語を活用することには、子どもの内容理解を促し、学習への意欲を支え、そして、子どもの状況についてJTに有効な情報を提供するという意義を見いだすことができ、このことから内容重視のアプローチに母語の活用を積極的に位置づけていくことが必要であると考えられる。

　教科学習場面におけるこのような母語の活用を子どもの側からとらえ直してみれば、母語の活用とはすなわち子どもに学習内容の継続性と能力面の継続性を保障することを意味すると考えられる。学習内容の継続性とは、母国

での教育内容に日本の学校での学習を積み重ねていくことをいう。そして能力面の継続性とは、来日直後から思考力や想像力などの育成に働きかけていくことを意味するが、そのためには子どもの発達段階に見合った教材や学習課題を与えることが欠かせない。教科学習場面で母語を活用することは、これら二つの継続性を成立させる鍵となりうるだろう。

　Brinton 他（1992：8）は「言語の限界と認知の限界と混同してはならない」と受け入れ側教師に呼びかけているが、日本語がわからないからといって低学年の教科書を用いたり簡単な課題ばかりを与えることは子どもたちが母国で身につけてきたものや学んできたものを「ゼロ」に戻してやり直させることと同じである。そしてそれは結局のところ、子どもたちの思考力や想像力の発達の機会を奪っていることに他ならないのではないだろうか。しかも教室での学習に必要な言語能力の習得には少なくとも5年から7年という時間を要する（Cummins 1984）ことを考えれば、日本語力が不十分ではあっても子どもが認知的にできることを、母語を活用しながら引き出していくことが肝要であると考えられる。

注
（1）　たとえばS男のように母語の読み書きがほとんどできない子どもの場合、母語話者支援者は口頭でのやりとりを中心に母語を用いることになる。しかし、K男のように、母語で学年相応の読み書き能力をもつ子どもの場合には、母語で書いた資料を見せたり、手がかりとなることばや文字を書いて示したり、辞書を使ったりするなど、口頭でのやりとりに加えさまざまな形で母語を活用することができる。このことから、分析に当たってはK男のような学年相応の読み書き能力をもつ子どもを対象とした方が、「聞く・話す」だけでなく「読む・書く」という技能を活用した、より多様な母語の役割をとらえることができると考えた。

第 3 章
母語を活用した内容重視の
アプローチの可能性の検討

　母語を活用した内容重視のアプローチにはどのような可能性を見いだすことができるのか、「国語」を統合した場合を対象に、第 3 章では三つの研究を通して明らかにする。まず 3.1 では、母語を活用した内容重視のアプローチでどのような授業を展開することができるのか、授業で扱った学習課題の特質という点から検討を行う。そして 3.2 と 3.3 では子どもの側に着目し、母語を活用した内容重視のアプローチは子どもの日本語力の伸長にどのように働きかけるか、また、「国語」の内容理解をどのように促すかということについて明らかにする。

3.1　支援の授業で用いた学習課題の特質

3.1.1　はじめに
　母語を活用した内容重視のアプローチでは、どのような授業を展開することができるのだろうか。3.1 では、支援の授業で用いた学習課題の特質を明らかにすることを通して、母語を活用した内容重視のアプローチの可能性を検討する。
　学習課題は JT が毎回 5 問程度を用意し、ワークシートに文章で提示したものである。授業では、JT と子どもは課題をめぐるやりとりを日本語で、時には CT の助けを借りながら十分時間をかけて行い、最後に子ども自身が理解できたことや考えたことをワークシートに記入するという活動を行う。

このような学習課題について、3.1 ではその特質を「認知レベル（どのような認知レベルにある課題か）」と「質問の型（どのような答え方を要求する課題か）」の点から分析する。認知レベルと質問の型に着目したのは、母語を活用した内容重視のアプローチを行うことで、子どもたちは日本語力が不十分な段階でも、認知的に高度な課題や自分の解釈や意見を述べるような課題に取り組むことが可能になるのではないかと考えたためである。

　第1章の「はじめに」で述べたように、言語少数派の子どもたちに対しては、従来、最初の数ヶ月間はまず日本語を指導し、日本語がある程度できるようになったら教科指導を始めるという段階的な指導が広く行われている。しかし、このような段階的指導においては、日本語指導から教科指導への移行が必ずしもうまくいっていないという問題に加え（齋藤 2002、岡崎他 2003a）、日本語がある程度できるようになるまでの間、教科学習を通じて遂げるはずの認知的な発達の機会が閉ざされるという危険性も予測される。

　そこで、このような従来型の日本語指導に比べ、母語を活用した内容重視のアプローチではどのような授業を展開することができるのか、学習課題の特質からその可能性を検討していく。

3.1.2　研究の概要
（1）　研究の目的
母語を活用した内容重視のアプローチでは、どのような授業を展開することができるのだろうか。3.1 では、支援の授業で用いた、教材文の読み取りのための学習課題の特質を明らかにすることを通してその可能性を検討する。

　なお、第3章の三つの研究ではS男とK男のデータを比較しながら論を進めていることから、ここではS男とK男に対して設定された学習課題を取り上げ、M男の場合については第4章で示すこととする。

（2）　分析の方法
学習課題の特質は、課題の認知レベルと質問の型に着目して分析を行う。まず、Chamot（1983：462）の「第二言語学習モデル」をベースにした「国語科教育と日本語教育を統合した学習モデル」（清田 2000）にしたがって、支

援の授業で用いた課題がどのような認知レベルにあるかをとらえていく。次に、Mehan (1979) の枠組みを用いて、各課題はどのような答え方を要求するものであるのか、質問の型を明らかにする。

① 「国語科教育と日本語教育を統合した学習モデル」
「国語科教育と日本語教育を統合した学習モデル」の作成に当たっては、Chamot (1983) の「第二言語学習モデル (Second Language Learning Model)」を枠組みとして用いた。Chamot の「第二言語学習モデル」は、小学校の ESL のカリキュラム作成のために、第二言語学習の認知的な面に焦点を当てて作られたものである。

　Chamot の「第二言語学習モデル」では、認知のレベルを「第1段階、知識 (knowledge)」「第2段階、理解 (comprehension)」「第3段階、応用 (application)」「第4段階、分析 (analysis)」「第5段階、総合 (synthesis)」「第6段階、評価 (evaluation)」の6段階に分け、段階が1から6に進むにつれてより高次なレベルとなっていく。そして各認知レベルに対応する形で、言語的なプロセス、内的な言語技能 (聞くことや読むことなど受信的な技能)、外的な言語技能 (話すことや書くことなど産出的な技能) が明示されている。

　各段階のあらましを見ていくと、第1段階の「知識」は認知レベルとしては最も低い段階で、言語を記憶することに関わる。第2段階の「理解」では以前学んだ言語的知識を新しいやり方で組み替える力が求められる。第3段階「応用」はコミュニケーションを行うために、言語を機能的に用いる段階である。第4段階の「分析」では、情報を受け取ったり考えを明らかにするなど分析的な課題を行うために言語が用いられる。第5段階の「総合」のレベルでは、「事実」を越えて理由を探したり、比較したり、関係づけたり、推論することが行われる。認知的に最も高度な第6段階の「評価」は、獲得した情報や考えについて、正確さ、価値、応用性を評価する段階である (Chamot 1983)。

　Chamot によれば、第1〜3段階と第4〜6段階の間には「しきい」(threshold level) が存在し、しきいによって隔てられた第1〜3段階を社会的伝達能力、第4〜6段階を学問的伝達能力と呼んでいる。

表 3-1-1 国語科教育と日本語教育を統合した学習モデル

		第二言語学習モデル（Chamot 1983）			言語少数派の子どもを対象にした「国語」の学習の場合	
	認知レベル	言語的なプロセス	内的(internal)な言語技能	外的(external)な言語技能	文学的文章の場合	説明的文章の場合
社会的伝達能力	第1段階、知識(knowledge)	思い出す	・音や単語を聞いて、塊を区別する ・文字、語句を見分ける	・単語や決まり文句を産出する		
	第2段階、理解(comprehension)	組み替える	・聞いて／口語の文章を読んで、既知の単語や語句の新しい組み合わせに応じる ・L1から（もしくはL1へ）、内的な翻訳を行う	・中間言語によるスピーチが出現する		
	第3段階、適用(application)	やりとりする	社会的インターアクション ・インフォーマルな状況で、聞いたことの意味を理解する ・基本的な理解のための黙読が出現する	・高コンテクストな状況において、意味、感情、意図をやりとりする ・説明的、創造的に書くことが出現する		
			（し き い）			
学問的伝達能力	第4段階、分析(analysis)	情報を伝える	・文脈化されていない状況下で、聞いて／読んで、事実の情報を獲得する	・フォーマルでアカデミックな状況で、獲得した情報を適用して話す／書く	・登場人物、人物の関係、人物の行動に関する情報をとらえる	・大体の内容をとらえる
	第5段階、総合(synthesis)	一般化する	・聞いて／読んで獲得した情報を使って、関係性を見つける、推論する、結論を引き出す	・フォーマルな状況で、話して／書いて関係性を説明する、推論する、結論づける	・気持ちを表す表現を手がかりに、心情をとらえる ・行動や情景を手がかりに心情を考える ・様子を表す表現を手がかりに情景を想像する ・主題について考える	・段落の関係や構成をとらえる ・事実と意見を区別する ・筆者の意図や要旨をとらえる
	第6段階、評価(evaluation)	判断する	・聞いて／読んで獲得した考えについて、正確さ、価値、応用性を評価する	・修辞的なしきたりを使って、判断を話す／書く	・自分の思いや考えをもち、他者と感想を述べ合う	・自分の意見をもち、他者と意見交換する

次に、国語科教育と日本語教育を統合した場合、Chamot の枠組みはどのように具体化されるのかを述べていきたい。なお、ここでは読解課題を対象としているため、Chamot の示した言語技能の二側面のうち、読むことに関わりの深い「内的な言語技能」に着目して「国語」の学習の場合を具体化した。

国語科教育と日本語教育を統合した内容重視のアプローチは社会的伝達能力というよりは主に学問的伝達能力に関わることから、Chamot の「第二言語学習モデル」の第4〜6段階に示された能力や技能を身につけることをめざす。第4段階「分析」では、人物や行動に関する情報をとらえ、それらをもとに全体のあらすじを把握することが中心となる。次の第5段階「総合」は前段階で把握した事実や情報を相互に結びつける段階で、獲得した情報をもとに人物の心情や場面の情景を想像したり、要点や段落の関係をとらえたり、主題や要旨について考えるという学習にあたる。この段階では認知的にもより高次な力が求められ、ことばを通して考える力が養われる。最後の第6段階「評価」は、作品全体に対して自分の考えをまとめ、他者の意見との比較を通して評価するという活動に相当すると考えられる（清田 2000、2001a）。

② **質問の型の分類**（Mehan 1979）

Mehan（1979）は教師の質問がどのような答え方を要求するものであるかという観点から、質問を「選択型」「プロダクト型」「プロセス型」「メタプロセス型」という四つの型に分類した。「選択型」では、質問者の尋ねたことに対する同意・不同意を応答者に答えさせたり、選択肢を選ぶことで答えさせる。また「プロダクト型」の質問は、名前や場所など事実に関する答えを求めるものである。そして「プロセス型」は、「あなたはどう思う？」「なぜそれが好きなのですか」のように、応答者の意見や解釈を求める。四つ目の「メタプロセス型」は、自分たちの考えの根拠、すなわち応答者が答えに到達するまでの手続きやルールを言うように求めるものである。

ワークシートに学習課題の解答を記述するという場合を考えてみると、Mehan の示した四つの型のうち、「選択型」は、「はい／いいえ」もしくは

選択肢を選べばよいことから書くことの負担が最も小さい。次に、語句のレベルで解答することのできる「プロダクト型」が位置し、意見や解釈、考えの根拠について説明しなくてはならない「プロセス型」や「メタプロセス型」は文レベルの記述が必要となり、書くことの負担が最も大きいといえる。

③ 分析に用いたデータ

分析に際しては、以下の教材文における学習課題をデータとして用いる。

S男とK男のそれぞれの支援では表3–1–2に示した教材文の他に、詩や古文を読んだり入学試験の準備のために作文の練習も行ったが、分析においてはそれらは除外し、「現代文」で「散文」の教材文のみを対象とした。

表3–1–2 分析に用いたデータ

学習者	時期*		教材名（ジャンル）	課題数
S男	中学1年	I期	そこまでとべたら（小説）	113
			大人になれなかった弟たちに（小説）	
		II期	自然の小さな診断役（説明文）	74
			少年の日の思い出（小説）	
	2年	III期	短歌・その心（鑑賞文）	42
			字のないはがき（随筆）	
		IV期	縄文土器に学ぶ（説明文）	34
	3年	V期	夜は暗くてはいけないか（説明文）	34
		VI期	故郷*（小説）	32

K男	小学5年	I期	大造じいさんとガン（物語）	57
	6年	II期	森へ（随筆）	53
			砂漠に挑む（説明文）	

(注) *「時期」は支援開始後の時間を表し、I期（1年目前半）、II期（1年目後半）、III期（2年目前半）、IV期（2年目後半）、V期（3年目前半）、VI期（3年目後半）を表す。
　　*S男の『故郷』は入試の準備のために、教材文の半ばまでしか扱っていない。
　　*各教材文の概要と、授業で扱った学習課題及び課題に対する子どもたちの解答は、巻末に資料一覧として添付した。

3.1.3　学習課題の特質に関する分析結果

（1）　課題の認知レベル

Chamotの枠組みをベースにした「国語科教育と日本語教育を統合した学習モデル」（表3-1-1）にしたがって、それぞれの課題がどのような認知レベルにあるのかを調べたところ、次のような結果が得られた（表3-1-3、表3-1-4、図3-1-1、図3-1-2）。

表 3-1-3　課題の認知レベル（S 男の場合）

時期 （支援開始後の時間）	I期 (1年目前半)	II期 (1年目後半)	III期 (2年目前半)	IV期 (2年目後半)	VI期 (3年目前半)	V期 (3年目後半)
第4段階	103	57	25	15	16	7
第5段階	10	15	17	18	17	25
第6段階	0	2	0	1	1	0
（計）	(113)	(74)	(42)	(34)	(34)	(32)

（例）【第4段階】「私とお母さんは、どこへ行きましたか」
　　【第5段階】「私はなぜ桜の木まで飛ぼうとしたのですか」
　　【第6段階】「あなたは、夜が明るすぎるという筆者の考え方についてどう思いますか」
（注）表の中の数値は、課題の数を表す。

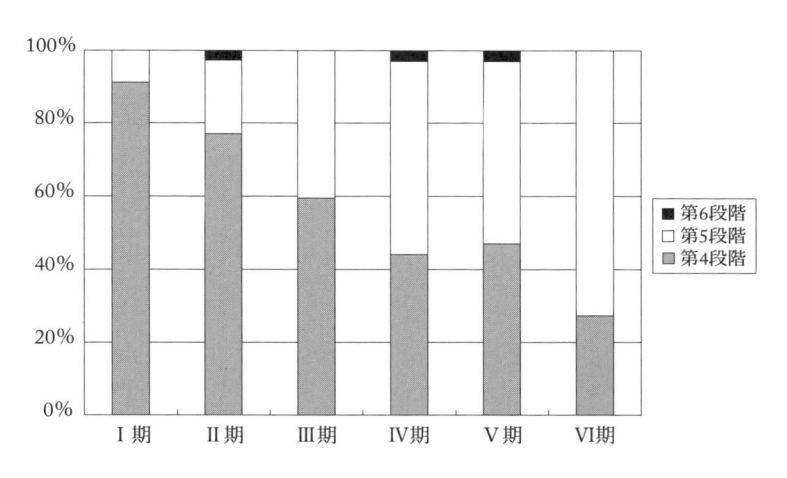

図 3-1-1　課題の認知レベルの割合（S 男の場合）

S男の表や図からは、

- 第4段階の課題は、Ⅰ期では91%(113例中103例)を占めていたが、Ⅳ期にかけて大きく減少し、Ⅳ期には34例中15例と50%を切っている
- 第5段階の課題は、Ⅰ期(9%、113例中10例)からⅣ期(53%、34例中18例)にかけて著しく増加している
- 第6段階の課題はいずれの時期もきわめて少ない

ことがわかる。S男の学習支援では、Ⅰ期の支援開始後半年間(来日1年半〜2年)は文中の情報をとらえる第4段階の課題に終始していたが、その後、認知的により高度な第5段階の課題が増え始め、Ⅳ期以降は一つの教材文の学習の中で、第4段階と第5段階の課題がほぼ同じ割合で設定されるようになっている。

次に、K男の場合をみてみよう。

K男の場合は、

- 第4段階の課題は、Ⅰ期では86%(57例中49例)であったが、Ⅱ期には57%(53例中30例)と大きく減少している
- 第5段階の課題は、Ⅰ期(12%、57例中7例)からⅡ期(43%、53例中23例)にかけて大きく増加している
- 第6段階の課題は10ヶ月間の支援を通じて1例のみである

ことがわかる。

S男とK男を比較した場合、支援開始直後は第4段階の課題が中心となり、時間の経過に伴って第5段階の課題が増加するという傾向を共通して認めることができる。しかし、その変化の速さをみてみると、K男は支援を開始して半年後(来日8ヶ月)からは第5段階の割合が53例中23例と40%を超えているのに対し、S男がこのレベルに到達したのは支援開始後1年(来日後2年半)のⅢ期(41%、42例中17例)に入ってからである。このことか

表 3-1-4　課題の認知レベル（K男の場合）

時期 （支援開始後の時間）	Ⅰ期 （1年目前半）	Ⅱ期 （1年目後半）
第4段階	49	30
第5段階	7	23
第6段階	1	0
（計）	(57)	(53)

（注）表の中の数値は、課題の数を表す。

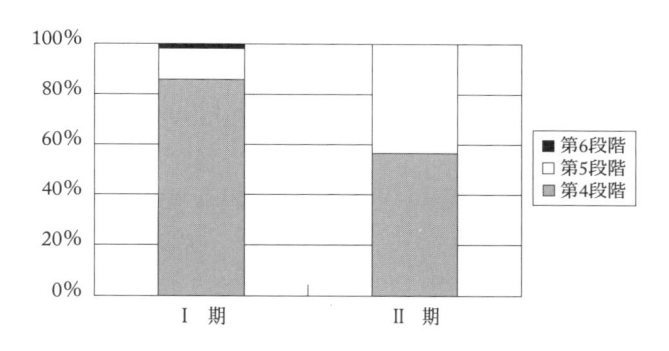

図 3-1-2　課題の認知レベルの割合（K男の場合）

らK男はS男の2倍の速さで、認知的に高度な第5段階の課題に取り組み始めたといえる。また教材文に対する自分の考えを他者の意見との比較を通して評価するという第6段階の課題は両名ともいずれの時期においてもきわめて少ない。これは、支援の授業が1対1の形態であったために、友だちと意見を交換し合う場をもてなかったことが影響していると考えられる。

（2）　課題の質問の型

では、S男やK男はどのような答え方を要求する学習課題に取り組んでいるのだろうか。Mehan（1979）の分類をもとに読みとり課題を整理してみたところ、次のような結果が得られた（表3-1-5、表3-1-6、図3-1-3、図3-1-4）。

表 3-1-5　課題の質問の型（S 男の場合）

時期 (支援開始後の時間)	I 期 (1年目前半)	II 期 (1年目後半)	III 期 (2年目前半)	IV 期 (2年目後半)	VI 期 (3年目前半)	V 期 (3年目後半)
選択型	85	31	4	4	4	3
プロダクト型	21	32	21	12	12	5
プロセス型	7	11	17	18	18	24
メタプロセス型	0	0	0	0	0	0
計	(113)	(74)	(42)	(34)	(34)	(32)

(例)【選択型】「じいちゃんは戦争に行きましたか」
　　　　　　「じいちゃんは、なぜ病院にいるのですか」（選択肢を提示）
　　【プロダクト型】「私とお母さんは、どこへ行きましたか」
　　【プロセス型】「私はなぜ桜の木まで飛ぼうとしたのですか」
(注) 表の中の数値は、課題の数を表す。

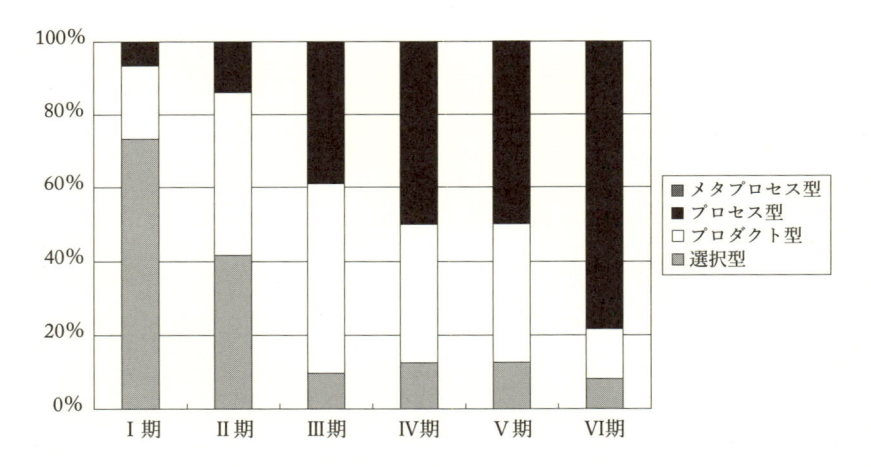

図 3-1-3　課題における質問の型の割合（S 男の場合）

S 男の表や図からは、

・選択型は I 期（75%、113 例中 85 例）から III 期（10%、42 例中 4 例）にかけて大幅に減少している
・プロセス型は I 期（6%、113 例中 7 例）から III 期（40%、42 例中 17 例）

にかけて大きく増加している
・プロダクト型には、時間の経過に伴う特定の傾向は認められない
・メタプロセス型の課題はいずれの時期にも設定されていない

という特徴が認められる。

次に、K男の場合を見てみよう。

表 3–1–6　課題の質問の型（K男の場合）

時期 （支援開始後の時間）	Ⅰ期 （1年目前半）	Ⅱ期 （1年目後半）
選択型	36	2
プロダクト型	14	28
プロセス型	7	23
メタプロセス型	0	0
計	(57)	(53)

（注）表の中の数値は、課題の数を表す。

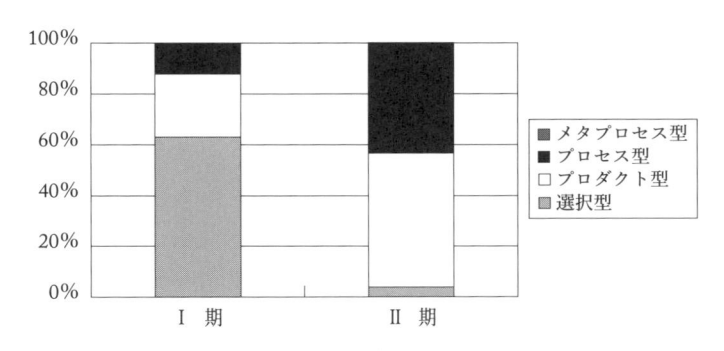

図 3–1–4　課題における質問の型の割合（K男の場合）

K男の表や図からは、

・選択型はⅠ期（63%、57例 36例）からⅡ期（4%、53例中2例）にかけて激減している

- I期からⅡ期にかけて、プロダクト型は25%（57例14例）から53%（53例28例）、プロセス型は12%（57例7例）から43%（53例23例）と、ともに増加している
- メタプロセス型の課題はいずれの時期にも設定されていない

ということがわかる。

　以上の結果から、S男においてもK男においても、支援を開始して最初の半年間（I期）は「はい／いいえ」や選択肢で答える選択型が多用され、その後、子どもの解釈や意見を求めるプロセス型が増加したという傾向が認められる。そして、このような変化の中で、「選択肢に○をつけること」から「語句の記述」そして「文レベルの記述」へと、書くことの要求度も高くなっていったといえよう。

　しかしながら質問の型においても、その変化の速さはS男とK男で異なっている。選択型の比率が全体の10%程度にまで減少した時期や、プロセス型の比率が40%を超えた時期をみてみると、S男の場合は支援を開始して1年（来日後2年半）が過ぎたⅢ期（選択型の比率は10%、プロセス型は40%）、K男は半年後（来日後8ヶ月）のⅡ期（選択型の比率は4%、プロセス型は43%）となっており、このことからS男が1年かけて歩んできた道のりを、K男はわずか半年で通り抜けたということができる。

3.1.4　学習課題の特質についてのまとめ

認知レベルと質問の型から学習課題の特質をとらえてみると、母語を活用した内容重視のアプローチの支援では、第二言語の力は不十分であっても認知的により高度な第5段階の課題が設定され、子どもの思考力の発達に働きかけるような学習が展開されていることが確認された。また、選択型の減少、プロセス型の増加という質問の型の変化からは、子どもたちが自分の解釈や考えが求められる課題や文レベルの記述が必要とされる課題に取り組んでいることが認められた。

　先行研究では、内容重視のアプローチはアカデミックで認知的な発達を促すと主張され（Crandall 1993、Snow他 1992など）、「国語」を統合した場合

においても、作品内容に関わる話し合いはより高度なレベルの思考技能を促すことが指摘されているが (Custodio and Sutton 1998)、3.1 の分析結果においても、母語を活用した内容重視のアプローチの支援では子どもたちの認知的な発達に働きかけるような授業の実施が可能であることがうかがえる。

　一方、認知的により高度な課題や意見や解釈を求めるプロセス型課題に取り組むために必要な時間は、S 男と K 男では大きく異なっていた。その要因の一つとして、子どもたちが母国で受けてきた教育内容の違いが影響を及ぼしていることが考えられる。学制の違いによって 10 歳であっても小学校 2 年生に在籍していた S 男は、母国では認知的に高度な課題や解釈や意見の求められる課題の練習を始めたばかりの状況にあり、しかも、来日後は実年齢に合わせて 5 年生に編入されたことから、S 男は、ひらがなや基本文型を学ぶ日本語指導を受けても、たとえば小学 3 年生に求められる認知的に高度な課題や 4 年生で取り組む解釈や意見を求める課題を練習する機会はほとんどもつことができなかったと予想される。一方、K 男は母国での 5 年間の小学校教育の中で、学年段階に応じた認知的な課題や解釈や意見を求める課題を順調にこなしてきたと推測される。そしてこのような二人の子どもの状況の違いが、認知的により高度な課題やプロセス型課題に取り組むまでの時間に影響を与えたのではないだろうか。

　しかし、言語少数派の子どもたちのこれからの成長を考えるとき、K 男のような子どもに対しても、第一言語の読み書き能力が不十分でしかも教科学習に大きな欠落部分がある S 男のような子どもに対しても、認知的な発達に働きかけ、自分の考えや意見をもち、それを伝える力を養っていく場を保障していくことは重要である。そのためには、学校生活における基本的な表現や限定的な学習語彙、そして基本文型の定着をめざす従来の日本語指導とは異なり、子どもの認知的な発達に働きかけ、学年相応の学習内容を通して考える力や書く力を育てていくような授業が必要であり、母語を活用した内容重視のアプローチはそのような授業を行うための有効な手段の一つとして期待される。

3.2 内容重視のアプローチによる書く力の育成

3.2.1 はじめに

3.2では、母語を活用した内容重視のアプローチが子どもたちの日本語力の伸張にどのように働きかけるか、言語面からの分析を行う。分析は言語面の中でも特に「書くこと」に焦点を当てて行うが、その理由を以下に示す。

言語少数派の子どもたちが教科学習に困難を抱えているという状況に対し、西原（1996a）は、①第一言語と認知能力の発達を図る、②読解力を高める、③日本語学習に教科学習の内容を文脈として取り入れるという3点に配慮しながら、教科学習と日本語学習を関連づける必要があるとしている。西原の指摘した「②読解力を高める」について考えてみるに、日本語で書かれた教科書や資料を読んでわかるようになることは教科学習を進める上で欠かせず、読解力が「すべての教科学習のもとになる基本的で重要な能力」（高橋1999：138）であることは明らかである。

しかし、日本の小学校からの教科学習が書きことばを中心に展開されていることを考えれば、読む力と併せて書く力を育てていくことは、学習面での基礎・基本となる力を獲得するという意味において重要である。特に中学校段階では授業ひとつを受けるにしても、板書を写すだけではなく、教師の説明をメモしたり自分の考えをノートに書き付けていくことが欠かせない。さらに、さまざまな教科でレポートの作成が絶えず求められるなど、中学校段階の学習は書くことを抜きにしては成り立たない。したがって、授業で与えられる情報を記録して理解を定着させるためにも、自分の思いや考えを明確化し、それらを仲間や教師に伝えるためにも、書く力を育てていく必要がある。さらに書くことは、聞いたり読んだりして受け取った情報を自分の中で組み立て、再生産するという複雑で知的な作業であり、それゆえ教育の場で意図的・計画的に伸ばしていくことが求められる。

ところでこれまでの言語少数派の子どもたちを対象とした書くことの指導は、日本語担当者が取り出し指導の場で短文作りや作文の形で行うことが一般的であった。しかし学習面での基礎・基本としての書く力を考えるとき、子どもたちが書くことを学ぶ場を特定の授業や教師に限定するのではなく、

あらゆる学習場面をとらえて育てていくことが求められよう。すなわち、理科の実験記録も社会科のノート作りも教科の内容理解のためだけにあるのではなく、言語少数派の子どもたちにとっては書くことをも学習する場でもあるという発想をもって支援にあたることが必要である。

以上のことから、3.2 では子どもたちの書く力に着目して母語を活用した内容重視のアプローチの可能性を探る。具体的には、第一言語の読み書き能力に差がある子どもたちを対象に、子どもたちの書く力がどのように変化するのか、文の長さ、文構造の複雑さ、使用語彙の広がりという観点から発達の変化を検討する。

3.2.2　言語少数派の子どもたちの「書くこと」に関わる先行研究

ここではまず、子どもが第一言語の環境で教育を受けた場合、子どもの書く力はどのように発達するのか、発達心理学における知見を概観する。第一言語の書く力の発達に注目したのは、小学校から中学校にかけての時期の子どもは、参入側の言語少数派の子どもも受け入れ側の日本人の子どもも、それぞれの第一言語で一般的にどのような書く力をもつようになるのかを見るためである。

次に、年少者を対象とした第二言語教育の分野において、第二言語による書く力の発達に関する研究をみていくこととする。

（1）　第一言語における書く力の発達に関する研究

岡本 (1985) は、「子どもはその発達の途上、二つのことばの獲得を迫られる。一つはいわゆる『ことばの誕生』とも呼ばれる、乳児期から幼児期にかけての、あの親たちを喜ばせてやまぬことばである。そして今一つは、子どもが学校時代を通して、新たに身につけてゆくことを求められることばである」(1985：1) と述べ、前者を「一次的ことば」、後者を「二次的ことば」と呼んだ。書きことばはこの「二次的ことば」において登場し、「不特定の一般者に向けて、現実の状況文脈を離れたところで、自己の内容プログラミングに基づいてことばの文脈を構成してゆく」(1985：120) という性質を強くもつ。

このような書きことばの獲得を子どもたちは小学校に入ると同時に周囲から要求されるわけだが、岡本によれば、それは「単に文字さえ覚えれば、自分の話している文をただちに書きことばとして綴れるというような単純な営み」ではなく、「きわめてむつかしいしごと」であるという（1985：63–66）。福沢（1987：129–130）も同様に、書きことばは「話しことばを単に紙のうえへと移しかえたもの」ととらえることは誤りであり、書きことばの獲得には「安定し自分のものになったことばにしがみつくあまり、書きことばをうまく自分のものにすることができない」などの困難が生じる場合もあるとしている。さらに岩田（1987：131）は、子どもがことばを獲得する過程では二つのつまずきの危機があると述べている。第1の危機は小学校入学時で、「自制、集中、熟慮」を要求する読み書き学習の開始が子どもにとって苦痛を伴うものであることがつまずきの要因となる。第2の危機は小学校4年生ごろに見られる。この時期、教科書のことばは「それまでの和語から一挙に抽象概念を表す表現（漢語）に入れ替わってくる」が、このような抽象概念は「脱文脈的な読み書きことば（教科書）」を通して習得されなくてはならず、そのため子どもたちはこの時期に大きくつまずく危険性があるという。

　では学齢期において、書く力はどのような段階を経て発達するのだろうか。Kroll（1981）は、書きことばの獲得には次に示す四つの局面があるとしている。

　①準備局面（preparation）
　　・字の形、鉛筆の使い方、自分で単語を書き写すことを覚える
　②合併局面（consolidation）（7歳頃）
　　・手本なしでも文字が書ける
　　・書けるのは自分が話しことばで使っている構文だけである
　③区分化局面（differentiation）（9〜10歳頃）
　　・話しことばと書きことばの差が目に見えてはっきりしてくる
　　・書きことばでは、話しことばとは違う構文が用いられるようになる

④統合局面（systematic integration）
・話しことばと書きことばを別々にコントロールする技能が完成する

　日本の小学校では入学と同時に鉛筆の持ち方やひらがなの学習が始まるが、1年生の1学期は「準備局面」にあたり、2年生にかけては「合併局面」、3、4年生は「区分化局面」、その後は「統合局面」に当たるとすれば、じつに小学校の全期間を通じて書きことばの獲得が段階的に図られているといえる。
　またバーンスタインとティーガーマン（1994）は、子どもは小学校の3、4年生になると複雑な節や句、多様な文型を使用して書くようになり、高学年の頃には長さと多様性が増し、書きことばの複雑さは話しことばの複雑さを越えることを指摘している。さらに成田他（1997）は日本人の小学生から高校生の作文について調べたところ、発達は「長い文が書けるようになる段階」（～小2）、「複雑な文が書けるようになる段階」（～小6）、「文の長短を意識して書けるようになる段階」（～高1）と進むとしている。
　以上の知見をふまえて考えてみるに、小学校高学年から中学校段階の子どもは、一般的に書きことばの獲得をほぼ終え、話しことばとは違う構文を使いながら長く複雑な文が書ける段階にいるといえよう。
　では、第二言語環境下に置かれた子どもたちは、どのように第二言語での書く力を発達させていくのだろうか。

（2）　第二言語における書く力の発達に関する研究

子どもたちが第二言語を使って書くことについて、Dixon and Nessel（1983：83）は、書くことは他の3技能よりも難しく、多くの努力が要ることであり、ESLの生徒は「話しことばの上でなじみのない言葉を、書きことばで学ばなくてはならない」という難しさを抱えているという。また、Cantoni-harvey（1992：176）は、子どもたちが「書きことばという新しいコードシステムをマスターするだけでなく、相手と向かい合ったやりとりに役立つ付加的な手がかりの恩恵なしに、意味を構築することを学ばなくてはならない」ことから、「話し言葉のコンテクストから、より抽象的な書きことばによる

コミュニケーションへの移行は、全く難しいことである」としている。

　これらの指摘は、第一言語における書きことばの獲得の難しさを述べた岡本(1985)や福沢(1987)の指摘にそのまま重なり合う。すなわち、第一言語の場合でも書きことばの獲得は「きわめてむつかしいしごと」(岡本1985：63)であったように、第二言語の場合もそれは「多くの努力が要る」(Dixon and Nessel 1983：83)ことなのである。しかも第二言語環境下におかれた子どもたちは、学習面での基礎・基本となる読み書きの力をもたないかぎり在籍学級の教科学習に参入していけないことから、可能な限り早く書けるようになることが求められている。

（3）　内容重視のアプローチにおける書く力の育成

本書の基盤を成す内容重視のアプローチでは、どのように書く力の育成が図られているのだろうか。

　教科の内容と言語を統合して教えていく内容重視のアプローチでは、書くことを扱う場合でも、教科学習と切り離したところで作文を教えるのではなく、教科学習場面のあらゆる機会をとらえて書く力を育てていく姿勢が求められる。そのため書くことの指導は、言語や作文の教師だけに与えられた特別な役割ではなく、教科担当者も子どもたちの言語に敏感であることが求められる(Crandall 1987など)。

　では、作文のための作文ではなく、教科内容に関わって書くことを教える意義はどこにあるのだろうか。言語少数派の子どもを対象とした研究ではないが、Tchudi and Tchudi(1983：7-8)は、教科内容に関わって書くことを教える利点として、①教科について書くことは生徒の学習を助ける、②内容に関わって書くことには、学校のレポートでよい作品が書けるなど実質的な見返りがある、③内容に関わって書くことは、いやいやながら書いている書き手を動機づける、④内容に関わって書くことは、すべての言語技能を発達させる、⑤書くことを教えることは、考えることを教えることである、という5点を主張している。

　さらにChamot and O'Malley(1992)は、小学校高学年から中学校のESLの生徒を対象とした内容重視のアプローチに基づくプログラムにおいて、教

科学習場面でどのような言語活動が要求されるのかということをCumminsの「言語能力発達モデル」の枠組みを用いて示している。ここでは書く活動に関わる項目のみを抽出して示す（図3-2-1）。

	（文脈からの助け・多い）	
（認知的な要求・低い）	【ESLクラスの最初のレベル】 （なし） 【個人的もしくは社会的なやりとり】 【機械的手順を含む学校の活動】 ・個人的な目的のために読み書きする 　　　　　（ノートやリストなど） ・作業的な目的のために読み書きする ・より低いレベルの質問に書いて答える	【アカデミックなコンテクストだが、 　理解を助ける活動が組み込まれている】 ・形式を与えられて、理科や社会科の 　簡単なレポートを書く 【小学校高学年や中学校段階の 　　　　　在籍学級の活動】 ・内容教科で作文、エッセー、調査レ 　ポートを書く ・より高いレベルの質問に書いて答える ・標準化された到達度テストを受ける	（認知的な要求・高い）
	（文脈からの助け・少ない）	

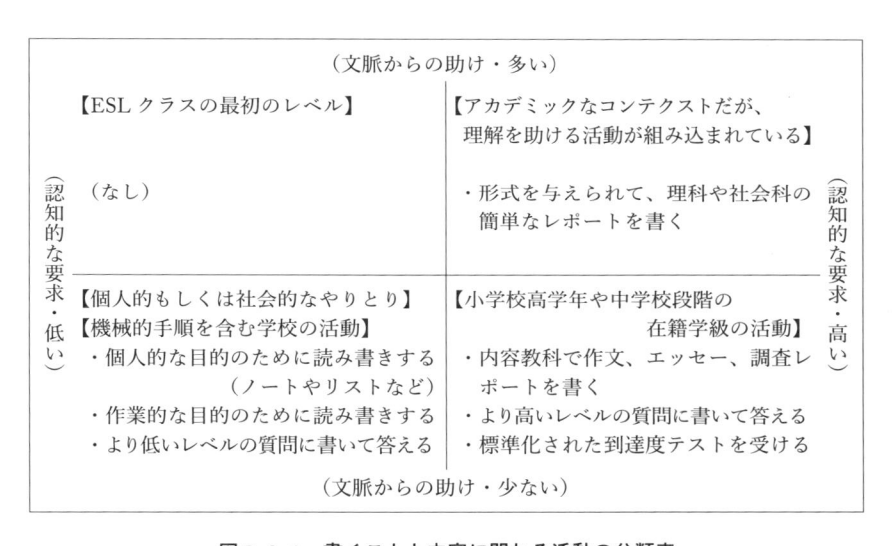

図3-2-1　書くことと内容に関わる活動の分類表
（Classification of Language and Content Activities within Cummins's Framework、Chamot and O'Malley（1992：49）より引用、筆者訳）

図3-2-1では、文脈からの助けが多く認知的な要求が低い領域は「ESLクラスの最初のレベル」に相当するとされるが、そこでは教科学習に関わる書く活動は行われていない。一方、文脈からの助けが多いものの認知的な要求が高い領域は「アカデミックなコンテクストだが、理解を助ける活動が組み込まれている」とされ、ここでは与えられた形式に基づいて教科のレポートを書く活動が具体例として示されている。次に文脈からの助けが少ない領域に目を転じると、文脈からの助けが少ないものの認知的な要求が低い領域は「個人的もしくは社会的やりとり」や「機械的手順を含む学校の活動」に当たり、具体的には個人的な目的のためにノートやリストを書いたり、作業上の目的のために書いたり、あるいは教科内容に関するレベルの低い質問に

書いて答えるという活動例があげられている。そして文脈からの助けが少なく認知的な要求も高い領域は「小学校高学年や中学校段階の在籍学級での活動」に相当し、ここでは、教科学習の中で作文やエッセー、調査レポートを作成したり、レベルの高い質問に書いて答えたり、標準化された到達度テストを受ける活動を含む。

　以上の先行研究から、内容重視のアプローチは子どもたちを書くことに動機づけ、書く力の育成に有効な方法であることが示唆される。そして書くタスクのレベルは、Chamot and O'Malley（1992）の示すように子どもの言語能力によって調整可能であることから、在籍学級の授業についてこられるだけの第二言語能力が子どもたちに備わるのを座して待つのではなく、あるいは書くことは難しいからといつまでも回避するのでもなく、教科学習場面でどうすれば書く機会を増やしていけるのか、どのような助けがあれば書くことがより学びやすくなるのかということの追究がなされなくてはならないといえる。

（4）　第一言語の読み書き能力を十分にもたない年長の子どもたちへの学習支援

　前項までは、第一言語の読み書きの力を順当に発達させてきた子どもたちの場合をみてきた。しかし、子どもが第二言語環境に移動する場合、小学校の入学年齢や進級の仕方など学制が異なっているために、小学校高学年や中学生であっても第一言語での読み書き能力が十分でない年長の子どもたちが数多く存在する。このような子どもたちにはどのような対応が必要なのだろうか。

　まず、第一言語の読み書き能力が十分でない小学校高学年から中学校段階の子どもたちの場合、第二言語の読み書き能力を発達させることは簡単ではなく、時間がかかるものであることが指摘されている（Ovando and Collier 1985、Cantoni-Harvey 1992、Crawford 1993など）。Hamayan（1994：286）はその理由として、彼らが書きことばのさまざまな機能、目的、使用について十分に理解していないために、「コミュニケーションや自己表現の手段として読み書きを自然に受け入れているのではなく、意味のないライティング練習をしているという意識しかもっていないかもしれない」と述べている。

また第一言語で読み書きできる子どもたちとは違って、彼らは書きことばについての適切な仮説やルールの形成を第一言語から第二言語へ転移できないという不利な条件を抱えていることをあげている。

このようにより大きな困難をかかえる子どもたちへの対応として、Ovando and Collier(1985：96)は「個人的指導によって急速に発達を遂げることができる」と展望を述べた上で、以下の点が重要であるとしている。

・第一言語の聞く・話す力は十分に発達しているものとして、第一言語の読みを時間をかけて教え、第二言語の読みに移行する基盤をつくる
・子どもたちの発達段階と認知的なレベルの両方において、意味のある授業をする
・同世代の子どもと学校や地域でともに暮らしていけるようにする

また、Cantoni-Harvey(1992)は、

・母語で教科学習を勉強できるESLのバイリンガルプログラムに入る
・ESLで個人的な指導を受ける
・テキストを読めない生徒は、録音や、教師や友だちとの議論から内容を聞く機会をもつ

などの方法を提案している。第一言語の聞く・話す力の活用については、Hamayan(1994)も、子どもたちの口頭言語をベースとする活動を行うことで読み書き活動はより意味のあるものになると述べ、口頭言語と読み書きとの結びつきをより緊密にすることの重要性を指摘している。

以上のことから、第一言語の読み書き能力が十分でない年長の子どもの学習支援を行う場合、彼らのもっている言語能力、すなわち第一言語での聞く・話す力を最大限に生かしながら個人指導を行い、その中で読み書きの力を育てていくことが望ましいと予想される。さらに支援に際しては、年齢や発達段階にふさわしい内容を用意することや、読み書きの楽しさや価値に気づかせていくことに留意する必要がある。

3.2.3 研究の概要

（1） 研究の目的

内容重視のアプローチは教科内容と言語を統合して教えることで、その両方の発達をめざす教授法であるが、子どもたちが第二言語の書く力を発達させるには多くの努力が必要であり、特に第一言語の読み書き能力を十分に持たない年長の子どもの場合はより大きな困難を抱えているとされる（Ovando and Collier 1985 など）。

このような中で、母語を活用した内容重視のアプローチは、言語少数派の子どもたちの書く力の伸長にどのように働きかけるのだろうか。3.2 では小学校高学年から中学校段階の教科学習を行う上で必須の書く力に焦点を当て、第一言語の読み書き能力に差がある 2 名の子どもたちを対象に、子どもたちの書く力がどのように変化しているかということについて明らかにする。

（2） 分析の方法

支援の授業における、教材文を読み取るための学習課題に対する記述解答から、子どもたちの書く力の変化を分析する。書く力の変化は文の長さ、文構造の複雑さ、使用語彙の広がりに着目して分析を行う。

分析に際しては、表 1–3 に掲げた授業について、授業中のやりとりを文字起こししたもの、教材文を読み取るための学習課題、その課題に対する子どもの記述解答をデータとして用いる。

このうち学習課題については第 3 章 3.1 で示したように、文レベル以上の記述解答を要求する課題（具体的には、Chamot のモデルにおける第 5、第 6 段階の課題で、しかも Mehan の分類におけるプロセス型課題）を対象とし、さらに、その解答のなかで、教材文から該当部分を抜き出して答えた「抜き出し型」ではなく、子ども自身が教材文の事柄を解釈したり、状況を説明したり、自分の感想や意見を表した「創出型」の解答を対象に分析を行う。表 3–2–1 に、「抜き出し型」と「創出型」の例を示す。

表 3–2–1　「抜き出し型」と「創出型」の例

	課題例	解答	教材文の記述
抜き出し型	母が迎えに行ったとき、妹はどんな様子でしたか。	<u>百日ぜきをわずらっていた。しらみだらけの頭。3畳の部屋に寝かされていた。</u>	三月目に母が迎えに行ったとき、<u>百日ぜきをわずらっ</u>ていた妹は、<u>しらみだらけの頭</u>で三畳の布団<u>部屋に寝かされていた</u>。
創出型	なぜ父は泣いたのですか。	妹かそかいに行ったのはやだ。食物もない、百日ぜき、すごくかわいそうです。	（理由についての直接的な記述なし）

（注）上の表の「解答」欄において、＿＿線部分は教材文の文言がそのまま抜き出されているところを表す。

　表 3–2–1 に示した抜き出し型の例では、「母が迎えに行ったとき、妹はどんな様子でしたか」という課題に対し、子どもは教材文の中の「三月目に母が迎えに行ったとき、百日ぜきをわずらっていた妹は、しらみだらけの頭で三畳の布団部屋に寝かされていた」という記述から、「百日ぜきをわずらっていた」「しらみだらけの頭」「三畳の部屋に寝かされていた」という妹の様子を表す部分、すなわち解答に相当する部分を適宜抜き出して解答している。これに対し、創出型の例では、「なぜ父は泣いたのですか」という課題に対し、父が泣いた理由を直接的に説明する部分は教材文のどこにもない。したがって「なぜ父は泣いたのですか」という課題に答えるためには、教材文の中で述べられてきた妹の疎開と疎開先での苦労、そして裸足で外へ飛び出して妹を迎え入れた父親の行為を手がかりとして、子ども自身が父親の心情を推測し、その推測を文章化することが求められる。

　このように創出型解答は、子ども自身の解釈や意見を表した解答を指し、しかも子どもが自力で産出した文によって構成されるという特徴をもつ。したがって、教材文からの「借り物」である抜き出し型の解答に比べ、創出型解答は子ども自身が産出した文であるという点において、書く力をとらえるための分析対象として適切であると考えられる。

　創出型の記述解答数は表 3–2–2 に示す通りである。よって以下の分析は、S 男の創出型解答 67 例（100 文）、K 男の創出型解答 17 例（32 文）を対象に

進めることとする。

表 3-2-2 創出型解答の数

S男の場合	時期 (支援開始後の時間)	I期 (1年目前半)	II期 (1年目後半)	III期 (2年目前半)	IV期 (2年目後半)	VI期 (3年目前半)	V期 (3年目後半)	計
	創出型の解答の数	2	8	13	17	11	16	67
	(創出型の解答における文の数)	(2文)	(8文)	(24文)	(25文)	(21文)	(20文)	(100文)
	(全課題数)	(113)	(74)	(42)	(34)	(34)	(32)	

K男の場合	時期 (支援開始後の時間)	I期 (1年目前半)	II期 (1年目後半)	計
	創出型の解答の数	6	11	17
	(創出型の解答における文の数)	(9文)	(23文)	(32文)
	(全課題数)	(57)	(53)	

3.2.4 書く力に関する分析結果
(1) 文の長さの変化
① S男の場合

まず、S男の「創出型」の記述解答（用例数の少ない I 期 2 文は除く）を対象に各文の文節数を調べ、統計的方法による評価を行う。

　一個人内の変化をとらえる一事例実験[1]の場合、本来ならば、何の処遇も施さないベースライン期を作り、それに続く処遇期のデータとの比較を行う方法がとられる。しかし学習支援を始めた経緯や支援開始当初の子どもの書く力の状況からいって、何の処遇も行わずに文章を書かせるというベースライン期を設定することはできなかった。また、本節では創出型解答を分析データとしている。創出型解答は教材文に対する子ども自身の解釈や説明であることから、創出型解答を求める課題に繰り返し取り組む中で、子どもは解釈したり説明したりする力をつけ、別の教材文の読み取りにおいてもそのような力を発揮するようになると考えられる。言い換えれば、創出型解答を記述する力は課題の性質からいって別の教材文においても転移が可能であり、そのデータは直線的に上がっていくことが望ましいと考えられる。そこ

で、ベースライン期は置かないが、以下、時期ごとにわけて分散分析を行う。

表3-2-3　一文あたりの平均文節数（S男の場合）

時期 （支援開始後の時間）	II期 (1年目後半)	III期 (2年目前半)	IV期 (2年目後半)	V期 (3年目前半)	VI期 (3年目後半)
一文あたりの平均文節数 (SD)	2.75 (0.71)	3.42 (1.64)	3.92 (1.50)	4.43 (2.11)	5.10 (2.00)
（文の数）	(8文)	(24文)	(25文)	(21文)	(20文)

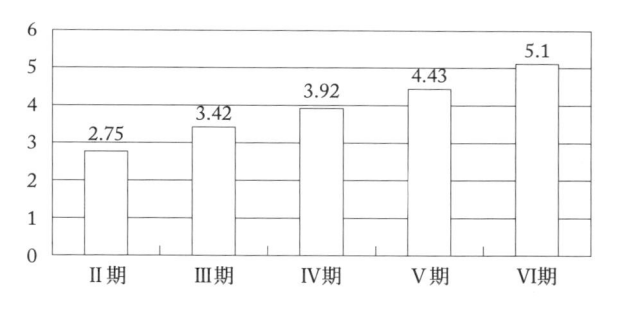

図3-2-2　一文あたりの平均文節数（S男の場合）

　一文あたりの平均文節数について分散分析を行った結果、1%水準で時期による主効果が認められた（$F(4, 93) = 3.98, p < .005$）。テューキー（Tukey）の方法による多重比較によると、II期とVI期、III期とVI期の差は有意であったが（$p < .05$）、それ以外の平均の差は有意でなかった。このことから、S男の場合、文の長さはVI期の支援開始3年目後半（来日5年目）に入る頃から有意に伸びているといえる。

　在日ブラジル人中学生の作文能力を調べた生田（2001）は、滞在年数が長くなるにしたがって一文の長さが伸びていることを明らかにし、一文あたりの文節数が、「滞在1～3年」の子どもの場合では4.94文節、「滞在3～4年」では6.89文節というデータを示している。今、この生田のデータをS男の値と比較してみると、S男にとって「滞在3～4年」に相当するII期からV

期にかけての平均文節数は 2.75、3.42、3.92、4.43 文節と、いずれも生田の示した 6.89 文節より低くなっている。

　この理由としては、データの質の違いや子どもの第一言語の読み書き能力の差が推測される。まず、生田の用いた自由作文は教材文の読解に関わる記述解答に比べて自分で比較的自由にことばを選ぶことができ、そのことが文章の書きやすさに影響を及ぼしているのではないかということが考えられる。また生田の場合、「滞在3～4年」の子どもたちは全員ポルトガル語でも作文が書けており、しかもポルトガル語の作文と日本語作文では産出量に関して相関が認められたことから（滞在年数の影響を除いた偏相関係数 r = 0.56、出国年齢の影響を除いた偏相関係数 r = 0.35）、この点において2言語間の「相互依存の関係」(Cummins 1991) が支持されている。一方、小学校2年生までの教育しか受けていないために母語の読み書きがほとんどできないS男は、生田が対象としたインフォーマントと比べた場合、学年や滞在年数は同じでも日本語作文に転移可能な第一言語の読み書き能力に差があり、そのことが日本語の文の長さの違いとなって現れていると推測される。

② K男の場合

次にK男の創出型の記述解答について調べたところ、次のような結果となった（表3-2-4、図3-2-3）。

　K男の場合、支援開始直後（来日2ヶ月後）のⅠ期から平均文節数が 5.00 に達している。そこで最初の教材『大造じいさんとガン』を扱った4ヶ月間（2001年10月～2002年1月）の様子をさらに細かく追ってみると、10月に産出された創出型解答は0例、11月は1例（文節数6）、12月は4例（平均

表 3-2-4　一文あたりの平均文節数（K男の場合）

時期 （支援開始後の時間）	Ⅰ期 (1年目前半)	Ⅱ期 (1年目後半)
一文あたりの平均文節数 (SD)	5.00 (2.06)	4.70 (2.08)
（文の数）	(9文)	(8文)

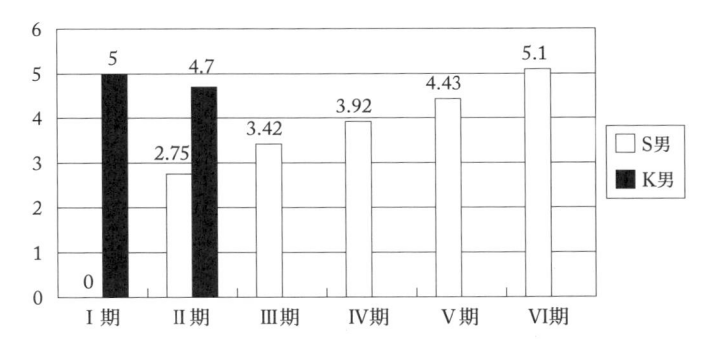

第3章　母語を活用した内容重視のアプローチの可能性の検討　77

図3-2-3　一文あたりの平均文節数（K男の場合）

文節数5.3）、1月も4例（平均文節数4.5）で、K男は支援を開始して3ヶ月目（来日5ヶ月）から5文節程度の文を複数記述していることがわかった。S男の平均文節数が5点台に達するのは支援開始3年目の後半（来日5年目）のVI期になってからであることを考えると、両者の違いは明らかである。

　S男が要した3年半という時間とK男の3ヶ月を比べれば、いかにS男の歩みが遅々として進まないものであるかということを問題視しがちであるが、しかし注目すべきは進捗の遅さではなく、S男がS男なりのペースではあっても確かに長い文を書けるようになったこと、そして教材文の内容理解に関わって自分の解釈や意見を書いて表せるようになったことといえよう。

　S男の創出型の解答をいくつかみてみよう。表3-2-5において、例①は登場人物の状況を問うた課題である。S男は「学童疎開」ということばは使わ

表3-2-5　創出型の記述解答例

課題例（実施時期）	S男の創出型解答	教材文の手がかりとなる記述
①妹はなぜ自分の家にいないのですか。（III期）	戦争があるから甲府に行った。	「妹が甲府に学童疎開をすることになった」
②私や母は故郷から引っ越すことを楽しみにしていますか。なぜですか。（VI期）	楽しみにしていません。もうすぐ引っ越を話すと母にはよろこばない。母はまだこの家に住みた（い）のです。	「（母は）すぐ引っ越しの話は持ち出さない」

ないまでもその意味するところを「戦争があるから」と既知の語彙を用いて表現し、解答を記述している。例②は行動を通して心情を把握させる課題である。母親の心情を直接説明した部分は教材文にはないが、Ｓ男は「引っ越しの話を持ち出さない」という行動を手がかりに母親の心情を想像し、「母はまだこの家に住みたい」と自分のことばで説明している。

　このような創出型解答は、Ｓ男の書く力が考える力や想像する力と相俟って育っていることの現れであり、Ｓ男が読み書きの学習を第一言語でもほとんど受けていないことや支援開始時点（来日１年半）において「はい／いいえ」程度の受け答えしかできなかったことを考えれば、Ｓ男は学制や環境の違いによって飛び越さざるを得なかった「発達上必要なプロセス」（安場2000：70）を、実はたいへんな勢いで歩み始めているのではないかと推測される。

（２）　文構造の複雑さの変化

次に、文構造の複雑さを従属節と並列節に着目してみていく。従属節と並列節の分類は、益岡・田窪（1992）、生田（2001）を参考に行う。以下、その例を掲げる。

　　（１）「従属節」（副詞節、名詞修飾節、補足節を含む）
　　　　①副詞節　　　　（例）物をもらわなかったので、ふくれっつらをした。
　　　　②名詞修飾節　　（例）貝と魚を煮た栄養は、体の中にはいい。
　　　　③補足節
　　　　　１）引用節　　（例）ルントーは刺すまたを持って、チャーを殺そうと思っていた。
　　　　　２）形式名詞や「の」につながる節
　　　　　　　　　　　　（例）外に誰もいないのが寂しい。
　　（２）「並列節」
　　　　①連用形による並列　　（例）ものを煮、土を作る。
　　　　②テ形による並列　　　（例）物を売って、金に換えて、新しい家を買う。

以上のような分類にしたがって、創出型の記述解答における従属節と並列節

の出現状況をしらべたところ、表3-2-6及び図3-2-4、図3-2-5に示す結果となった。なお「甲府に行った<u>の</u>とき、よかったよ。」のように従属節を正しく作れていないもの（S男5例，K男3例）は除外し、「妹がそかいに<u>いた</u>（＝行った）のは、やだ。」のように表記の誤用があるものは従属節に含めることとした。

従属節については、S男とK男の使用状況の違いが注目される。S男の場

表3-2-6　従属節と並列節の使用状況

	支援開始後の時期	文の数	従属節を含む文の数（割合）	並列節を含む文の数（割合）
S男	Ⅰ期（1年目前半）	―	―	―
	Ⅱ期（1年目後半）	8	1（13%）	0（ 0%）
	Ⅲ期（2年目前半）	24	4（17%）	2（ 8%）
	Ⅳ期（2年目後半）	25	3（12%）	2（ 8%）
	Ⅴ期（3年目前半）	21	3（14%）	1（ 5%）
	Ⅵ期（3年目後半）	20	6（30%）	7（35%）

	支援開始後の時期	文の数	従属節を含む文の数（割合）	並列節を含む文の数（割合）
K男	Ⅰ期（1年目前半）	9	2（22%）	0（ 0%）
	Ⅱ期（1年目後半）	23	11（48%）	3（13%）

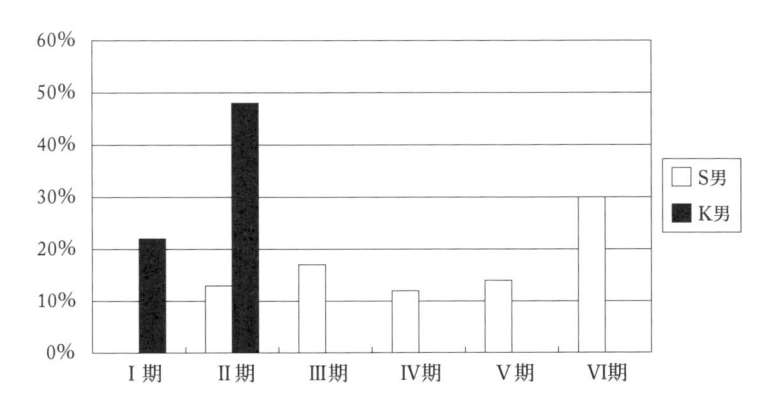

図3-2-4　従属節の使用状況

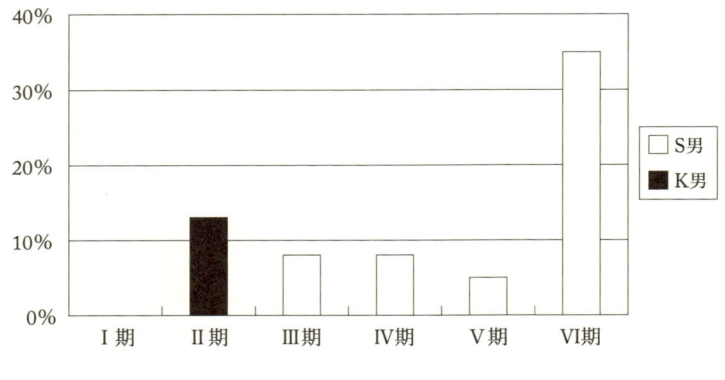

図 3–2–5　並列節の使用状況

合はⅥ期になってようやく全体の3分の1程度（20文中6例）の文に従属節が用いられるようになったのに対し、K男はⅡ期で全体の約半数（23文中11例）が従属節を含む文となっている。

　その理由として、S男の場合はやはり第一言語の読み書き能力の影響が考えられる。本節の先行研究の項でも示したように、第一言語の環境下にある子どもたちは小学校入学以後「長い文を書けるようになる段階」「複雑な文を書けるようになる段階」「文の長短を意識して書けるようになる段階」と書きことばの発達を遂げていくという（成田他1997）。このことをふまえて考えれば、小学校5年生までの教育を母国で順当に積み重ね、「複雑な文を書けるようになる段階」の教育を受けてきたと考えられるK男とは異なり、小学校2年生を終えて来日したS男は「長い文を書けるようになる段階」の途中で第一言語から第二言語環境へと移動し、しかも3学年分の飛び級によって、「長い文」から「複雑な文」への発達を遂げるための練習の機会をどこの場でも持ち得なかったということができ、このことがS男の複雑な文の習得を難しくしていると推測されるのである。

　次に並列節に目を転じてみると、S男の場合、従属節と同じくⅥ期になって7例が見られるが、それまでの時期にはほとんど出現していない。K男はⅡ期に3例産出しているのみである。このように並列節の出現が遅いことは、「並列節は滞在3年目まではほとんど現れない」、「（並列節は）日本人生徒の

割合と同じになるには従属節より時間がかかり、滞在6〜10年で初めて有意差がなくなる」(生田 2001：41–43)という指摘とも合致するところである。

最後に従属節や並列節を含む個々の使用状況についてみていきたい。次の例①と②は従属節が一つの文に一つずつ単独で用いられている例である。

> 例①　戦争があるから、甲府に行った。（S男Ⅱ期）
> 例②　ものを煮、土器を作る。（S男Ⅲ期）

①は副詞節の例だが、ここでは「AだからB」のような1対1の単純な対応関係が表現されている。また②は並列節の例で、二つの事柄だけが単純に並べられている文である。S男の場合、Ⅳ期（支援開始2年目、来日4年目）までは、従属節（8例）にしても並列節（4例）にしても12例すべてがこの形であり、K男の場合はⅠ期2例がこの形に相当する。

ところがその後、一つの文の中に複数の従属節を含むものや（例③）、従属節と並列節とが両方用いられている文（例④）が両名ともに出現するようになった。

> 例③　人は家の中にいて、冬なので、外に誰もいないのが寂しい。（S男Ⅵ期）

③の課題は、20年ぶりに故郷を訪れた主人公が「寂寥の感」を抱いた理由を問うもので、教材文には主人公が「厳しい寒さの中」を帰ってきたこと、村には「いささかの活気もなかった」ことが記されている。S男はこうした教材文の描写を手がかりに、「冬」「外に誰もいない」「寂しい」という三つのことを結びつけて解答を記述している。

> 例④　ルントーにはまだ話をしたくて、も(う)会えないかもしれないので泣いた。（S男Ⅵ期）

④は、幼友だちのルントーとの別れの場面で「主人公はなぜ泣いたのか」

という課題に対する解答である。教材文には「別れがつらくて、わたしは声をあげて泣いた」としか書かれていないが、S男はこの「別れがつらくて」には、「まだ話がしたい」「もう会えないかもしれない」という心情が含まれると解釈し、その解釈を「泣いた」という行為と結びつけて記述している。

　このように一つの文の中で複数の従属節や並列節を使うということは、より多くの事柄を関連づけて文章化していることにほかならない。複数の節を用いてより複雑な関係性を記述している文は、S男の場合V〜VI期に41例中5例、K男はII期に23例中3例であった。

　K男が来日後わずか半年で、複数の従属節や並列節を含む文を産出しているのに対し、S男にとって複雑な文の習得は確かに難しく時間もかかっている。しかし支援開始3年目の後半（来日5年目）からは従属節や並列節の使用も増え、また③や④のようなより複雑な関係を表す文を産出していることを考えると、S男はこの時期に至って「長い文が書けるようになる段階」を経て「複雑な文が書けるようになる段階」にようやく入り始めたと考えられる。

（3）使用語彙の広がり

ここでは前項と同じく創出型の記述解答を対象に、異なり語数の割合がどれくらい増えているかという点から使用語彙の広がりをとらえていく。語の認定は『日本語のためのCHILDESマニュアル』（大嶋、McWhinney 1995）に基づいて行い、また、動詞の活用形は生田（2001）にしたがって、たとえば「見る」「見た」「見ている」は三つの異なり語とみなした。

　Wolfe-Quintero他（1998）は作文における語彙の広がりをとらえるために、「延べ語数×2の平方根あたりの異なり語数」という方法を示している[2]。この方法は作文の量に左右されず語彙の広がりを測定できるという利点をもつことから（生田 2001：24）、ここでもこの方法を用いて測ったところ、次のような結果が得られた（表3-2-7, 図3-2-6）。

第3章　母語を活用した内容重視のアプローチの可能性の検討　83

表 3–2–7　使用語彙の広がり

S男の場合	時期 (支援開始後の時間)	Ⅰ期 (1年目後半)	Ⅱ期 (1年目後半)	Ⅲ期 (2年目前半)	Ⅳ期 (2年目後半)	Ⅴ期 (3年目前半)	Ⅵ期 (3年目後半)
	延べ語数 (a)	–	36	116	150	143	157
	異なり語数 (b)	–	28	70	81	75	95
	語彙の広がり* (c)	–	3.30	4.60	4.68	4.44	5.36

K男の場合	時期 (支援開始後の時間)	Ⅰ期 (1年目後半)	Ⅱ期 (1年目後半)
	延べ語数 (a)	68	164
	異なり語数 (b)	35	93
	語彙の広がり* (c)	3.00	5.14

*語彙の広がり：$(c) = \dfrac{(b)}{\sqrt{2(a)}}$

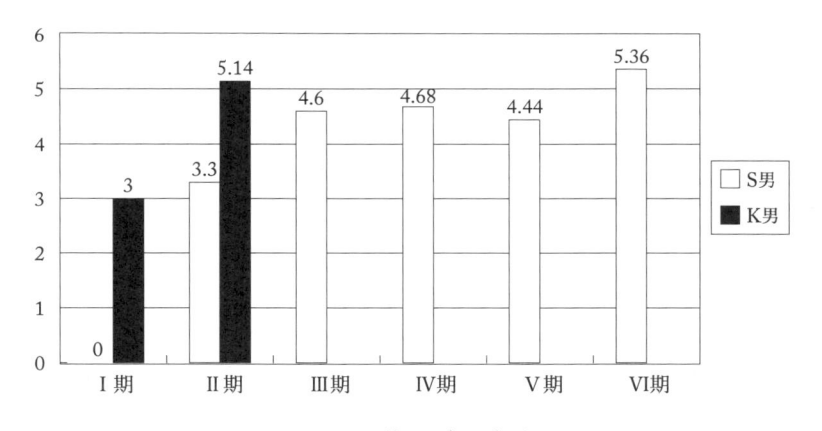

図 3–2–6　使用語彙の広がり

　言語少数派の子どもたちを対象にした語彙の獲得に関する研究では、滞在年数が長くなるにつれて語彙の数が増えることが指摘されているが（一二三 1996、生田 2001 など）、表 3–2–7 及び図 3–2–6 からも年を追うごとに使用語彙が広がっていく傾向が S 男にも K 男にも認められる。しかし「使用語彙の広がり」を示す値が 4 点台に達するまでの時間をみてみると、S 男は支援開始後 1 年かかっているのに対し（Ⅲ期 4.60）、K 男はわずか半年にすぎ

ず（II期5.14）、変化の早さはここでも大きく異なっている。

ところで自由作文を扱った生田（2001）では、語彙の広がりを示す値が「滞在3〜4年」で3.29、「滞在6〜10年」でも3.83であるのに対し、S男の場合はIII期から、K男ではII期以降いずれも4点台を越えている。これは自分で比較的自由にことばを選べる自由作文とは異なり、読みとったことを記述するというタスクでは、自分が安心して楽に使えることばだけではなく課題が要求することばを使って創出型解答を記述することが要求されるため、そのことが新しい語彙の積極的な使用につながっていったと推測される。

3.2.5　書く力の変化についてのまとめ

母語を活用した内容重視のアプローチにおいて、第一言語の読み書き能力に差がある子どもたちを対象に、創出型解答をもとに書く力を分析した結果、以下の点が明らかとなった（表3–2–8）。

表3–2–8　子どもの書く力の比較

分析の観点	S男	K男
文の長さ	・支援開始3年目後半（来日5年目）から有意に伸びている ・支援開始3年目後半（来日5年目）の平均文節数は5.10である	・支援開始後3ヶ月（来日5ヶ月）から5.00文節程度の文を記述している
文構造の複雑さ	・支援開始3年目後半（来日5年目）から複雑な文が書ける段階に入った	・支援開始後半年（来日8ヶ月）から複雑な文が書ける段階に入った
語彙の広がり	・時間とともに使用語彙が多様になり、支援開始後1年（来日3年目）で4点台に到達した	・時間とともに使用語彙が多様になり、支援開始後半年（来日8ヶ月）で4点台に到達した

S男については、用例数の少ないI期（2文）を除いた場合、文の長さはII期に平均文節数が2.75であったが、支援開始3年目後半（来日5年目）のVI期には平均文節数が5.10となり、有意に伸びていることが確認された。また同じくVI期には、全体の3分の1程度（20文中6例）の文に従属節が用いられ、複雑な構造をもつ文が書ける段階に入ったことが推測された。使用語

彙は時間の経過とともに多様になり、支援開始1年目（来日3年目）のⅢ期には使用語彙の広がりを示す「延べ語数×2の平方根あたりの異なり語数」の値が4点台に達している。

一方、K男の産出した文を見てみると、Ⅰ期の支援開始3ヶ月目（来日5ヶ月）から5文節程度の長さの文を記述している。また、支援開始後半年（来日8ヶ月）のⅡ期には、従属節を含む文の割合が全体の約半数（23文中11例）を占め、同じくⅡ期には使用語彙の広がりを示す「延べ語数×2の平方根あたりの異なり語数」の値も4点台に到達している。

以上の結果について、年齢相応の第一言語の読み書き能力をもち、第一言語の書きことばをほぼ獲得していたK男と、第一言語の読み書き能力が不十分なS男との比較、そして母語を活用した内容重視のアプローチの意義という点から考察を加えていく。

2名の子どもの結果を比べた場合、創出型解答における文の長さ、文構造の複雑さ、語彙の広がりのいずれの観点についても変化の方向性は一致しているものの、変化の速度に大きな違いが見られた。この点において、第一言語の読み書きレベルが低い年長の子どもたちの場合、第二言語の読み書き能力を発達させることは簡単ではなく時間がかかるものであるという先行研究の指摘（Ovando and Collier 1985、Cantoni-Harvey 1992、Crawford 1993など）は支持されたといえる。

しかし同時に表3-2-8に示した結果は、時間はかかっても確実にS男の書く力が伸びていることを示し、第一言語の読み書きレベルが低いことが第二言語の読み書き能力の発達の可能性を否定するものではないことを教えてくれる。たとえば、在籍校の国語科担当者は、中学校の3年間を振り返ってS男の書く力の変化を次のように語っている。

> いつもはずーっと悩んでいて、アドバイスしても受け入れない。放課後残ってやらせようとしても帰ってしまう。…それが、<u>自分の意思で、自分が考えたことを、まとまった文章として書けるようになったのは、</u>「あ、これ、書けるな」と思ったのは2年生の10月の時ですね。みんなで

> 楽しい劇を見に行って、その感想を書かせたんですけれども、そのときはすぐできたんです。自分の感じたことを書けるようになったかな…という気がしました。それが最初。
> 　3年生になって私が目を見張ったのは、2学期にやったスピーチの原稿。中国の故事成語のことを取り上げたんですけど、<u>ほとんど自分で書いて、主張も</u>はっきりしてました。自分の知らない故事成語がたくさんある。だから中国語を勉強して覚えたいって、そんな内容の文章でした。スピーチを聞いたクラスの子どもたちは、感動した様子でした。S男はそんなこと思ってたのかって。<u>友だちを揺り動かすような文章を書けたんだなって</u>思いました。
> （2003年5月、S男が中学卒業直後の国語科担当者へのインタビューより）

　中学2年生の中頃（支援のIV期）、S男は学校でも「自分の意思で、自分が考えたことを、まとまった文章として」初めて書き、そして3年生の中頃（支援のVI期）には、自分の主張を文章にまとめ、それをクラスに伝え、受け止めてもらうまでとなった。K男のように「ついこの間まで日本語が全然わからなかったのに…」という子どもがわずか半年後（支援のII期）には「サケが死んだら、体の中の栄養を木にあげるから木がおおきくなる」のような文を産出した場合、周囲の者はその変化をとらえやすく、また「K男はよく努力している」と好意的な評価を与える機会も多くなる。しかし、S男のように長い時間をかけて緩慢な変化をたどる子どもに対しては、「来日して1年以上もたつのに」「取り出し指導をしても効果が上がらない」などと一向に成果の見えない状況を嘆いたり、子どものやる気に原因を帰したり、あるいは働きかけをあきらめてしまう場合もあるのではないだろうか。しかし、子どもが一人の大人として発達していくときに何が必要かという視点に立って考えてみると、たとえ時間はかかろうとも、学ぶ基盤としての読み書き能力を獲得していくことは不可欠である。飛び級をしたから「仕方がない」なのではなく、母語能力が不十分だから「あきらめる」のでもなく、支援者側には子どもたちの発達のプロセスに対する正しい認識と対応が求められる。

次に、母語を活用した内容重視のアプローチの意義という点から分析の結果を考えると、子どもの第一言語の読み書き能力の程度にかかわらず、次の三つの意義が見いだせる。

　第1に、母語を活用した内容重視のアプローチは書く力の発達を促すということが示唆される。先行研究では、内容重視のアプローチは学習に必要な言語能力を高めるなど言語指導の可能性もたいへん大きいことが主張されているが（Met 1998、Stryker and Leaver 1997、Crandall 1987、Snow 他 1992 など）、今回取り上げた二つの支援においても、子どもたちは、より長く複雑な構造をもつ文を多様な語彙を用いて書くようになったという変化が認められた。前章の分析結果からは、母語は子どもの内容理解を促すという役割を果たしていることが示唆されたが、教材文について理解できたことや考えたことが多くなればなるほど書けることや書きたいことが増え、そのことが一文の長さや書くことへの動機づけに影響しているのではないかと推測される。

　また、知っている語彙や使える表現形式が少ないときには、子どもの中で「書きたいことがあるのに書けない」という状況が生じ、結局は表現することをあきらめてしまうことも起こりがちである。たとえば、次に示すやりとりでは、K男は「残雪（＝ガンの群れのリーダー）のために一羽のガンも手に入れることができなかったので、大造じいさんが残雪をいまいましく思っている」ことを理解していたものの、「～ので」「～から」など因果関係を表す日本語の表現がわからなかったために最初は課題について答えることができなかった。しかし、理由を表す表現について「因为はどういいますか」とCTに母語で尋ねることで、そこで得た手がかりをもとに正答に至っている。

JT　：なぜ大造じいさんは、残雪をいまいましく思った？
K男：ん、ああ、「因为」はどういいますか。
CT　：日本語は中国語と違って、先に「因为」を言わない。
K男：一羽のガンも手に入れることができなかった ので 、いまいましく
　　　思っていました。

　　　　　　　　　　　　　　　　　　（K男の支援より、2001年11月）

> （注）＿＿線部のやりとりは中国語による。また、「因为」は中国語で理由を表すときに用いる。

　このように、母語話者が参加し、母語によるやりとりが保障されている場では、CTは子どもの求める語彙の意味や表現形式を提供し、子どもの伝えたい（話したい、書きたい）という意欲の実現を助けることも期待される。

　もちろん子どもたちの書く力の変化は、わずか週１回の学習支援によるものだけではなく、学校生活全体の中で向上したととらえるべきであろう。しかし母語を活用した支援において、「国語」の教材文を読み取るための課題について子どもたちが自分の考えや想像を書いてまとめるという活動は、少なくとも書く力の育成につながる一つの要因として考えることができよう。

　第２の意義としては、思考力の発達に働きかけるということがある。自分の解釈や意見を書いて表す創出型解答の記述が長くなり、一つの文の中で複数の従属節や並列節を使うことでより多くの事柄を関連づけて文章化していることからは、子どもたちが考える力をも身に付けていったことが推測される。

　「国語」を統合した内容重視のアプローチにおいて一つの教材文を読んでじっくりと考える学習は、日本語指導だけを念頭においた学習、たとえば「あの人はまるで魚のように上手に泳ぎます」のような特定の構文を用いた短文作りを目的とする学習に比べ、はるかに豊かな文脈の中で展開することができる。King 他（1992）は社会科を統合した試みについて「社会科の豊かな語彙や概念は、生産的に書くことに大量の内容を供給する」とその意義を指摘しているが、「国語」を統合した場合においても、教材文の文脈の豊かさは子どもたちに自分が考えたり感じたりしたことを創造的に産出させる機会を与えるといえよう。

　第３は、書くことへの動機づけに関する意義である。内容への興味が子どもたちの動機を高めることは Stryker and Leaver（1997）や Snow 他（1992）などでも指摘され、さらに「国語」を統合した場合には、興味深いテキストを長期的に学習することで、子どもに親しみや安心感を与えるとされるが

(Custodio and Sutton 1998)、支援の授業では課題を巡るやりとりを十分に行ってから子ども自身が理解できたことを記述するという形を取ったため、作文の時間によく見られる「書くことがないのにいやいや書かされる」という状況は一度も発生しなかった。このことから、内容重視のアプローチは書くことの必然性をもたせ、さらには何時間もの授業を通して積み重ねられた作品世界への理解や親しみは、子どもの動機に好影響を与えたと推測される。

　以上、母語を活用した内容重視のアプローチは、書く力の育成において、第一言語の読み書き能力が不十分で教科の未学習部分を抱えているＳ男のような子どもにも、来日直後のＫ男のような子どもにも適用可能であることが示唆された。そして、子どもたちが読み書き能力に習熟していくためには、次のような点に留意しながら書くことの学習を保障していくことが肝要であるといえよう。

・さまざまな教科において、書くことに必然性を持たせるような活動を実施すること
・発達上必要な思考力の育成に働きかけるような課題を設定すること
・子どものもっている第一言語の能力を活用した支援を工夫すること
・書きことばの獲得には時間を必要とするという認識をもつこと

3.3　内容重視のアプローチによる教科理解の促進

3.3.1　はじめに

3.3 では、母語を活用した内容重視のアプローチが子どもたちの教科理解をどのように促すか、内容面からの検討を行う。

　「国語」という教科は、教材文を通して筆者の主張をとらえたり自分の感想をまとめたりするなど、ことばによる理解力や表現力を育てることをめざす。しかし言語が伝達や思考、認識の機能を担っている以上、文章には思想が内包される。そのため「国語」の学習は教材文を通して育成される言語能力（＝教材の技能的価値）とものの見方や考え方（＝教材の内容的価値）とい

う点から論じられ、子どもたちの言語技能を育てるだけでなく、教材のもつ内容的価値が認知面や情意面の発達にも働きかけることが期待される。一方で、「国語」は内容理解のほとんどをことばに頼らざるをえないため、言語少数派の子どもたちを対象とした教科学習支援では敬遠されたり、あるいは、「国語」の学習と称して学年の高い子どもたちに小学校低学年の教科書を与える場合も見受けられる。

このような特性をもつ「国語」を統合した場合、母語を活用した内容重視のアプローチは子どもたちの教科理解に貢献できるのだろうか。3.3では、子どもたちがどこまで学年相応の「国語」の教材文を理解することができたのか、また学習の過程ではどのような思考力を用いながら課題の解決に当たっているのか、内容面に焦点を当てて内容重視のアプローチの可能性を追究していく。

3.3.2　日本における内容重視のアプローチによる実践と研究

内容重視のアプローチの論理的根拠と意義については第1章で述べたとおりであるが、本項では、日本における内容重視のアプローチの実践的な研究について、特に教科の内容理解に言及した研究を対象にみていくこととする。

日本の第二言語教育で、内容重視のアプローチを初めて取り上げたのは岡崎(1994)である。岡崎は大学の留学生クラスで内容重視の読解コースをデザインし、その成果として、学習者一人一人がテキストに対し独自の意味を構築していくような読み能力の獲得、テーマに関連した知識の獲得や態度の変容を指摘している。

年少者日本語教育に目を向けてみると、太田垣(1997)がインターナショナル・スクールで「内容重視型」のプログラム開発を試み、その成果と課題を明らかにしている。その後の実践的な研究としては、齋藤(1999)が中国出身の小学校中〜高学年の児童7名を対象に、算数、理科、社会の4ヶ月にわたる支援について報告している。支援の分析は①学習に対する意欲、②自然な文脈におけるコミュニケーション、③教科の知識及び技能の定着、④日本語の学習の四つの観点から行われ、このうち「③教科の知識及び技能の定着」については「既習の内容については、復習として非常に有効であった」

「未習の内容に関しては、理解の面では授業中は問題がなかったが、定着は容易ではなかった」という総括が示されている。また斉藤他（2000）では、中国出身の小学校高学年の児童 6 名に算数を、低学年児童 5 名に生活科の支援をそれぞれ 3 ヶ月半実施し、①言語項目面、②教科の学習内容の点から分析を行った。小学校高学年対象の算数の支援では棒グラフの実践例（3 時間扱い）が取り上げられ、そこでは「②教科の学習内容」について、「（既習の 2 名にとっては）授業内容に興味がもてず、授業中も注意力が散漫であった。（未習の 4 名にとって）3 時間の学習は十分とは言えず、自力で棒グラフを作成できるほどには理解が深まらなかった」という授業者の評価が示されている。

　清田（2001a）はフィリピンと中国出身の 2 名の生徒（小学 6 年～中学 1 年）を対象とする「国語」の支援を取り上げ、①内容理解の状況、②思考力や想像力の育成について「国語の学習に必要な思考力の育成モデル」（表 3-3-1）の枠組みを用いた分析を行った。その結果、学年相応の教材文についてあらすじ理解ができたこと、さらには様子を想像したり行動の理由を推論したり比喩的な表現について考えるなど、単なる事実の把握をこえて想像力や思考力を使った学習課題にも取り組めたことを確認した。さらに清田（2004）では中国出身の児童 1 名（小学 6 年）を対象とする 10 ヶ月間の「国語」の支援について、①学習支援における母語の役割、②内容理解の状況に着目して検討を進めた。「②内容理解の状況」については清田（2001a）と同様の枠組みを用いて分析を行い、「内容重視のアプローチの試みは、来日間もない子どもに対して学年相応の教材を扱うことを可能にし、あらすじの把握や教材文の基本的な情報の把握、さらにはその理解を文章で表現することができるなど内容理解を促す」（清田 2004：207）と報告している。

　以上の実践的な研究からは、内容重視のアプローチが既習事項の復習に役立つということや未習内容の定着には時間がかかることが指摘され、また「国語」を統合した場合は、学年相応の教材文について基本的な情報の把握や、想像力や思考力を活用した学習課題の設定も可能であるということが示された。しかしこれらの先行研究は子どもの属性、対象教科、授業形態、支援の期間、母語話者の参加の有無などにさまざまな相違点があり、内容重

視のアプローチの有効性を論じるには十分とはいえない。子どもの属性一つをとっても、たとえば、第一言語の読み書き能力に応じた支援の方法はどうあるべきなのか、子どもの年齢によって内容理解の負担はどう異なるのかなど、個々の実践で得られた知見が一般化され有効活用されるまでには至っていない。また、内容重視のアプローチに母語をどう位置づけるかということもなされていない。さらに、統合する教科によって言語項目の扱いはどう異なるかなどカリキュラムに関わる問題があり、支援する側に目を向けてみても、言語少数派の子どもたちを教える場合にはどのような指導ストラテジーが使われているのか、日本語担当者と教科担当者はどのように連携して授業に臨むのかなどについては手つかずの状況にある。

このように日本における内容重視のアプローチの導入は緒についたばかりであり、多くの課題が山積しているが、3.3 では「国語」を統合した場合を取り上げ、母語を活用した内容重視のアプローチは子どもの教科理解をどのように促すのかについて明らかにしていく。

3.3.3 研究の概要

（1） 研究の目的

母語を活用した内容重視のアプローチにおいて、第一言語の読み書き能力に差がある 2 名の言語少数派の子どもたちを対象に、子どもたちがどこまで学年相応の「国語」の教材文の内容を理解することができるのか、また、学習課題の解決過程ではどのような力を用いているのか、内容理解の到達度と課題解決の過程で用いた思考力や想像力について、記述資料をもとに明らかにする。

（2） 分析の方法

分析に際しては、授業で扱った学習課題が日本の小・中学校のどの学年レベルに相当するかをまず検討し、続いて子どもの記述解答から教材文の内容理解の到達度をとらえていく。

① 課題の学年レベルをとらえる枠組み

課題の学年レベルは、「国語の学習（読むこと）に必要な思考力の育成モデル」（清田 2001a）を再検討したものを用いてとらえていく（表 3–3–1）。

このモデルは「ことば・国語科カリキュラム試案―思考力を軸として」（お茶の水女子大学附属小・中学校 1999：21–23）をもとに作成したものである。「ことば・国語科カリキュラム試案」では小学校から中学校までの 9 年間について、学年ごとに、また「話すこと・きくこと」「読むこと」「書くこと」の領域ごとに育成すべき言語能力や技能が明示されている。

「ことば・国語科カリキュラム試案」をモデルの原型としたのは、第 1 に、「思考力を軸として」という「ことば・国語科カリキュラム試案」の姿勢が、発達段階に応じた思考力の育成をめざす本書の姿勢に通じると考えたためである。第 2 の理由は、「ことば・国語科カリキュラム試案」の内容が具体的で、また、学年段階の差を丁寧に追っていることによる。各学年段階で育てるべきことばの力を系統立てて表したものには『学習指導要領』があるが、カリキュラム編成の基準を掲げた『学習指導要領』に比べ、「ことば・国語科カリキュラム試案」は学年ごとに詳しく具体的な言語能力や技能が示されている。たとえば、事実と意見を区別するという技能に関して、『学習指導要領』では「第 5 学年及び第 6 学年」の項に「事象と感想、意見の関係を押さえ（る）」と述べるだけであるが、「ことば・国語科カリキュラム試案」では「事実と考えの違いに気付く」(3、4 年)、「事実と意見の関係がわかる」(5、6 年) と示され、「違いに気づくこと」と「関係がわかること」の差が段階的に表されている。これらの点から「ことば・国語科カリキュラム試案」は、本書において子どもの内容理解の到達度をとらえる指標として利用できると考えた。

「ことば・国語科カリキュラム試案」をもとに「国語の学習（読むこと）に必要な思考力の育成モデル」を作成するに際しては、小学校から中学校段階における読むことの領域を対象とし、新たに「文学的文章に関わる力」「説明的文章に関わる力」という教材文のジャンルごとに項目を整理し、さらに、両方のジャンルに関わる力として「表現の特質をとらえる力」「文章を読んで感想や意見を述べる力」の項目を立てた。

そして、これら四つの項目にしたがって、「ことば・国語科カリキュラム試案」に示された小学校から中学校の各学年レベルで育てるべき言語能力や技能を系統立てて表した。各学年レベルで育てるべき言語能力や技能には、「文学的文章に関わる力」に含まれるものとして「あらすじの把握」「語句の意味の理解」「様子の想像」「心情把握」「主題の把握」がある。また、「説明的文章に関わる力」には「あらすじの把握」「語句の意味の理解」「様子の想像」に加え、「文章構成の理解」「事実と意見の区別」「要旨の把握」「情報の収集」が含まれる。

　それぞれの項目について簡単に説明すると、「あらすじの把握」は文章の概要をとらえることを表す。「語句の意味の理解」は、辞書的な意味ではなく、文脈の中でそのことばの意味を理解すること指す。「様子の想像」は人物の様子や場面の様子を文章中の文言を手がかりに想像してとらえることで、「心情把握」は登場人物の気持ちをやはり文章中の文言を手がかりに考えていく。そして「主題の把握」はその作品の中心となる思想をとらえることである。「説明的文章に関わる力」に含まれる「文章構成の理解」は、段落の関係や文章の組み立てを理解することを表す。「事実と意見の区別」は、具体例などの事実を述べた部分と筆者の意見を述べた部分を読み分けることを指す。「要旨の把握」は文学的文章における「主題の把握」に相当し、文章全体を通じて筆者の主張をとらえることである。「情報の収集」は、自分の目的に合った情報を文章の中から集め、さらに獲得した情報を比較したり価値づけたりすることを表す。

　以上のような言語能力や技能を学年段階ごとに系統立てて整理したものを、表3-3-1に示す。

　表3-3-1からは、教材文の読み取りには発達段階があることがみて取れよう。たとえば人物の心情を想像するという場合、「小学校1、2年」の段階では「悲しい」「うれしい」などの気持ちを直接的に表すことばから心情をとらえていたものが、学年が上がるにつれ行動を手がかりにしてとらえ（小学校3、4年）、さらには情景描写から心情を考える（小学校5、6年）というように変化していく。このような発達段階ごとの具体的な指標をもちいることで、課題の学年レベルを判定する際の指標とすることが期待できる。

表 3-3-1 「国語」の学習（読むこと）に必要な思考力の育成モデル

読むことに関わる力		小学校 1、2 年	小学校 3、4 年	小学校 5、6 年	中学校
文学的文章に関わる力	あらすじの把握	・あらすじがわかる	→ → →	→ → →	→ → →
	語句の意味の理解				・文章の中での語句の意味をとらえる
	様子の想像	・様子を思い浮かべる	→ → →	→ → →	→ → →
	心情把握	・人物の気持ちがわかる	→ → → ・人物の行動と気持ちのつながりがわかる	→ → → ・情景描写と心情のつながりに気付く	→ → → → → → → → →
	主題の把握			・主題を考える	→ → →
説明的文章に関わる力	あらすじの把握	・あらすじがわかる	→ → →	→ → →	→ → →
	語句の意味の理解				・文章の中での語句の意味をとらえる
	様子の想像	・様子を思い浮かべる	→ → →	→ → →	→ → →
	文章構成の理解		・文章の組み立てをとらえる	・構成を押さえながら読む	→ → →
	事実と意見の区別		・事実と考えの違いに気付く	・事実と意見の関係がわかる	・事実と意見を読み分ける
	要旨の把握		・大事なことがわかる ・筆者の意図に気付く	・要旨、筆者の意図を読みとる	→ → →
	情報の収集				・情報を集める、比べる、まとめる、分ける ・情報を価値づける、再構成する
表現の特質をとらえる力				・表現の仕方や文章の特徴をとらえる	→ → →
文章を読んで感想や意見を述べる力		・読んで思いや考えをもつ	・自分とは違うものの見方や考え方に気付く	・自分なりの意見をもつ	・ものの見方や考え方を広げる

　ところで「文学的文章に関わる力」や「説明的文章に関わる力」に含まれる「あらすじの把握」などのように、何学年にもわたる項目については、「思考力の育成モデル」だけでは学年レベルを判断することは難しい。そこでこ

のような場合は課題に関わる語彙に着目し、語彙のレベルからその課題が小・中学校のどの学年に相当するかを決定した。語彙のレベルは、教育基本語彙の学年レベルや重要度をデータベース化した『教育基本語彙の基本的研究』(国立国語研究所 2001)に基づいて判定した。

　一連の手順について例を示しながら説明したい。

　次の表3-3-2 で取り上げた二つの課題例は、いずれも「国語の学習(読むこと)に必要な思考力の育成モデル」の項目のうち「あらすじの把握」に含まれる課題である。表3-3-2 には、それぞれの課題に答えるには教材文のどのような記述が手がかりになるのか、そして課題そのものや解答の手がかりを理解するにはどのような学年レベルの語彙を理解することが必要なのかということと、それらをふまえて判断された課題の学年レベルを示した。

表3-3-2　課題の学年レベルの判断例

	課題例	解答の手がかりとなる教材文の記述	課題に関わる語彙の学年レベル		その他	課題の学年レベル
例①	わたしはどんな靴がほしかったのですか	わたしは、もっと軽い靴がほしかった。	わたし	低学年		小学校低学年
			どんな	低学年		
			靴	低学年		
			ほしい	低学年		
			もっと	低学年		
			軽い	低学年		
例②	父さんと母さんは靴を買ってくれましたか	(父さんと母さんは)いつもの慣れた靴でいいと言った。	父さん	低学年	課題の解答が教材文に間接的に示されている	小学校中学年
			母さん	低学年		
			靴	低学年		
			買う	低学年		
			いつもの	低学年		
			慣れる	低学年		
			いい	低学年		

　表3-3-2 において、例①「わたしはどんな靴がほしかったのですか」では、課題に対する解答が「わたしは、もっと軽い靴がほしかった」と教材文の中に明示され、しかも課題文に含まれる語彙や解答の手がかりとなる語彙

はすべて低学年レベルの語彙である。そのため例①の学年レベルは小学校低学年であると判断する。次の例②「父さんと母さんは靴を買ってくれましたか」は例①同様、関係する語彙はすべて低学年のものである。しかし教材文では靴を買ってくれたかどうかについて直接説明している部分は教材文にはなく、そのため解答は「いつもの慣れた靴でいいと言った」という記述を手がかりに推測しなくてはならない。このように解答の手がかりが教材文に間接的に示されているものや、「頭を下げる（＝謝る）」「手をあげる（＝暴力をふるう）」など比喩表現が含まれているものは学年レベルを一段階高く判定することとし、したがって例②の学年レベルは小学校中学年であるとした。

② 内容理解の到達度の判定方法

到達度の判定に際しては、まず個々の課題に対する記述解答を「正答」「不十分な正答」「誤答」に分類する。「正答」は課題を提示した後すぐに正答が得られた場合に加え、支援者とのやりとりを経て正答が得られた場合も含むこととする。「不十分な正答」は、答えの内容がやりとりを経てもなお不十分な場合であり、「誤答」は返答がなかったり誤答が続いたりしたために、支援者が答えの追求を打ち切って解説する場合を表す。

このような基準ですべての解答を分類した後、それらを「思考力の育成モデル」の項目ごとに整理し、出題率が10%を超える項目を対象に到達度をとらえていく[3]。到達度は表3-3-3に示すように、正答率の高さと、どの学年レベルの課題が多いかという二つの観点から「◎」「○」「△」「×」「××」の5段階で判定する

表3-3-3の見方を説明する。「①S男の場合」において、S男は支援の全期間を通して中学生であったことから、「中学生レベル」の課題が学年相応の課題となる。したがって、「中学生レベル」の課題について正答率が81%以上だった場合は、「学年相応の課題を十分理解している」と判断し、5段階の中で最も高い到達度（表中「◎」印）にあるとする。そして、正答率が低くなるにしたがって到達度の段階も下がり、「中学生レベル」の課題の正答率が61%〜80%の場合は5段階の中で2番目に高い到達度（表中「○」印）とし、正答率60%以下の場合はさらに一段階低い到達度（表中「△」印）

表 3-3-3　到達度の判定基準

① S 男の場合

	中学生 レベルの課題が多い	小学校高学年 レベルの課題が多い	小学校中・低学年 レベルの課題が多い
正答率 81% 以上	◎	○	△
正答率 61% 〜 80%	○	△	×
正答率 60% 以下	△	×	××

② K 男の場合

	小学校高学年 レベルの課題が多い	小学校中学年 レベルの課題が多い	小学校低学年 レベルの課題が多い
正答率 81% 以上	◎	○	△
正答率 61% 〜 80%	○	△	×
正答率 60% 以下	△	×	××

にあるとした。次に、中学生の S 男にとって、「小学校高学年レベル」の課題は一段階レベルの低い課題となる。そのため「小学校高学年レベル」の課題については、正答率が 81% 以上だったとしても「学年相応の課題を十分理解している」とはいえないため、5 段階の中で 2 番目に高い到達度(表中「○」印)にあるとし、以下、正答率が低くなるにしたがって到達度の段階も一段階ずつ下げることとした。さらに、「小学校中学年や低学年レベル」の課題は、中学生の S 男にとって二段階も三段階も低いレベルの課題ということになる。そこで、「小学校中学年や低学年レベル」の課題については、正答率が 81% 以上だったとしても 5 段階の中で 3 番目に高い到達度(表中「△」印)にあるとし、正答率 61% 〜 80% の場合は 5 段階の中で下から 2 番目の到達度(表中「×」印)に、正答率 60% 以下の場合は 5 段階中最も低い到達度(表中「××」印)に相当するとした。

　一方、「② K 男の場合」では、K 男は支援の期間に小学校 5 年生から 6 年生に在籍していたことから、「小学校高学年レベル」の課題が学年相応の課題となる。したがって、「小学校高学年レベル」の課題について正答率が 81% 以上だった場合は、「学年相応の課題を十分理解している」と判断し、5 段階の中で最も高い到達度(表中「◎」印)にあるとする。以下、「小学校

高学年レベル」の正答率が80%以下の場合や、課題の学年レベルが低い場合については、S男の場合と同様の手順で到達度を判断した。
　具体例をあげて説明しよう。

表3-3-4　到達度の判定の例（K男の「あらすじの把握」に関わる課題の場合）

教材名（全課題数）	出題数（出題率）	正答数（正答率）	課題の学年レベル			到達度
			低学年	中学年	高学年	
大造じいさんとガン(57)	46（81%）	46（100%）	19	24	3	○

(注)「課題の学年レベル」の欄における数値は課題の数を示し、網掛けの部分（上の例では「24」）は「低学年」「中学年」「高学年」の各段階の中で最も値の高い数値を表す。

　表3-3-4は、「あらすじの把握」におけるK男の『大造じいさんとガン』の状況を示したものである。『大造じいさんとガン』では全部で57例の課題が扱われたが、そのうち「あらすじの把握」に関わって46例の課題が出題されていて、その割合は全体の81%を占める。K男はすべての課題について正しく答えられたことから正答率は100%となるが、その課題はK男の在籍学年（5年生）よりも低い小学校中学年の課題が24例と最も多いことから、表3-3-3の基準に照らして到達度は「○」と判定する。

3.3.4　内容理解に関する分析結果
（1）　内容理解の到達度
2名の子どもは各課題についてどれほど正しく答えられたのだろうか。「分析の方法」で示した手順に従って、「思考力の育成モデル」に示した言語能力や技能の項目ごとに到達度の判定を行った。なお、支援の学習においては、「文学的文章に関わる力」に含まれる「語句の意味の理解」に関わる課題、「説明的文章に関わる力」に含まれる「語句の意味の理解」と「文章構成の理解」「事実と意見の区別」「情報の収集」に関わる課題、及び「表現の特質をとらえる力」に関わる課題は一切設定されていないため、到達度の判定は「あらすじの把握」、「様子の想像」、「心情把握」、「主題の把握」と「要旨の把握」について行うこととする。

① 「あらすじの把握」の到達度

「あらすじの把握」に関わる課題について到達度を調べたところ、表3-3-5に示すような結果となった。

表3-3-5 「あらすじの把握」の到達度

	時期	教材名(全課題数)	出題数(出題率)	正答数(正答率)	課題の学年レベル 低学年	中学年	高学年	中学校	到達度
S男	I	そこまでとべたら(62)	45(73%)	43(96%)	28	14	3	0	△
		大人になれなかった弟たちに(47)	39(83%)	36(92%)	19	16	3	1	△
	II	自然の小さな診断役(33)	22(67%)	19(86%)	6	9	6	1	△
		少年の日の思い出(39)	26(67%)	25(96%)	9	15	1	1	△
	III	字のないはがき(21)	11(52%)	9(90%)	3	4	2	2	△
	IV	縄文土器に学ぶ(40)	20(50%)	19(95%)	2	10	4	4	△
	V	夜は暗くてはいけないか(32)	14(44%)	14(100%)	1	2	8	3	○
	VI	故郷(32)	14(44%)	14(100%)	1	8	4	1	△
K男	I	大造じいさんとガン(57)	46(81%)	46(100%)	19	24	3	-	○
	II	森へ(30)	8(27%)	8(100%)	1	6	1	-	○
		砂漠に挑む(23)	20(87%)	20(100%)	0	9	11	-	◎

(注) 「課題の学年レベル」の欄における数値は課題の数を示し、網掛けの部分は「低学年」「中学年」「高学年」「中学校」の各段階の中で最も値の高い数値を表す。

「あらすじの把握」に関わる課題はいずれの教材文においても出題率が高く(S男の場合は44%～83%、K男の場合は『森へ』が27%[4]、それ以外は81%～87%)、支援の授業では教材文のあらすじを理解するための学習が中心となっていることがわかる。このように数多くの課題が出されている中で、S男の到達度はそのほとんどが「△」になっている。これは正答率が低いためではなく、課題の学年レベルがきわめて低いことによる。たとえば支援開始後の半年に扱った二つの教材文『そこまでとべたら』と『大人になれなかった弟たちに』では、中学1年のS男に対し、中学1年の教材文を扱いながらも、あらすじを把握するための課題は「ぼくの弟の名前は、何と言

いますか」のように低学年の語彙を多用したものであった。しかし、支援開始半年後（Ⅱ期）の『自然の小さな診断役』からは「ダニを使うと、なぜ自然を荒らさずに調査ができるのですか」のような中学年レベルの課題が中心となり、3年目（Ⅴ期）の『夜は暗くてはいけないか』では、「車社会の光にはどんなものがありますか」という問いに対し、「車のための照明は、都市内高速道路からはじまり、全国を網の目のようにつなぐ主要道路のすべての部分を照らしている」という本文の記述を手がかりに考えさせるような、高学年レベルの語彙に関わる課題も設定されている。一方、K男の場合は支援開始当初から、在籍学年（5年生）より1段階低いだけの課題が設定され、8ヶ月後の『砂漠に挑む』では「砂漠の利点は何ですか」など学年相応の課題が半数を占めている。

このようにS男とK男では、あらすじを把握するための課題の学年レベルが大きく異なっている。しかし正答率はいずれの時期においてもきわめて高く、教材文のあらすじについては両名とも十分な理解に達しているといえよう。

② 「様子の想像」の到達度

次に、「様子の想像」に関わる課題の到達度を調べたところ、表3-3-6に示すような結果が得られた。

「様子の想像」の到達度は、子どもや時期の違いというより、教材文によって出題率が大きく異なる。S男の『故郷』（出題率44%）では20年ぶりに見る故郷やなつかしい人々の様子をとらえ、K男の『森へ』（出題率50%）では筆者の目に映る原生林の様子を想像するというように、教材文の内容理解の上で人物や情景の様子の想像が欠かせない場合は出題率が高くなっている。そして、これら出題率の高い2教材の正答率はそれぞれ86%、100%に達しているが、その一因として、『故郷』『森へ』の実施時期が比較的後の方だったことの影響が考えられる。

したがって「様子の想像」に関しては、時間の経過に伴う到達度の変化をとらえることはできないものの、S男の場合はⅥ期に扱った『故郷』、K男はⅡ期に扱った『森へ』という出題率の高い二つの教材文においては、両名

表 3-3-6 「様子の想像」の到達度

	時期	教材名（全課題数）	出題数（出題率）	正答数（正答率）	課題の学年レベル 低学年	中学年	高学年	中学校	到達度
S男	I	そこまでとべたら (62)	7 (11%)	7 (100%)	3	4	0	0	△
		大人になれなかった弟たちに (47)	4 (9%)	4 (100%)	4	0	0	0	－
	II	自然の小さな診断役 (33)	0 (0%)	0 (0%)	0	0	0	0	－
		少年の日の思い出 (39)	6 (15%)	3 (50%)	0	2	1	3	△
	III	字のないはがき (21)	2 (10%)	1 (50%)	0	1	0	1	－
	IV	縄文土器に学ぶ (40)	1 (3%)	1 (100%)	0	0	0	1	－
	V	夜は暗くてはいけないか (32)	5 (16%)	5 (100%)	0	4	1	0	△
	VI	故郷 (32)	14 (44%)	12 (86%)	0	0	0	14	◎
K男	I	大造じいさんとガン (57)	4 (7%)	4 (100%)	0	0	4	－	－
	II	森へ (30)	15 (50%)	15 (100%)	5	5	5	－	○
		砂漠に挑む (23)	1 (4%)	1 (100%)	0	1	0	－	－

(注)「到達度」の欄の「－」は、出題率が低いために到達度の判定を行っていないことを表す。

とも十分な理解に達していた。

③ 「心情把握」の到達度

「心情把握」に関わる課題について到達度を調べたところ、表3-3-7に示すような結果となった。

「心情把握」に関わる課題は、S男とK男のいずれの教材においても出題率が低い（9%〜24%）。物語や小説などで心情把握が重視される学校の授業とは異なり、「あらすじの把握」の課題解決に多くの時間が費やされる支援の授業では、心情に関する課題を数多くはこなせなかったと考えられる。

S男の場合、心情把握に関して、支援開始当初のI期『そこまでとべたら』では「まごむすめは、おじいさんが〔大好き・大きらい〕です」のような低〜中学年レベルの課題が多く設定されていたが、時間の経過とともに、「（妹が疎開先から帰ってきたとき）なぜ父は泣いたのですか」（III期『字のないはがき』）のような高学年レベルの課題が増加している。一方、K男の場合は

表 3–3–7 「心情把握」の到達度

| | 時期 | 教材名（全課題数） | 出題数
(出題率) | 正答数
(正答率) | 課題の学年レベル |||| 到達度 |
					低学年	中学年	高学年	中学校	
S男	I	そこまでとべたら (62)	8 (13%)	8 (100%)	2	6	0	0	△
	I	大人になれなかった弟たちに (47)	4 (9%)	3 (75%)	2	1	0	1	−
	II	少年の日の思い出 (39)	4 (10%)	4 (100%)	0	0	0	4	−
	III	字のないはがき (21)	5 (24%)	5 (100%)	0	1	0	4	◎
	IV	故郷 (32)	4 (13%)	4 (100%)	0	2	0	2	◎
K男	I	大造じいさんとガン (57)	6 (11%)	6 (100%)	0	3	3	−	○
	II	森へ (30)	3 (10%)	3 (100%)	1	1	1		

(注)・「到達度」の欄の「−」は、出題率が低いために到達度の判定を行っていないことを表す。
・「課題の学年レベル」の欄における数値は課題の数を示し、網掛けの部分は「低学年」「中学年」「高学年」「中学校」の各段階の中で最も値の高い数値を表す。

最初に扱った『大造じいさんとガン』から、「なぜ大造じいさんは残雪をいまいましく思ったのですか」のような中～高学年レベルの課題に取り組んだ。このような状況と正答率（75％～100％）を考え合わせてみると、限定的な場面における心情把握ではあるが、S男は支援を始めて1年目（来日3年目）、II期の終わり頃から、K男はI期の支援開始当初（来日2ヶ月）から学年相応のレベルの課題に取り組み始め、おおよその理解に到達しているといえる。

④ 「主題や要旨の把握」の到達度
最後に、「主題や要旨の把握」に関わる課題について到達度を調べたところ、表3–3–8に示すような結果となった。
「主題や要旨の把握」は、個々の情報の断片的な理解ではなく、文章全体から筆者の意図や主張をとらえなくてはならない高度な課題である。そのため主題や要旨を把握する課題は、「どうすれば日本の明るさは減りますか」（S男、V期『夜は暗くてはいけないか』）、「なぜ砂漠で農産物を作ることが必要なのですか」（K男、II期『砂漠に挑む』）など、そのほとんどが高学年以

表 3-3-8 「主題や要旨の把握」の到達度

時期		教材名（全課題数）	出題数（出題率）	正答数（正答率）	課題の学年レベル				到達度
					低学年	中学年	高学年	中学校	
S男	I	そこまでとべたら (62)	0 (0%)	0 (0%)	0	0	0	0	−
		大人になれなかった弟たちに (47)	0 (0%)	0 (0%)	0	0	0	0	−
	II	自然の小さな診断役 (33)	1 (3%)	1 (100%)	0	1	0	0	
		少年の日の思い出 (39)	1 (3%)	1 (100%)	0	0	0	1	
	III	字のないはがき (21)	3 (14%)	2 (67%)	0	0	0	3	○
	IV	縄文土器に学ぶ (40)	7 (18%)	7 (100%)	0	0	0	7	◎
	V	夜は暗くてはいけないか (32)	7 (22%)	6 (86%)	0	0	0	7	◎
	VI	故郷 (32)	0 (0%)*	0 (0%)	0	0	0	0	
K男	I	大造じいさんとガン (57)	0 (0%)	0 (0%)	0	0	0	−	−
	II	森へ (30)	4 (13%)	4 (100%)	0	0	4	−	◎
		砂漠に挑む (23)	2 (9%)	2 (100%)	0	0	2	−	

(注)・S男の『故郷』で主題を問う課題が設定されていないのは、『故郷』の学習が入試準備のため途中で終わったことによる。
・「到達度」の欄の「−」は、出題率が低いために到達度の判定を行っていないことを表す。
・「課題の学年レベル」の欄における数値は課題の数を示し、網掛けの部分は「低学年」「中学年」「高学年」「中学校」の各段階の中で最も値の高い数値を表す。

上のレベルで設定されている。

　S男の場合、「主題や要旨の把握」の課題に本格的に取り組み始めたのは『縄文土器に学ぶ』(IV期、支援開始2年目後半、来日4年目)からで、IV期以降の正答率(IV期100%、V期86%)からは、S男がこの時期に至ってようやく文章を総合的にとらえ始めたことがうかがえる。またK男についても、最初の教材文では主題や要旨の把握は行われていない。しかし、支援開始半年後(来日8ヶ月)の『森へ』や『砂漠に挑む』では、「サケが森を作るとはどういうことですか」のような主題や要旨をとらえる課題が高学年のレベルで設定され始め、いずれの教材文においても正答率100%と十分な理解に達している。

以上、教材文の内容理解の到達度について、分析結果を整理しておく。

- 学年相応の教材文について、「あらすじの把握」はいずれの子どもも十分な理解に達している。ただし、どの学年レベルの課題がいつ用いられるかということは子どもによって異なっている。
- 「様子の想像」は教材文によって出題率が大きく異なり、時間の経過に伴う到達度の変化をとらえることはできなかった。
- 「心情把握」はいずれの時期においても課題数が少ない。したがって限定的な場面における心情ではあるものの、Ｓ男は支援開始１年目の終わり頃（来日３年目）、Ｋ男は支援開始当初（来日２ヶ月後）から、学年相応のレベルの課題についておおよその理解に到達している。
- 「主題や要旨の把握」は子どもにとっては難しく出題数も少ないが、Ｓ男の場合は支援開始２年目後半（来日４年目）から、Ｋ男は半年後（来日８ヶ月）から「主題や要旨の把握」の課題が学年相応のレベルで出され始め、おおよその理解に達している。

（２） 課題の解決過程で活用している思考力や想像力

前項では「あらすじの把握」、「様子の想像」、「心情把握」、「主題の把握」と「要旨の把握」に関わる課題について、数値をもとに子どもたちの内容理解の到達度を追究したが、ここでは課題の解決過程でＳ男とＫ男がどのような思考力や想像力を活用しているかについてみていきたい。

「国語」の学習における思考力や想像力に関わって、文化審議会答申（2004）は「これからの時代に求められる国語力」について述べている。そこでは、「言語を中心とした情報を処理・操作する能力」こそが国語力の中核を成すとし、その具体として「考える力」「感じる力」「想像する力」「表す力」の四つをあげた。このうち「考える力」「感じる力」「想像する力」は「理解する力」と位置づけられ、それぞれ次のように説明されている。

- 「考える力」
    分析力や論理構築力などを含む論理的思考力

- 「感じる力」
    相手の気持ちや文学作品の内容・表現、自然や人間に対する事実を感じ取ったり、感動したりする情緒力
- 「想像する力」
    経験していない事柄や現実には存在していない事柄などをこうではないかと推し量り、頭の中でそのイメージを自由に思い描くことのできる力

　さて、言語少数派の子どもたちの場合を考えてみるに、子どもたちは言語を中心とした情報を処理・操作する以前の問題として、言語を中心とした情報を第二言語で獲得することに大きな困難を抱えている。つまり、日本語を母語とする子どものように、教材文を一読するだけでは必要な情報を得ることができないのである。そのため「言語を中心とした情報を処理・操作する能力」の育成に重点が置かれる日本語母語話者対象の国語教育とは異なり、言語少数派の子どもを対象とした場合には、第二言語で書かれた教材文から基本的な情報を獲得する力を「理解する力」の基盤としてまず育て、その基盤の上に情報を処理・操作する力を育成していくことが求められよう。（図3-3-1）

《言語を中心とした情報を処理・操作する力》		
考える力	感じる力	想像する力

《第二言語で書かれた教材文から基本的な情報をとらえる力》

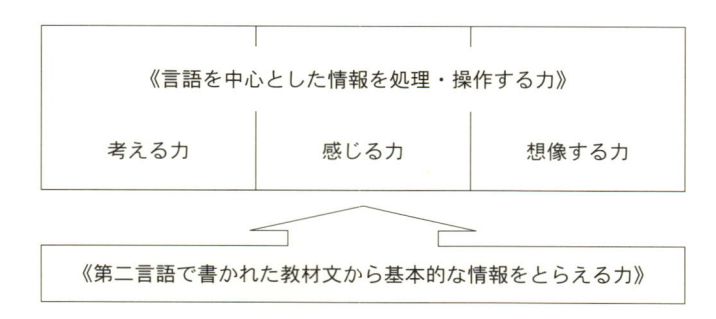

図3-3-1　「国語」の学習で育てる「理解する力」
　　　（言語少数派の子どもたちを対象とした場合）

第3章　母語を活用した内容重視のアプローチの可能性の検討　107

　では、S男とK男はどのように言語を中心とした情報を獲得していったのだろうか。そして課題解決の過程では、どのような「考える力」や「感じる力」「想像する力」を活用しているのだろうか。

① 「あらすじの把握」における基本的な情報の獲得
「あらすじの把握」では、以下に示すような、教材文の基本的な情報を獲得するための課題が設定されている。

1) 「誰（何）が」に相当する情報を獲得するための課題

・ぬま地には、何がいましたか。　　　　　　　　（K男、2001年11月）

2) 「どうする・何だ・どんなだ」に相当する情報を獲得するための課題

・僕は自分のちょうをどうしましたか。　　　　　（S男、2001年3月）

3) 「何を」に相当する情報を獲得するための課題

・農家のおじいさんは何を作りましたか。　　　　（S男、2000年10月）

4) 「どんな、どのように、なぜ」などに相当する情報を獲得するための課題

・じいさんはどんな話をしましたか。　　　　　　（K男、2001年11月）
・日本はどのように光っていますか。　　　　　　（S男、2002年5月）
・弟はなぜ死んだのですか。　　　　　　　　　　（S男、2000年9月）

　上に示した四つの例のうち、4)は1)～3)のそれぞれを詳しく説明している部分ということができる。そこで、「あらすじの把握」に分類される課題において、「誰が＋何を＋どうする」「誰が＋何だ・どんなだ」についての情報を求めている課題1)～3)と、それらの詳しい説明を求めている課題4)が、各時期にどのような頻度で出されているかを調べたところ、次のような結果となった（表3-3-9）。

表 3-3-9　課題の求めている情報の内訳

時期	S男 1)誰が、2)何を、3)どうする、どんなだ、何だ	S男 4)どんな、どのように、いつ、どこで、なぜ	K男 1)誰が、2)何を、3)どうする、どんなだ、何だ	K男 4)どんな、どのように、いつ、どこで、なぜ
I期	62（74%）	22（27%）	31（67%）	15（33%）
II期	29（60%）	19（39%）	15（54%）	13（47%）
III期	7（64%）	4（36%）	－	－
IV期	8（40%）	12（60%）	－	－
V期	6（43%）	8（57%）	－	－
VI期	2（14%）	12（85%）	－	－

（注）表中の数値は課題の数を表し、（　）の中の値はその割合を示す。

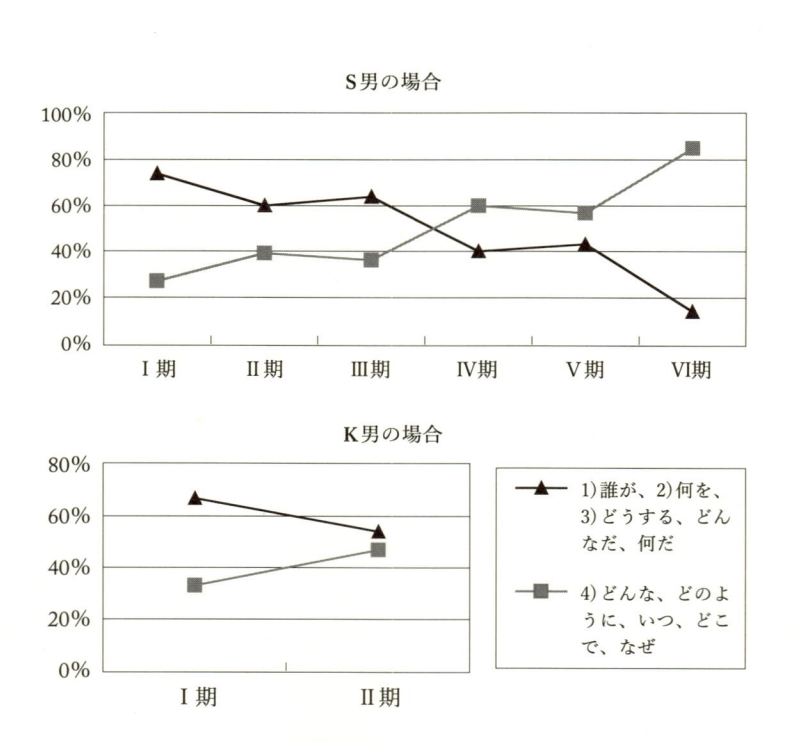

図 3-3-2　課題の求めている情報の内訳

左の表 3-3-9 や図 3-3-2 からは、S 男の場合も K 男の場合も、支援開始当初の I 期は「誰が＋何を＋どうする」「誰が＋何だ・どんなだ」という情報が全体の 7 割程度（S 男 74％、K 男 67％）を占め、そして時期を追うごとに「どんな、どのように、なぜ」などの情報を求める課題が増えていったことがわかる（S 男：I 期 27％ → VI 期 85％、K 男：I 期 33％ → II 期 47％）。
　このことから、S 男も K 男も支援開始当初は、人物の基本的属性や行動を順に追っていくための情報を日本語で獲得することに精一杯であったものの、時期を追うごとに幅の広い情報や具体的で詳しい情報を獲得するだけの力をもつようになったと考えられる。

② 「様子の想像」における「考える力」「感じる力」「想像する力」
様子を想像するという活動は、自分勝手な空想をするということではない。「国語」の学習ではあくまでも教材文に用いられた言語表現をもとに考えていくことが求められる。では、S 男や K 男はどのような力を使いながら様子を想像する課題の解決に取り組んでいるだろうか。

1)　文章表現をもとに情景や人物のイメージを描き、自分自身のことばで説明する
次の例は、江戸時代の夜の暗さについて、街を離れたときの様子を問うている部分である。

```
JT　：街を離れると、どんな様子ですか。
S 男：暗すぎる。…「完全な闇」かな。
JT　：「完全な闇」ってどんな闇？
S 男：暗くて見えない。もうなんにも見えない。…洞窟みたいな色だ。
　　　　　　　　　　　　（S 男『夜は暗くてはいけないか』2002 年 4 月）
```

　S 男は初め「完全な闇」という表現を教材文から指摘したが、「完全な闇」についての説明が要求されると、「暗くて見えない」「もうなんにも見えない」「洞窟みたいな色だ」とその様子を自分自身のことばで説明している。
　また、次の例は太陽が霧に見え隠れしている様子を尋ねたものだが、K 男

は「ぼうっと現れては消えていく」という教材文の記述を手がかりに太陽の様子を思い描き、太陽と霧の位置関係が前後に入れ替わることを自分のことばで説明している。

JT　：太陽はどんな様子ですか。
K男：太陽、「白い太陽がぼうっと現れては消えていきます」。
JT　：そうそう、そこだよね。じゃあ、「白い太陽がぼうっと現れては消えていきます」っていうのはどういうこと？
K男：ときどき太陽が前で、霧が後ろ。ときどき霧は、えーと、太陽の前に来たから、太陽が見えません。　　（K男『森へ』2002年4月）

２）　根拠をもって推測する

次の例は、筆者が探検している原生林の中の様子を、音に着目してとらえさせようとした課題である。

JT　：何の、どんな音が聞こえますか。
K男：ああ。「谷間から川の音か滝の音か、かすかな水の音がわたってきました。」
JT　：うん。で、「川の音か滝の音」はどんな音？
K男：大きい？いや、…あ（「ちょっと大きくない」と記入）
JT　：うーん。どうして「ちょっと大きくない」ってわかった？
K男：もし大きいなら、この人が確か川の音か滝の音かわかる。
　　　　　　　　　　　　　　　　　　　（K男『森へ』2002年4月）

「どんな音が聞こえますか」という課題に対し、JTは「かすかな」ということばが解決の手がかりになると想定していた。しかしK男はその単語を知らず、それにもかかわらず「ちょっと大きくない」と音の様子を答えている。しかもその根拠として「もし大きいなら、川の音か滝の音かわかる」と述べていることから、K男は課題解決の過程で「音が大きければ音の正体がわかるはず。川か滝か音の正体が不明なのは、音が小さいからだ」という推

測をはたらかせていたと考えられる。

　以上のような力を先にあげた「考える力」「感じる力」「想像する力」という枠組みの中でとらえてみると、「文章表現をもとに、情景や人物のイメージを描き、自分自身のことばで説明する」は「想像する力」に、「根拠をもって推測する」は「考える力」に分類され、「国語の学習で育てる理解する力」（図3–3–1）の全体の中では、次のように示すことができる。

```
┌─────────────────────────────────────────────────┐
│       《言語を中心とした情報を処理・操作する力》        │
│                                                 │
│  考える力        感じる力        想像する力         │
│  ・根拠をもって                ・文章表現をもとに、情 │
│   推測する                    景や人物のイメージを  │
│                              描き、自分自身のこと  │
│                              ばで説明する        │
└─────────────────────────────────────────────────┘
                    ▲
        ┌───────────┴───────────┐
        │《第二言語で書かれた教材文から基本的な情報をとらえる力》│
        └───────────────────────┘
```

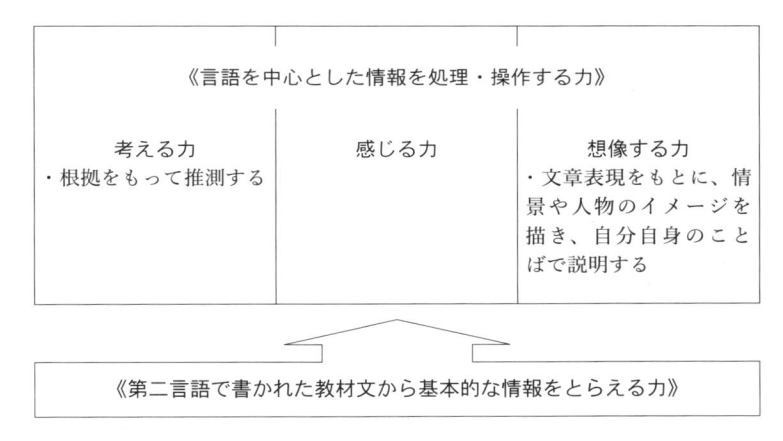

図 3–3–3　「様子の想像」において活用している力

　では、図3–3–3に示したような力を、S男やK男はいつごろから使い始めているのだろうか。表3–3–10及び図3–3–3に、「教材文から様子を説明している情報を探す」「文章表現をもとに情景や人物のイメージを描き、自分のことばで説明する」「根拠をもって推測する」力の出現状況を時期ごとに示す。

　次ページの表3–3–10や図3–3–4からは、S男もK男もⅠ期（支援開始後半年間）は、すべて「教材文から様子を説明している情報を探す」という形で情景や人物の様子をとらえていたことがわかる。しかし、S男の場合はⅣ期（支援開始2年目後半）から、K男においてはⅡ期（支援開始半年後）から、「文章表現をもとに情景や人物のイメージを描き、自分自身のことばで説明する」力を活用し始め、S男の場合は1例、K男の場合は3例が認められた。

表 3-3-10 「様子の想像」に必要な思考力の活用状況

課題の解決過程で活用している力	S男						K男	
	I期	II期	III期	IV期	V期	VI期	I期	II期
教材文から様子を説明している情報を探す	9	5	2	0	3	3	4	5
文章表現をもとに情景や人物のイメージを描き、自分のことばで説明する	0	0	0	1	2	1	0	3
根拠をもって推測する	0	0	0	0	0	2	0	1
その他	2	1	0	0	0	8	0	7
(計)	(11)	(6)	(2)	(1)	(5)	(14)	(4)	(16)

(注)・I期からVI期の教材名は表 3-3-6 参照。
　　・「その他」は絵に描いて説明した場合や、誤答などをさす。
　　・表の中の数値は、課題の数を表す。

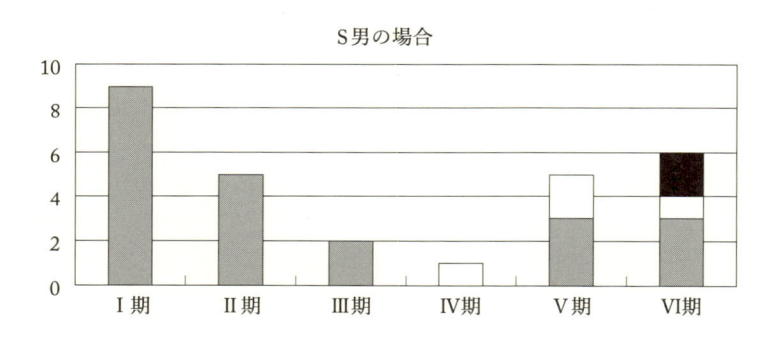

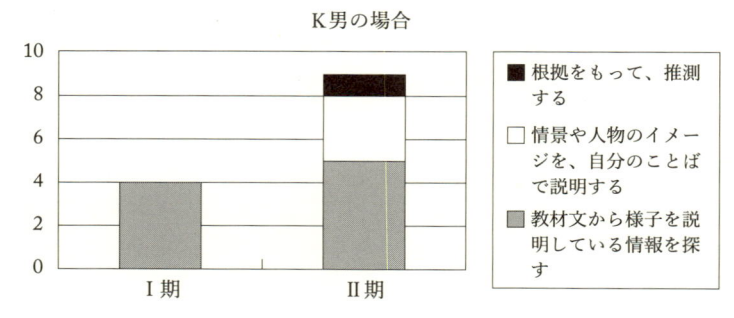

図 3-3-4 「様子の想像」に必要な思考力の活用状況

また、情景や人物の様子を「根拠をもって推測する」力は、S男の場合は3年目後半のⅥ期に2例、K男はⅡ期に1例が確認された。

③　「心情把握」における「考える力」「感じる力」「想像する力」
　次に、心情を把握する課題では解決の際にどのような力が活用されているかについて分析する。

1）　人物の行動と関連づけて、心情をとらえる
　次の例は、疎開先から帰ってきた妹(=「父親」にとっては末娘)を父親が泣いて出迎える場面の課題と解答である。

> 課題：妹が帰ってきたとき、なぜ父は泣いたのですか。
> S男の記述解答：妹がそかいにい(っ)たのはやだ。百日ぜき、食物もない。すこくかわいそうでした。　(S男『字のないはがき』2001年10月)

　教材文には父親の心情を直接説明する表現は一切ない。S男の記述解答は、父親の「泣く」という行動を、作品の中で展開されてきたこれまでのできごと(妹の疎開、食糧不足、病気)、妹が帰ってきたとき裸足で外へ飛び出して迎え入れた父親の行為と関連づけ、その上で父親の心情を「(妹が)すごくかわいそう」ととらえたものである。「すごくかわいそう」という表現は一見稚拙にも見えるが、「すごくかわいそう」に至るまでには、妹に降りかかったこれまでの困難を理解し、さらに行動と心情を関連づけて推察するという力が求められる。
　次の例は、ガンの群れのリーダーで残雪という名前の鳥が、群れの仲間のガン(=「おとりのガン」)を、凶暴なハヤブサの攻撃から守ろうとする場面の課題である。

> JT　：なぜ残雪はおとりのガンを助けましたか。
> K男：おとりのガンは残雪の友だちです。
> 　　　　　　　　　　　　(K男『大造じいさんとガン』2001年12月)

教材文には「残雪の目には、人間もハヤブサもありませんでした。ただ、救わねばならぬ仲間のすがたがあるだけでした。」という一文がある。K男は課題に対し、この「仲間のすがたがあるだけ」という間接的な手がかりと、これまでの学習で確認してきた残雪のリーダーとしての才覚や力量をふまえ、おとりのガンを助けるという残雪の行動の底には「おとりのガンを友だちだと思っているから」という心情があることを推測している。

２）　情景と関連づけて、心情をとらえる
次に示した例は、20年ぶりに帰郷した主人公「わたし」の心情をめぐるやりとりである。

| JT　：故郷の様子を見たとき、「わたし」はどんな気持ちでしたか。
| Ｓ男：(「寂寥の感」に注目しながら)ちょっと寂しいかな。
| JT　：いいじゃない。…どうして寂しいの？
| Ｓ男：人がそんなにいないで、冬なので、誰も外に出ないから寂しいかな。
|　　　　　　　　　　　　　　　　　　　（Ｓ男『故郷』2003年1月）

　Ｓ男は教材文の「寂寥の感が胸に込み上げた」という記述を手がかりに、「わたし」の心情を「寂しい」ととらえた。そして「もう真冬の候であった」「鉛色の空の下、わびしい村々がいささかの活気もなく、あちこちに横たわっている」という情景描写から、村には人が少ないこと、まして冬の厳しい寒さのために外に出ている人はいないことを想像し、寂しさの理由としている。Ｓ男は主人公の目にした光景を思い描き、そのイメージと関連づけて主人公の心情を考えるということができている。
　以上のような力を先にあげた「考える力」「感じる力」「想像する力」という枠組みの中でとらえてみると、「人物の行動と関連づけて、心情をとらえる」は「感じる力」に分類され、「情景と関連づけて、心情をとらえる」は「感じる力」と「想像する力」の双方に関わる力ととらえることができる。そしてこの二つの力は、「国語の学習で育てる理解する力」（図3-3-1）において、次のように示すことができる。

第3章　母語を活用した内容重視のアプローチの可能性の検討　115

```
┌─────────────────────────────────────────────────┐
│      《言語を中心とした情報を処理・操作する力》      │
│                                                 │
│  考える力      感じる力         想像する力        │
│              ・人物の行動と関連づ                 │
│                けて、心情をとらえる               │
│              ┌─────────────────────────┐        │
│              │・情景と関連づけて、心情をとらえる │        │
│              └─────────────────────────┘        │
└─────────────────────────────────────────────────┘
                    ↑      ↑
        ┌─────────────────────────────────────────┐
        │《第二言語で書かれた教材文から基本的な情報をとらえる力》│
        └─────────────────────────────────────────┘
```

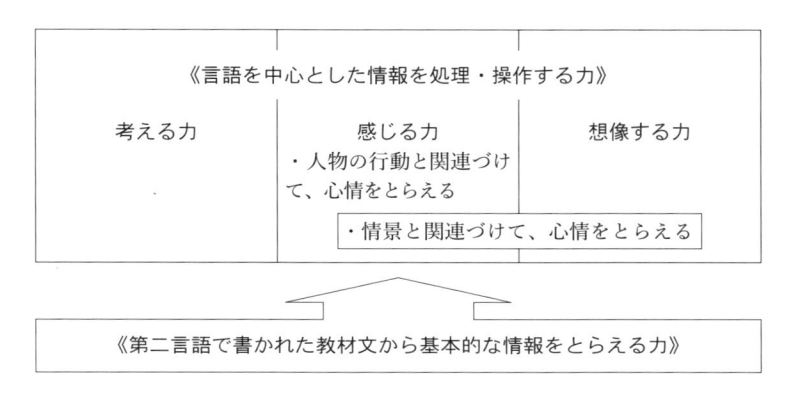

図 3–3–5　「心情把握」において活用している力

　では、これら二つの力の活用状況はどうだろうか。表3–3–11及び図3–3–4に、「教材文から心情を説明している情報を探す」「人物の行動と関連づけて、心情をとらえる」「情景と関連づけて、心情をとらえる」力の出現状況を時期ごとに示す。

表 3–3–11　「心情把握」に必要な思考力の活用状況

課題の解決過程で活用している力	S男							K男	
	I期	II期	III期	IV期	V期	VI期	I期	II期
教材文から心情を説明している情報を探す	11	1	1	0	0	0	3	2
人物の行動と関連づけて、心情をとらえる	0	3	1	0	0	3	3	1
情景と関連づけて、心情をとらえる	0	0	0	0	0	1	0	0
その他	1	0	3	0	0	0	0	0
（計）	(12例)	(4例)	(5例)	(0例)	(0例)	(4例)	(6例)	(3例)

(注)・I期からVI期の教材名は表3–3–7参照。
　　・「その他」は絵に描いて説明した場合や、誤答などをさす。
　　・表の中の数値は、課題の数を表す。

図 3-3-6 「心情把握」に必要な思考力の活用状況

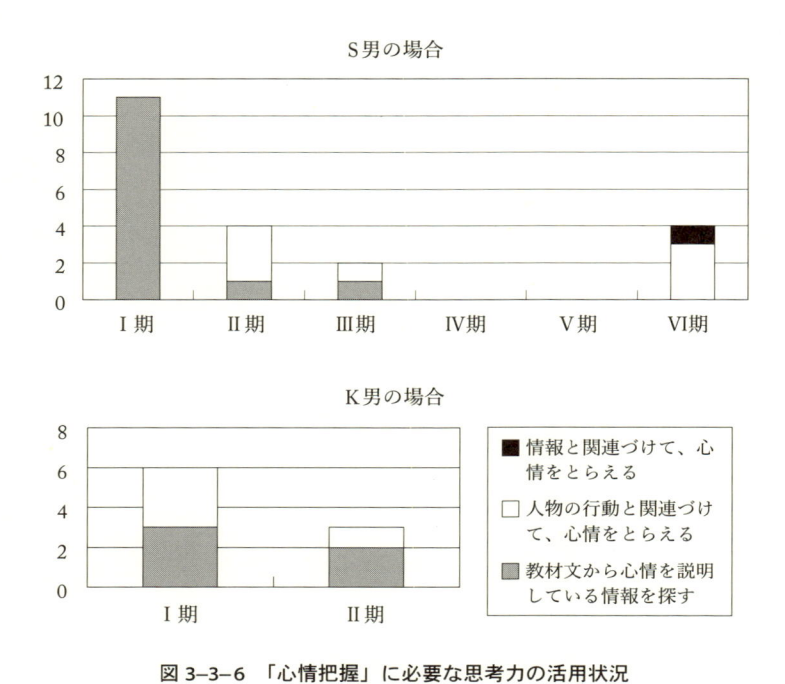

　S男の場合、Ⅳ期とⅤ期は説明的文章しか扱っていないため、心情把握に関する課題は設定されていない。そこで表 3-3-11 と図 3-3-6 においてⅣ期とⅤ期以外の時期についてみると、Ⅰ期では、たとえば教材文に「じいちゃんはうれしそうに笑った」と書いてあるから、「じいちゃん」の心情を「うれしい」ととらえるというように、すべて「教材文から心情を説明している情報を探す」という形で答えていた。その後Ⅱ期からは、心情についての説明が教材文になくとも「人物の行動と関連づけて、心情をとらえる」ことができるようになり（3例）、Ⅵ期に至っては「情景と関連づけて、心情をとらえる」という高度な力も認められた。一方、K男は支援開始直後のⅠ期から、「人物の行動と関連づけて、心情をとらえる」力を用いて課題の解決に取り組んでいる。「様子の想像」同様、どのような力を活用して心情を把握するかということにおいてもS男とK男の状況は大きく異なっている。

④ 「主題や要旨の把握」における「考える力」「感じる力」「想像する力」
主題や要旨をとらえる活動では、中心的な部分と付加的な部分を選り分けながら文章全体を理解することが要求される。また、具体例が豊富な展開部分の理解とは異なり、主題や要旨を把握する課題では抽象度の高い事柄が扱われることが多い。

1）中心的な部分と付加的な部分を区別する

K男がⅡ期に取り組んだ『森へ』という教材文は、アラスカ原生林の探検の記録である。そこでは14ページにわたって「ぼく」（＝筆者）の目に映る原生林の森のさまざまな光景が描かれるが、作品の主題は原生林の生き物が互いに支え合って生き続けていることの不可思議さと、そのことに対する「ぼく」の畏敬の念にある。

次に示した例は『森へ』の学習における最後の課題で、筆者の森に対する思いを問うものである。

JT　：「ぼく」は森をどう思っていますか。
K男：すごいと思う。
JT　：すごいと思う。森のこと、すごいと思う。どうして？
K男：この古い木が、栄養を新しい木にあげる、た。あと、前に書いたサケが死んだ。でも、まだ栄養がもって、木にあげるとか。あと、うん、この木も死んだら橋になった。えーと、小さな動物がここに通った。そして、クマの糞にキノコがあった。
JT　：ああ、そういうところが「すごい」と思ったわけね。

（K男『森へ』2002年5月）

教材文には筆者の森に対する畏敬の念について直接的に説明している部分はないが、K男は、森に対する筆者の思いを「すごい」ということばで表した。そして、「すごい」ことの中身を文章全体から4点示している（例中＿＿線部分）。古い倒木に種子が落ち、そこから新しい木々が育っていること、産卵を終えて死んだ無数のサケが森の栄養源となること、倒木は森に

架かる橋となり動物たちが利用していること、クマの糞から白いキノコがたくさん伸びていること、これらは森の生き物が死んだ後もなお他の生物に役立っている姿を示している。したがって、K男は、文章に示されたさまざまな情景描写の中から、森の生き物たちが互いに支え合って生き続ける姿を描いた部分を的確に抽出していると判断され、そこには教材文の中心的部分とそれ以外の部分を読み分ける力の活用が認められる。

2） 抽象的な概念を理解する

『夜は暗くてはいけないか』（S男、V期）は現代の夜が明るすぎることを批判的に述べた文章で、筆者は「今、闇には希少価値がある」とし、「明るすぎる夜間の環境は人間の考える能力を喪失させた」と主張する。

　次に示した例は、「なぜ闇には希少価値があるのか」という課題をめぐるやりとりである。

（「今、なぜ闇には希少価値があるのですか」という課題に対して、ＣＴが中国語で「希少価値」の意味を説明した後、）

JT　：たとえばさ、パンダって希少価値があると思う？
S男：パンダ？ ああ、中国のパンダだとしたら、今多いか少ないかわからない。
JT　：あ、じゃね、今、パンダがとてもまだ少ないとしよう。となると、パンダには希少価値がありますか。
S男：あります。
JT　：そうそう。…猫はどう？
S男：ありません。
JT　：ありませんね。…じゃ、なんで闇には希少価値があるの？ 現在では。
S男：少ないから。
JT　：どこに？

> S男：えーとね、東京にはもうちょっと少ない。
> JT　：うん。何が少ないの？
> S男：うん、闇。
> JT　：うん、そうね。　　（S男『夜は暗くてはいけないか』2002年5月）

　課題をめぐるやりとりの中では、「希少価値」ということばを知らないS男に対し、まずCTが母語で意味を説明した後、JTはパンダと猫を例に日本語でS男の理解を確かめ、そのうえで「なんで闇には希少価値があるの？現在では。」と課題を改めて提示している。S男は「希少価値」の意味をふまえた上で、これまでの学習の中で読みとってきた「都市が明るすぎること」と結びつけ、さらには授業の中で話題にしてきたS男の自宅近くの繁華街の明るさをふまえつつ、「東京のような都市には闇が少ない」ことと「現在では闇には希少価値がある」ことを関連づけて答えている。すなわち、S男は主題の把握に関わる課題を通して、「希少価値」という抽象的な概念を文脈に即して理解しているといえよう。

　主題や要旨の把握に関わるこれらの力を、「考える力」「感じる力」「想像する力」という枠組みの中でとらえてみると、「中心的な部分と付加的な部分を区別する」「抽象的な事柄や概念を理解する」はいずれも「考える力」に分類され、「国語の学習で育てる理解する力」(図3-3-1)において、次のように示すことができる。

```
┌─────────────────────────────────────────────────────────┐
│        《言語を中心とした情報を処理・操作する力》        │
├──────────────────┬──────────────┬───────────────────────┤
│   考える力       │  感じる力    │   想像する力          │
│ ・中心的な部分と │              │                       │
│ 付加的な部分を   │              │                       │
│ 区別する         │              │                       │
│ ・抽象的な事柄や │              │                       │
│ 概念を理解する   │              │                       │
└──────────────────┴──────────────┴───────────────────────┘
                          ↑
┌─────────────────────────────────────────────────────────┐
│ 《第二言語で書かれた教材文から基本的な情報をとらえる力》│
└─────────────────────────────────────────────────────────┘
```

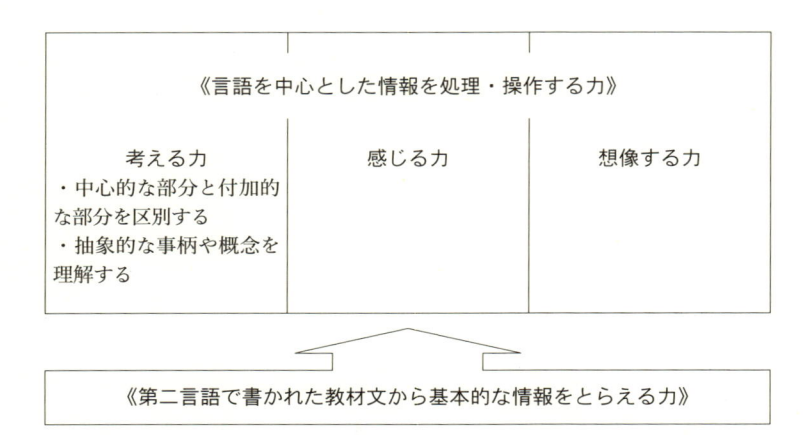

図 3-3-7　「主題や要旨の把握」において活用している力

次に活用状況をみてみよう。表3-3-12及び図3-3-8に、「教材文から主題や要旨を説明している情報を探す」「中心的な部分と付加的な部分を区別する」「抽象的な事柄や概念を理解する」力の出現状況を時期ごとに示す。

表 3-3-12　「主題や要旨の把握」に必要な思考力の活用状況

課題の解決過程で活用している力	S男						K男	
	I期	II期	III期	IV期	V期	VI期	I期	II期
教材文から主題や要旨を説明している情報を探す	0	0	2	3	4	0	0	0
中心的な部分と付加的な部分を区別する	0	0	0	2	1	0	0	2
抽象的な事柄や概念を理解する	0	0	0	2	1	0	0	4
その他	1	1	1	0	1	0	0	0
（計）	(1例)	(1例)	(3例)	(7例)	(7例)	(0例)	(0例)	(6例)

(注)・I期からVI期の教材名は表3-3-8参照。
・S男のVI期は、入試準備で『故郷』の学習が途中で終わったため、主題に関する課題を設定していない。
・「その他」は絵に描いて説明した場合や、誤答などをさす。
・表の中の数値は、課題の数を表す。

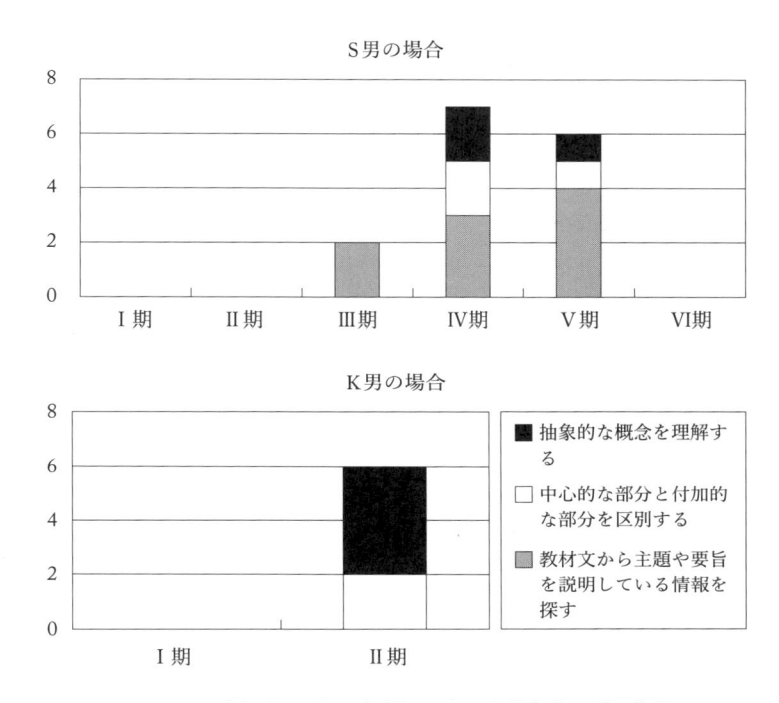

第3章　母語を活用した内容重視のアプローチの可能性の検討　　121

図 3-3-8　「主題や要旨の把握」に必要な思考力の活用状況

　表3-3-12と図3-3-8からは、主題や要旨を把握する課題に関わって「中心的な部分と付加的な部分を区別する」力が認められるのは、S男の場合はⅣ期（支援開始2年目後半）、K男はⅡ期（支援開始半年後）からであり、S男はⅣ期に2例、K男はⅡ期に2例の活用が見られた。また「抽象的な概念を理解する」力の活用も同じ時期に認めることができ、S男はⅣ期に2例、K男はⅡ期に4例であった。

　中心的な部分と付加的な部分を区別するには、文章全体の内容を俯瞰し、どこが重要かということを見きわめなくてはならない。S男の場合をみてみると、Ⅳ期に至ってようやく文章全体を対象として考える力がついてきたといえる。また抽象概念の理解については、K男が支援を始めて半年後にはたとえば「人口増加」「食糧生産」など主題に関わる概念を自在に操作することができたのに比べ、3学年分の飛び級によって知識や概念の蓄えが少ない

S男は、主題や要旨に関わる課題の中だけでなく、あらすじをとらえる活動においても、中学生なら当然知っているはずの抽象概念を一つ一つ理解していくというプロセスが必要であった。

　次の例はあらすじを把握する課題の中で、S男が「温度」について理解を進めている場面である。

```
 1 JT ：土器の中の水の温度はどうなりましたか。
 2 S男：温度…うんと、
 3 JT ：じゃあね、ヒントね。私たちがこの部屋にいます。今。この部
        屋の中の温度って一体何度ぐらいでしょう。
 4 S男：26度ぐらい。
 5 JT ：26はね、ちょっと夏だね。まあ、暖房が効いてるから20度ぐ
        らい。じゃあね、S男くんの温度。体の温度、体温ていいます
        けど、体の温度はどれくらいですか。
 6 CT ：これ、この前（＝母語による先行学習で）やった。
 7 S男：36度。
 8 JT ：そうです。大体36度。風邪を引いた、熱があるっていうと38
        度とか、ひどいと40度。いいですね。じゃあ次。やかんに水を
        入れます。火をつけます。で、水がぐつぐつ煮えてきました。で、
        泡が立ったり、湯気がでてきます。（絵を描く）。このときの水
        の温度は何度でしょう。
 9 S男：100度。
10 CT ：覚えてた。
11 JT ：このときは100度です。じゃあ ジャガイモを煮たとき100度に
        なりましたか。
12 S男：なりません。
13 JT ：なりませんでした。じゃあ、何度だったの？
14 S男：60度。　　　　　　　（『縄文土器に学ぶ』2001年11月）
```

　上に示したやりとりでは、JTはまず「土器の中の水の温度はどうなりま

したか」と課題を提示している（1 JT の◯◯部分）。「温度」という概念に初めて出会ったＳ男は、課題に対して答えることができない（2 Ｓ男の◯◯部分）。そこで JT は「この部屋の温度って一体何度ぐらいでしょう」（3 JT の◯◯部分）、「体の温度はどれくらいですか」（5 JT の◯◯部分）、「（煮え立ったやかんの）水の温度は何度でしょう」（8 JT の◯◯部分）と温度に関する具体例を示すことで、「温度」を理解するための三つの手がかりを提示した。三つの具体例を通してＳ男は「温度」の理解ができていると判断した JT は、「ジャガイモを煮たとき 100 度になりましたか」と選択型の質問によって課題を再提示し（11 JT の◯◯部分）、Ｓ男の正答を得た上で、さらに「じゃあ、何度だったの？」とプロダクト型の質問によって再度課題を示し（13 JT の◯◯部分）、その結果Ｓ男は「60 度」と正答に至っている（14 Ｓ男の◯◯部分）。

　この教材文に出会うまで、Ｓ男は「温度」という概念を知らなかった。もちろん「風邪を引いて熱がある」「やかんの水を火にかけると湯気が出る」ということは体験からわかっていても、それを「36 度」「100 度」と温度として数値化することはできなかった。このような場合、たとえば「温度」に「おんど」と振り仮名を振っても問題は何も解決しない。教材文に即して支援者とのやりとりを重ねながら概念形成を行っていくことが求められるのである。

3.3.5　内容理解についてのまとめ

3.3 では、母語を活用した内容重視のアプローチにおいて、第一言語の読み書き能力に差があるＳ男とＫ男を対象に、「国語」の教材文の内容理解に焦点を当てて分析を行った。以下、Ｓ男とＫ男は学年相応の「国語」の教材文をどこまで理解できたのか、また、教材文の読みとるための学習課題の解決過程ではどのような力を用いていたのかについて分析結果をまとめ、さらに母語を活用した内容重視のアプローチの意義を教科の内容理解の観点から述べていく。

（1） 内容理解の到達度

内容理解の到達度をみてみると、文章の「あらすじの把握」については数多くの課題が設定され、S男もK男も十分な理解に達していることが示された。「心情把握」はいずれの時期においても課題数が少ないものの、S男は1年目の終わり頃（来日3年目）、K男は支援開始当初（来日2ヶ月後）から、学年相応レベルの心情把握の課題に取り組み、おおよその理解に到達していることが示された。そして「主題や要旨の把握」は難易度も高く課題数も少ないが、S男の場合は支援開始2年目後半（来日4年目）から、K男は半年後（来日8ヶ月）から、学年相応レベルの課題に取り組み始め、おおよその理解に達していることが確認された。

S男の内容理解が進み、それが学校の授業にも反映している様子は、在籍校の先生（国語科担当）の次のような語りからもうかがうことができる。

> 『縄文土器に学ぶ』の授業で（2001年11月）、「土器に水を入れるとどうなりますか」と授業で質問したとき、S男は「水が漏れる」と答えたんです。S男が授業中に答えたのは初めてのことでした。
> 　　　　　　　　　（2001年12月、国語科担当者へのインタビューより）

> 3年生になってから、『夜は暗くてはいけないか』の授業のとき（2002年5月）、S男がとっても生き生きしていた印象が残っています。自分はここまで知っている、しかも言いたい、それを非常に感じました。授業中の様子を見ていると、3年生になってから授業中の反応が全然違うんですね。表情が違う、取り組みが違う、話を聞いて自分で頷いている。
> （2003年5月、S男が中学卒業直後の国語科担当者へのインタビューより）

2001年12月のインタビューからは、S男が中学2年生の中頃（支援開始2年目後半）、授業中に質問されて初めて答えたことが語られている（インタビュー資料の下線部分）。それまでのS男が授業中は板書を書き写すだけで、指名されても黙って立っているだけだったことを考えれば、これは非常に大きな変化といえる出来事である。また、卒業直後に行ったインタビュー

では、「自分はここまで知っている、しかも言いたい」というＳ男の積極性が３年生になって出てきたことを国語科担当者は感じ取っている（インタビュー資料の下線部分）。以上のような国語科担当者の語りからは、Ｓ男が中学２年生の中頃から学年相応レベルで教材文の内容を理解し始め、さらにその理解を学校の授業でも伝えようとしている姿勢を見いだすことができよう。

　しかしＳ男とＫ男を比較した場合、あらすじをとらえるためにどの学年レベルの課題を用いるか、心情や主題を把握する課題にいつから取り組むかということについて大きな違いが見られた。「あらすじの把握」の課題では、Ｓ男の場合、最初の半年間は小学校低学年レベルの課題が多用され、その後中学年レベルの課題が中心となり、支援を開始して３年目に入るころ（来日４年目）には高学年レベルの課題が数多く設定されるようになった。一方、Ｋ男の場合は、最初の半年間は中学年レベルの課題が中心であったものの、支援を初めて８ヶ月後（来日10ヶ月）には学年相応の高学年レベルの課題が半数を占めていた。また、「心情の把握」や「主題や要旨の把握」の課題においても、Ｋ男が支援開始後わずか半年で学年レベルの課題を十分こなしていたこととは対照的に、Ｓ男の場合は学年相応レベルの課題に取り組むまでに２年から３年という時間が必要であった。

　その一因として、二人が母国でどのような学習を積み重ねてきたかということの影響が考えられる。すなわち、小学校２年生を終えて来日し３学年分の「飛び級」を抱えているＳ男と、母国で順当に教育を積み重ねて来日したＫ男とでは、文章を読んであらすじをとらえるとはどういうことなのか、登場人物の心情を考えるとはどういうことなのかということに対する理解の程度が違っていたのではないかと推測される。

　たとえば、次に示すやりとりは登場人物の心情把握をめぐるやりとりであるが、Ｓ男とＫ男では課題に対する反応が大きく異なる。

```
JT　：「ぼく」はクマのことどう思ってた？
Ｋ男：クマのこと、恐いと思ってた。
```

> JT ：恐いと思ってた。いいじゃない。どうしてそう思った？
> K男：「土の上に残された大きな足跡を見たとき、急に胸がどきどきしました」。
> JT ：そうよね。「どきどき」って恐いんだよね。
>
> 　　　　　　　　　　　　　　　（K男『森へ』2002年4月）

　上のK男の例では、「ぼくはクマのことを最初はどう思っていましたか」と「ぼく」の心情を問う課題が出されたとき、K男はすぐに課題の意図を理解し、「ぼく」の気持ちを「クマのこと、恐いと思っていた」と答えている。しかもその答えは、「クマは恐いものだ」という常識的な判断から得たものではなく、「(ぼくは)胸がどきどきしていた」という教材文の叙述を根拠に導いたものであった。
　次は、S男における心情把握の例である。

> JT ：お母さんはヒロユキが死んじゃって、どんなふうに思っただろう？
> S男：うんとね。…あ、ノートか。おれ、ノートの中、書いてあるよ。学校で勉強した。
> JT ：今はどう？じゃあ。
> S男：お母さん…。
> JT ：お母さんの気持。
> S男：まだ考えてない…。お母さんを…。
> JT ：お母さん、こんなこと思ったのかなって。どうだろう。
> S男：…難しい。
> JT ：難しいか。　　（S男『大人になれなかった弟たちに』2000年10月）

　「お母さんはヒロユキ(＝弟)が死んで、どう思いましたか」という課題に対し、S男は同様の課題が学校の授業でも出されたことを思い出すものの、自ら答えることはできない。前回までの授業の中で、S男は、家族が弟をかわいがっていたことや、弟が食べ物がなくて死んでしまったこと、弟が死ん

だとき母親が泣いたことなどあらすじは正しく理解できていたことをふまえて考えると、S男が「お母さんはどんなふうに思っただろう？」と聞かれて反応できなかったのは、教材文の内容がわかっていなかったためではなく、「気持ちは？」と聞かれたとき何を答えればいいのか、登場人物の心情を考えるとはどういうことなのか、課題の意図を理解できなかったためと推測される。そして、このような状況にあったS男が心情把握の課題をこなしていくためには、「『じいちゃんはうれしそうに笑いました』と文章に書かれているから、この時じいちゃんはうれしい気持ちだったのだろう」と、教材文の叙述を手がかりに心情をとらえていく低学年レベルの課題から、時間をかけて練習を積み重ねていく必要があったと考えられる。

　なお、様子を想像する課題は教材文によって出題率が大きく異なり、到達度の変化をとらえるには至っていない。

（2）　課題解決の過程で活用している力
子どもたちが課題解決の過程で活用している力について「考える力」「感じる力」「想像する力」という枠組みの中でとらえてみると、様子を想像する課題の解決過程では、「文章表現をもとに、情景や人物のイメージを描き、自分自身のことばで説明する」と「根拠をもって推測する」力を活用していることが認められ、前者は「想像する力」に、後者は「考える力」に相当すると考えた。また、心情を把握する課題の解決過程では、「人物の行動と関連づけて、心情をとらえる」と「情景と関連づけて、心情をとらえる」力の活用が見られ、前者は「感じる力」に、後者は「感じる力」と「想像する力」の双方に関わっていると判断した。最後に、主題や要旨を把握する課題の解決においては、「中心的な部分と付加的な部分を区別する」と「抽象的な事柄や概念を理解する」力が見られ、いずれも「考える力」に分類した。以上の六つの力を「国語の学習で育てる理解する力」（図3-3-1）の枠組みを用いて整理すると、次のように示すことができる（図3-3-9）。

　「第二言語で書かれた教材文から基本的な情報をとらえる力」については、S男もK男も支援開始当初は、「誰が＋何だ・どんなだ」「誰が＋何を＋どうする」という人物の基本的属性や行動を順に追っていくための情報獲

```
┌─────────────────────────────────────────────────────────┐
│       《言語を中心とした情報を処理・操作する力》        │
│                                                         │
│    考える力           感じる力          想像する力      │
│ ・根拠をもって推測する ・人物の行動と関連づけ ・文章表現をもとに、情 │
│ ・中心的な部分と付加的  て、心情をとらえる    景や人物のイメージを描 │
│  な部分を区別する                             き、自分自身のことばで │
│ ・抽象的な事柄や概念を                        説明する              │
│  理解する                                                           │
│                  ┌─────────────────────────────────┐   │
│                  │・情景と関連づけて、心情をとらえる│   │
│                  └─────────────────────────────────┘   │
└─────────────────────────────────────────────────────────┘
             ↑                    ↑
┌─────────────────────────────────────────────────────────┐
│ 《第二言語で書かれた教材文から基本的な情報をとらえる力》│
└─────────────────────────────────────────────────────────┘
```

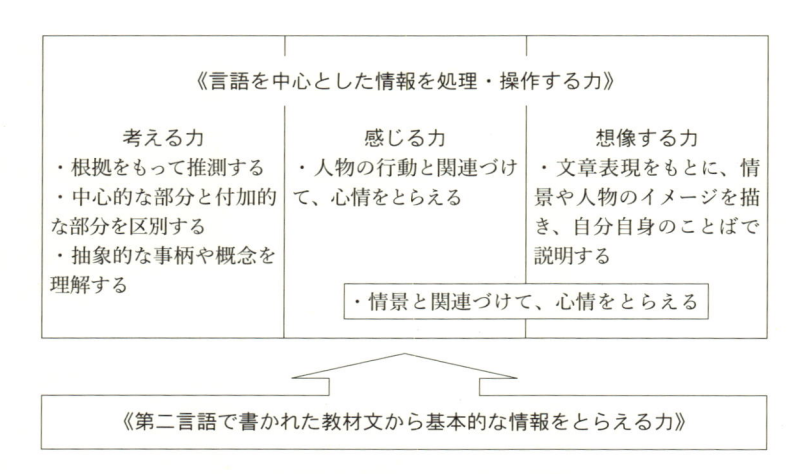

図 3–3–9　学習課題の解決過程で活用する力

　得に終始していたが、時期を追うごとに広範な情報や具体的で詳しい情報を獲得できるようになっていった。

　また、上の図に示した力を活用し始めた時期を見てみると、「文章表現をもとに、情景や人物のイメージを描き、自分自身のことばで説明する」「根拠をもって推測する」「人物の行動と関連づけて、心情をとらえる」「情景と関連づけて、心情をとらえる」力については、K男は支援を始めて半年後（来日8ヶ月）に活用し始め、S男の場合は2年以上もたって（来日5年目）ようやく使い始めていた。そして、K男が支援を始めて半年後（来日8ヶ月）には「中心的な部分と付加的な部分を区別する」力を使いながら説明的文章の要旨をとらえ、母国の学習で蓄えた抽象概念をもとにさらに新しい概念の獲得を行っていたのに対し、S男が文章全体を対象に内容の軽重を判断し始めたのは、2年目後半（来日4年目）になってからであった。

　次に示す資料は、日本語話者支援者が母語話者支援者に書き送ったK男の「授業記録」の一部であるが、K男が課題に取り組む様子について日本語話者支援者の気づきが記されている。

> 「残雪はなぜ沼地に来なかったか」という課題に対し、K男は「小屋があったから」という選択肢をすぐに選んだ。そこで、その様子を説明させたところ、「昨日は小屋がなかった。今日はあります」ときちんと説明した。昨日なかった小屋が今日はある、そんなふうに様子が変わったので残雪は沼地には来なかったと、<u>できごとと行為を結びつけて文章を理解している</u>。本当にびっくりした。　　　（2001年11月の「授業記録」から）

> クマに対する<u>心情の変化を聞いたとき、ちゃんと根拠を示しながら「恐い」「恐くない」ということを言える</u>。「なぜ恐くないの？」と聞くと、ちゃんと文中の根拠を示すことができる。
> 　　　　　　　　　　　　　　　　（2002年5月の「授業記録」から）

> 今日は古い倒木の役割をとらえた。…何より驚いたのは、倒木の役割をサケやクマの糞と結びつけてとらえていたことだ。筆者は一つ一つの事例をあげるのみで、それらの共通性をまとめるようなことは全く書いていないのだが、K男は自分で<u>事例の共通性を把握</u>し、それを課題の答えとして提示している。中国の説明文の学習でこういう練習をしてきたのだろうか。　　　　　　　　（2002年5月の「授業記録」から）

　上に示した三つの例からは、できごとと行為を結びつける、根拠となる叙述をふまえて心情をとらえる、複数の事例について共通性をとらえるなど（資料の中の下線部分）、さまざまな力を駆使しながらK男が課題に取り組んでいる様子がうかがえよう。
　以上のことから、あらすじに関わる基本的な情報を教材文から獲得した後、それらを処理・操作する段階において、K男は母国の学習で身につけた情報処理能力を比較的早い時期から発揮することができたのに対し、S男は「国語」の学習における情報の処理や操作の仕方そのものも学ばなければならない状況にあったと考えられる。

（3） 母語を活用した内容重視のアプローチの意義－教科理解の観点から

2名の子どもの内容理解の到達度や、課題の解決過程で活用していた力について、最後に内容重視のアプローチの意義という点から考えてみたい。

到達度についての分析結果からは、母語を活用した内容重視のアプローチでは、子どもたちは教材文の基本的な情報をとらえてあらすじを把握し、さらにはその基本的な情報をもとに、様子や心情を想像したり、主題や要旨について考える活動にも取り組んでいることが確認された。このことから母語を活用した内容重視のアプローチでは、学年相応の「国語」の教材文を扱えるという意義が認められる。

第2には、推測する、関連づける、言語表現をもとにイメージを描く、自分自身のことばで説明する力を育てるなど、子どもたちの思考力や想像力の育成の働きかけるという意義が見いだせる。子どもたちが年齢相応の考える力や他者に共感する力を獲得していくためには、子どもの思考力や想像力の育成に働きかけるような課題も重要であり、課題のレベルを調整したり母語でのやりとりを通じて手がかりを与えるなど支援の仕方を工夫することで、これらの課題に子どもたちが取り組めることが示唆された。

第3には、抽象概念の理解を促すという意義がある。子どもたちは主題や要旨の把握に関わって、さらにはあらすじをとらえる際にも、支援者とのやりとりを重ねながら概念形成を進めていった。このことから、内容重視のアプローチは教材文の理解という子どもにとってきわめて必然性のあるコンテクストの中で、新しい概念の獲得や既知の概念を深める機会を提供するといえよう。

言語と内容を統合した内容重視のアプローチは、アカデミックで認知的な発達を促すことや（Crandall 1993、Snow 他 1992 など）、読み物を用いることは子どもたちの想像力を養うことが指摘されているが（Sage 1987、Langer 1997）、母語を活用した内容重視のアプローチは、推測する力や関係づける力そして叙述をもとに想像する力を育て、抽象概念の理解を促すという点において先行研究の指摘が観察されたといえよう。

さらに、これらの意義は、S男のような子どもの支援においてもK男のような子どもの支援においても見いだすことができる。すなわち、第一言語

の読み書き能力が不十分で未学習部分を抱えているS男のような子どもであっても、その子どもの状況にあった課題を設定し支援の仕方を工夫することで、飛ばしてしまったプロセスを歩み直す可能性があることを分析結果は教えてくれる。飛ばしてしまったプロセスの歩み直しに2年も3年もかかっていたら高校受験に間に合わないという現実的な問題は確かにある。しかし、一人の子どもが大人になっていく過程でどのような力が必要なのかという視点に立って考えたとき、音声表現はもちろん文字表現によってもコミュニケーションしていく力、さらには学びの基礎・基本としての読み書き能力の育成は必須である。これらの力を育てるための2年、3年という時間は、費やすだけの価値がある時間といえるのではないだろうか。一方、K男は日本語が全くわからない状況で来日したにもかかわらず、わずか半年で「言語を中心とした情報」を獲得できるようになり、しかもその情報を処理・操作する能力を早い時期から発揮して、新しい知識や概念の獲得を進めていた。第2章の結果をふまえて考えれば、このようなK男の内容理解には支援開始当初からの母語の活用が重要な役割を果たしていたと推測される。

　最後に、「国語」を統合した場合、子どもの状況に応じた支援はどうあるべきかという点について述べたい。言語少数派の子どもたちを対象とした場合、日本語がわからないのだからと小学校低学年の教科書を与えたり、あるいはテキストの漢字に仮名を振るということがよく行われる。確かに漢字の振り仮名は子どもたちにとっては大きな助けとなり、低学年の教科書も日本語の文字への慣れや親しみにつながるだろう。しかしそれらは音読（あるいは黙読）の一助にはなっても、文章を読んで理解し、文章を通して考える力を育てることからはほど遠いといわざるを得ない。

　文章を読んで考えたり想像したりする力を養っていくためには、やはり発達段階に見合った教材文を用いて支援を行っていくことが望ましいといえよう。そして子どもたちが教材文を理解するに当たっては、まず「言語を中心とした情報」を第二言語で獲得する力が必要であり、その上で「言語を中心とした情報を処理・操作する力」としての考える力、感じる力、想像する力が必要であることが本節の分析を通して確認された。このうち、「言語を中心とした情報」を獲得する力は、成人対象に行われているような文法積み上

げ学習では育成することに無理があり、やはり実際の教材文についてのやりとりの中で養われていくものと考えられる。さらに、「言語を中心とした情報を処理・操作する力」については、母国での教育を十分受けてきた K 男は早い時期からその力を発揮し始め、教材文の理解に役立てていた。K 男は日本語の力は不十分であっても、言語情報を処理・操作する力は学年相応に身につけているわけであり、この点においても母国の教育との連続性をふまえた支援の重要性が示唆されたといえよう。一方、S 男のように飛び級を抱えている子どもの場合には「言語を中心とした情報を処理・操作する力」そのものを育てていくことが求められ、育成には長い時間がかかるという認識をもって支援を進めていくことが必要である。

注
（1） 「一事例実験の基本は、ただ 1 人の被験者を用いて、関心下の変数について繰り返し測定を行うことである。」「（一事例実験の基本的なデザインは）、初めに何も処遇を施さない状況で従属変数の測定が行われる。これをベースライン期と呼ぶ。ベースライン期の測定に続いて、処遇期での測定が行われる。そして、2 つの期におけるデータを比較することによって処遇の効果を確認するのである。」（山田剛志（2000：204）「一事例実験とメタ分析」下山晴彦編著『臨床心理学研究の技法』福村出版）
（2） Wolfe-Quintero 他（1998）によれば、語彙の多様性をとらえるためによく用いられる「異なり語数／述べ語数」による測定は、作文の長さが長くなるほど同じ語がしばしば繰り返されるため、語彙の多様性を示す値が低くなるという問題を抱えているという。これに対し、「延べ語数×2 の平方根あたりの異なり語数」による測定はこのような問題を解決し、より長い作文においても多くの異なり語数の出現を正当に評価するとされる。
（3） 出題率が 10% を超える項目を対象としたのは、出題数が 1 例か 2 例しかなく出題率がきわめて低い場合には、到達度を十分に判定できないと考えたことによる。
（4） K 男の『森へ』の出題率が他の教材文に比べて低いのは（出題率 27%）、この作品が筋の展開を追うことよりも、筆者の目に映った情景を描くことに主眼がおかれてい

ることによる。

第 4 章
言語少数派の子どもたちの
教科学習における評価

4.1 はじめに

　第3章では母語を活用した内容重視のアプローチが子どもたちの書く力の育成や教材文の理解に貢献することが確認された。言語少数派の子どもたちに個別対応する機会の多い教師や支援者は、子どもたちの書く力や内容理解に関わる変化を、たとえば「このごろ長い文を書けるようになった」「主人公の気持ちをいろいろなことばを使って語れるようになった」と日々の授業を通してとらえることができるが、40人学級で一斉指導を行う教科担当者は、言語少数派の子どもの日本語力の伸びや読みの深まりを授業の中で把握していくことはきわめて難しい。そのため学校現場では、言語少数派の子どもたちの理解の度合いや進歩の様子の把握を、他の大勢の日本人生徒と同様の評価方法ですませてしまうことが多いのではないだろうか。
　また、第1章で述べたように、言語少数派の子どもたちに対する教育においては日本語指導に加え教科学習の支援を行っていくことが重要な課題として認識されているものの、現時点では学習支援をめぐる問題は、何をどう教えればよいかという内容や方法についての議論が中心で、評価の問題が取り上げられることはほとんどない。とはいえ、授業というものが「目標─教材（内容）─方法─評価」という構造をもち、さらには現実に子どもたちが学校でさまざまな評価にさらされていることを考えれば、教科学習において言語少数派の子どもたちの評価をどうするかという問題にも目を向けていく必

要があるだろう。
　一口に評価といってもその目的や方法は多様であるが、第4章では中学校における定期テスト[1]に焦点を当てて評価の問題を考えていく。その理由として、

- 日本の中学校では新しい評価観のもと多様な評価方法の導入が試みられているが（「4.2.2 日本における評価の動向」参照）、テストによる評価は各学期や学年の評定をつける際の資料として非常に重視され、さらにはその評定が進路の選択に大きな影響を及ぼしていることから、教師にとっても子どもにとってもなお重要な意味をもっている
- 評価は、子どもにとっては「自己のよさや可能性等に気付き、その後の自己の学習の在り方を考え、豊かな自己実現に資する」ものであることが求められている（高浦 2004：39）。しかし現場からは、テストを含めた評価が子どもたちに自分のよさや可能性に気付かせるきっかけになるどころかむしろ萎縮させ、ひいては学ぶことをあきらめさせることにつながっているなどの意見もあり、テストが評価本来の役割を果たしていないのではないかということが推測される
- 評定や指導要録など制度をめぐる議論とは異なり、教師自作の定期テストは作成者の裁量の幅が大きいため工夫や改善をしやすい

ということから、テストを切り口に言語少数派の子どもたちをめぐる評価の問題について考えていきたい。
　さて、言語少数派の子どもたちにとってのテストということを考えたとき、Genesee and Hamayan（1994：227）は「言語少数派の子どもは、言語的な理由で、あるいはテストを受けた経験がないので、たいていテスト結果がよくない」と述べている。実際、「国語」の取り出し指導や放課後の補習などで教材文の内容はある程度理解できても、それがテスト結果に反映されないことはよくある。その理由としては次のような点が推測される。

　①テストの問題文や指示を読めない

②テストの問題や指示の意図を把握できない
③問題の意図や答えがわかっても、自分の考えを書いて表せない
④生徒が取り出し指導を受けている場合、たとえ同じ教材文を扱っていても、その生徒は自分が出席していない授業を反映したテストを受けることになる
⑤教師の採点基準が日本人生徒と同じであるため、書けば書くほど表記や文法上の減点が加算される

このうち①〜③については、母語の活用、辞書の利用、指示のことばの明確化、テストに慣れる練習などの対応をすぐにでも取ることができるが、④⑤の問題を解決するためには、授業者とテストの作成者が異なることの影響や、採点の観点や基準についての分析が必要である。そこで第4章では教科担当者の採点の観点や基準について分析を進め、教師自身が作成する到達度テストにおける適切な評価のあり方を探っていきたい。

4.2　教科学習の評価に関わる先行研究

この節ではまず、早くから言語少数派の子どもたちの教育を行ってきたアメリカではどのような評価方法が採られてきたかについて概観する。次いで日本の学校教育における評価の動向をふまえた上で、言語少数派の子どもたちの評価の現状についてみていくこととする。

4.2.1　アメリカの学校教育における評価
（1）　言語少数派の子どもたちを対象とする評価

アメリカではこの10年あまり教育における評価の見直しが進められ、総括的評価[2]から形成的評価[3]へ、規範参照型のテスト[4]から基準参照型のテスト[5]へという流れの中で、

・意味のある、実際的な場面での評価の実施
・カリキュラムや指導目標と緊密に結びついている

・子どもの学習や教師の指導に有益な情報が得られる
  ・より広範な技能や知識を対象とする
  ・説明責任を指向する

という評価がめざされている (O'Malley and Pierce 1996、Coelho 1998、Cummins 2000)。

　このような中にあって言語少数派の子どもたちに対する評価は、取り出し指導などの特別プログラムを受ける必要性があるかどうかを判断することと、普段の学習活動の中で生徒の進歩をとらえることの二つを目的とし、その方法としては規範参照型の標準テストが用いられてきた。しかし規範参照型の標準テストは言語少数派たちの子どもたちにとって、

  ・英語母語話者の英語力を規準に作られていること
  ・多肢選択式という形式に子どもたちが不慣れであること
  ・読解力と語彙知識を主に評価していて、書く力や口頭言語能力を無視していること
  ・質問や指示のことばが複雑であること

などの点できわめて不適切であるため (Short 1993、O'Malley and Pierce 1996)、これまでのやり方に代わって、「ポートフォリオ」、「面談」(conference)、「ジャーナル」、「観察」、そして「活動に基づく評価」(performance-based assessment) などの新しい評価方法が学校現場に取り入れられるようになった。なお、これらの新しい評価方法については「(3) 言語少数派の子どもたちのための新しい評価」の項で説明する。

(2) 内容重視のアプローチにおける評価

言語少数派の子どもたちを対象に導入された新しい評価について述べる前に、内容重視のアプローチにおける評価の問題についてみておきたい。

　「内容重視のアプローチは二つの目的 (＝第二言語の学習と内容知識のマスター) をもっている。指導者はこの二重性を絶えず理解し、所与の評価方

法でどちらが測定されるのかを明確にする必要がある」(Brinton 他 1989：182) という指摘にあるように、内容重視のアプローチでは言語面と内容面を区別して評価することが提案されている (Short 1993、Met 1994 など)。両者を区別して評価することについて O'Malley and Pierce (1996：167) は、「別々のスコアは、教師と生徒に言語と内容の両方についての進歩の情報を与え、教師には今後の指導計画の手引きとなる情報を与える」という積極的な意味を見いだしている。

そこで各々の面をみてみると、内容面の評価に際しては、①言語への依存度を低める、②母語を活用するという点が強調されている (Cummins and Swain 1986、Genesee and Hamayan 1994、Met 1994、O'Malley and Pierce 1996、Coelho 1998)。第二言語の習得途上にある子どもたちにとって、トピックに関わる既有知識や新しく理解したことを不十分な第二言語で表現するのは難しい。そのため、子どもたちが自分の知っていること、理解したこと、できることについてより正確な姿を伝えるには、第二言語への依存度を低くしたり母語を活用することが求められるというわけである。Genesee and Hamayan (1994) は子どもの読み書き能力の発達に応じて評価方法を工夫していくことが必要であるとし、Met (1994) は、①具体的に実演や実物、絵などの言語によらない評価方法から始め、次に、②○×式や選択肢式の言語負担の少ないテストを用い、そして、③短文や段落を書き表すような言語的要求度の高いタスクによって評価する、という流れを示している。また O'Malley and Pierce (1996) は、言語的な要求度を下げた「足場」(Scaffolded Prompts) を含む評価と含まない評価の例を示している (表 4-1)。

表 4-1 の例①では、「概念の例をあげ、説明する」という活動を評価する際、「足場」のない評価では、三つの例をあげることと、口頭でもしくは書いて説明することが要求されているが、「足場」のある評価では、概念の例をあげるために「与えられたリスト」を利用し、「書いて」ではなく「口頭で」説明するという「足場」が与えられている。また、例②の「理科の実験を要約する」活動の評価では、「足場」のない評価では、科学的な考え方に基づくことと、手続きの要約を書くことが要求されているが、「足場」のある評価では、「科学的な考え方に基づいて」という抽象的な指示が「実験の手続

表 4-1 「足場」のある評価とない評価

評価の例	「足場」のない評価	「足場」のある評価
例① 概念の例をあげ、説明する	三つの例をあげ、なぜこれらがよい例なのか、口頭であるいは書いて説明しなさい。	与えられたリストの中から三つの例を選び、なぜそれらを選んだのか口頭で説明しなさい。
例② 理科の実験を要約する	科学的な考え方に基づいて、実験の手続きの要約を書きなさい。	実験の手続きを書いたリストを使って要約を完成させなさい。あるいは実際の材料を使って、各段階を実演しなさい。

("Assessment with / without Scaffolded Prompts" *Authentic Assessment*、O'Malley and Pierce (1996：167) より引用、筆者訳)

きを書いたリストを使って」と具体化され、「要約を書く」という要求を「実演(する)」という言語を伴わない活動に変更することで「足場」が作られている。

次に、内容面の評価の第2点、「②母語を活用する」をみていくと、Genesee and Hamayan (1994：220) は「母国で学校経験のある子どもはアカデミックな概念や技能を母語でマスターしているので、その評価は第二言語に限る必要はない。このような子どもたちの場合、第二言語による評価は、アカデミックな到達度を過小評価するだけである」と述べ、Coelho (1998) は英語(=第二言語)で書けないときは母語でテストや課題を作成したり母語の作品例をポートフォリオに含めるなど、母語を用いたパフォーマンスも評価の対象とすべきであるとしている。

一方、言語面の評価は、内容理解に関わる言語使用を通じて行われる(Met 1994)。次の項で述べるように、さまざまな方法を通じて教師はデータを収集し評価を行うが、その際、評価の観点や基準を明らかにしておくことはきわめて重要なこととされる。言語面に関わる評価の観点について、内容重視のアプローチにおいて言語面と内容面を区別して評価することを提案している先行研究(Brinton 他 1989、Short 1993、Met 1994、O'Malley and Pierce 1996)を見てみると、そこでは、意味伝達、文法、語彙、アカデミックな言語使用、態度などの観点が示されている(表 4-2)。

表 4-2 において、「意味伝達」の観点は Brinton 他 (1989)、Short (1993)、

表 4-2　言語面の評価の観点

評価の観点		Brinton 他(1989)	Short (1993)	Met (1994)	O'Malley and Pierce (1996)
	意味伝達	相互作用的なコミュニケーション技能	伝達技能：行った作業や学習した内容について、情報や意見を伝える力	意味伝達	
	文法、語彙	言語的コードの知識：発音、文構造、語彙、語順、文法形式 談話の知識：特別な語彙、話し言葉と書きことば		文法 語彙 句読法	文法：構文、語彙選択 句読法
	アカデミックな言語技能	アカデミックな言語技能	言語使用：アカデミックな言語を使用する力		
	態度		態度（個人の行動やグループの行動を含む）	伝えようとする態度	

＊空欄は、該当する項目がないことを表す。

Met (1994) において設けられているが、Brinton 他 (1989) は教室場面で相互作用的なコミュニケーションを図る力を「意味伝達」に関わる力とし、Short (1993) は学習内容や作業内容に関わる情報や意見を伝える力をあげている。「文法・語彙」の観点も Brinton 他 (1989)、Met (1994)、O'Malley and Pierce (1996) において設定されているが、そこでは文法、構文、語彙が共通して示されている。「アカデミックな言語技能」は学習場面で必要とされる言語技能を用いる力を表し、具体的には批判的思考を行う、講義を聞く、ノートを取る、教科書を読む、エッセーを書く、テストの問いに答える、口頭発表する、議論に参加するなどの活動が含まれる (Brinton 他 1989、Short 1993)。「態度」の観点を立てているのは Short (1993) と Met (1994) で、Short (1993) は学習に向かう態度を対象とし、Met (1994) は意味伝達に関わる態度をあげている。

（3） 言語少数派の子どもたちのための新しい評価方法

言語少数派の子どもたちのための新しい評価方法として強い支持を得ているものに、「ポートフォリオ」「面談」「ジャーナル」「観察」「活動に基づく評価」そして「自己評価」がある。その概要を簡単に述べると、「ポートフォリオ」は、生徒の進歩を示すために分析対象となる生徒作品を体系的に集めたもので、そこにはビデオや音声テープ、作文、ポスターや模型、子どもたちの母語を用いた作品などが含まれる。「面談」は教科学習やプロジェクト活動について、教師と一人または複数の生徒が話し合うというもので、特に学習のプロセスに焦点を当てた評価ができる。「ジャーナル」は教師と生徒との書くことを通じたやりとりで、内容理解の様子や教え方への反応だけでなく学校生活全体についてのさまざまな情報を子どもから引き出すことができる。さらに子どもの書く力やストラテジーの使い方についての評価も行うことができる。体系的に記録された「観察」は、学校生活における子どもの言語使用を評価したり、学習活動の評価にも用いることができる。そして「活動に基づく評価」には、学習内容についてのインタビュー、物語やテキストの再話とそれに関する質問、目的やジャンルの異なる作文、プロジェクト活動や展示、実験や実演などが含まれる。

　これらの方法は第二言語への依存度や4技能の比重はさまざまであるが、いずれも教室活動に基づく評価であり、言語使用の起きる現実のコンテクストでプロダクトだけでなくプロセスをも評価しようとするもので、Cummins（2000：166）は「さまざまな形の活動に基づく評価やポートフォリオは、英語を第二言語として学習する生徒の進歩やアカデミックな可能性についてより正確な姿を伝え、効果的な指導を促す傾向にある」とその有効性を指摘している。

　以上のような新しい評価方法と、前項で述べた内容面・言語面の評価との関わりを考えてみるに、従来の評価では英語母語話者を規準として作られた多肢選択式問題でしかとらえられなかった子どもの内容理解の様子が、新しい評価では口頭表現でも文字表現でも、あるいは子どもの母語によってでも把握できるようになり、また、子どもにとっては知らないことを問われるのではなく自分が知っていることやできることを示す場が与えられ、さらに

は、成功か失敗かという二項対立的な結果だけでなくつまずきの克服の過程も含めたプロセスの評価や、意欲や態度も視野に入れた評価への道が開けたといえよう。

　言語面については、たとえば「観察を通じて生徒の言語使用についての記録をとり、面談で内容に関わる言語を理解する力や産出する力に焦点を当て、ジャーナルで内容知識に関わることを言語化する力をみる」(Met 1994)などの取り組みがあるが、読解と語彙知識に偏りがちだった従来の評価に比べ、新しい評価では4技能の力を意味のあるコンテクストでバランスよく評価していくことが求められている。

　以上のように、言語少数派の子どもたちに対する教育の歴史が長いアメリカでは、

- 全体的な教育評価の見直しの中で、言語少数派の子どもたちにもテストに代わる新しい評価方法が求められている
- 内容重視のアプローチの広がりに伴い、内容面と言語面を区別した評価が行われている

という方向性が認められる。そこには、内容理解の様子を把握するためには、子どもの第二言語の力に応じた評価方法を追究していくことの重要性を見いだすことができる。

（4）　言語少数派の子どもたちを対象にしたテストによる評価
（1）や（3）の項で述べたように、アメリカの学校教育においては言語少数派の子どもたちに対してテストに変わる新しい評価方法が導入され始めている。では、言語少数派の子どもを対象とした場合、テストという評価方法にはどのような問題があるのだろうか。また、テストを行う上ではどのようなことに留意する必要があるのだろうか。

　「テストはある限られた状況の中で到達度を測るには有用であるが、子どもたちの態度や学習ストラテジーについての情報収集には役に立たない」(Genesee and Hamayan 1994：222)という指摘にもあるように、テストはき

わめて限定的な評価方法である。まして第二言語の力が限られている言語少数派の子どもたちにとっては、テストの結果が子どもたちの力や進歩の状況を適切に表すとは言い難く、他の評価方法によるバックアップが不可欠であるとされる (Short 1993、Coelho 1998)。さらには第二言語の読み書き能力の進んだ子どもたちを対象とする場合でも、Coelho は以下の点に留意して文字表現によるテストを実施する必要があると提案している。

　①テストには、子どもが必要な時間を与える
　②年長の子どもには、辞書を使うことを勧める
　③英語で書けないときは、母語で書くように励ます
　④問題や解答形式における言語へのバリアを減らす
　⑤単純で明確なことばで問題の指示をする
　⑥テストの練習をまずグループでやり、その後、個人でやる
　⑦評価における公正さについて、クラスで話し合う

このうち、②③は子どもが母語を活用して自分の理解を伝えることをめざし、④は教師が第二言語の依存度を低くして子どもの理解を引き出そうとするものである。また⑤は「言語少数派の子どもたちにとっては、テストの指示さえもが言語的なバイアスになりうる」(Ovando and Collier 1985：249) という指摘にも通じよう。とはいえテスト特有の言い回しに徐々に慣れることも必要であることから、⑥のようなテストのための練習という機会も大切である。そして⑦は、母語話者の子どもと言語少数派の子どもが同じ教室でテストを受ける場合、なぜ言語少数派の子どもが他の子どもとは異なるテストを受けるのかクラスの了解を得ることが、言語少数派の子ども、教師、そして母語話者の子どもたちのいずれにとっても重要であることを表している。

　このように言語少数派の子どもにとっては、テストに代わる、あるいはテストを補う評価方法の追究が特に必要であり、またテストを行う場合にも母語話者の子どもの場合とは異なる点への配慮が必要であるといえよう。

　翻って日本の状況を考えるとき、言語少数派の子どもたちを念頭においた評価の議論はどのように展開されているのだろうか。日本の学校に編入した

子どもたちはどのような条件下でテストに取り組んでいるのだろうか。次の項では、日本における評価の状況を概観する。

4.2.2　日本における評価の動向

日本では平成 10 年（1998 年）の学習指導要領の改訂に伴い、評価についても、絶対評価の重視、個人内評価の工夫、指導と評価の一体化、生徒や保護者への説明など、知識の量や定着の度合いに重きをおいた相対評価からの脱却がめざされた（平成 12 年　教育課程審議会答申）。

　高浦（2004）は、このような新しい評価の機能や役割として、

　　①教育の実践に役立つ評価、その改善に資する評価という、「指導と評価の一体化」機能
　　②子どもにとっては自己のよさや可能性等に気付き、その後の自己の学習の在り方を考え、豊かな自己実現に資するものと考える、「自己学習力の向上」に向けた評価の機能
　　③保護者、地域の人々、国民全体といった外部の人々への説明責任を果たす機能

の 3 点を指摘し、これらの役割を果たすための方法としてポートフォリオの実践と評価基準の作成をあげている。

　では、新しい評価において標準テストや教師自作のテストはどのように扱われているのだろうか。高浦（2004：68）は、テスト中心の評価からは「子どもがなぜできなかったのか、はたして学習指導の過程のどこでつまずいたのか、いったい指導のどこをどのように改善する必要があるのか、自己の学習のどこをどのように改善すればよいのかといった情報が得られがたい」と批判的に述べている。一方、テストという形式を新しい評価に対応させるための提案には、「ペーパーテストのほか、観察、面接、質問紙、作品、ノート、レポートなどを用い、その選択・組み合わせを工夫する」（尾木 2002：87）や、総合問題の出題でテスト内容の変革をめざす（森 2002）などがある。

4.2.3　言語少数派の子どもたちを対象とした評価

日本では、言語少数派の子どもたちをめぐる評価は、子どもたちの日本語力をどう測定するかという問題をめぐって語られることが多く（中島他 2000、岡崎 2002、川上 2003 など）、教科学習に関わって評価が議論されることはほとんどない[6]。佐藤（2002：16）は「外国人の子どもたちの教育を考えたときに、評価モデルというものを私たちはもっていないのではないかという気がします。異文化間教育の中で、評価というのは置き忘れられてきた存在のような部分があるわけです」と語っているが、評価の問題が取り上げられない理由としては、言語少数派の子どもたちの教育においては「日本語指導だけでなく教科の学習支援が必要だ」という認識がまず共有され、次に「どのように教えるか」という問題が検討され始めたものの、評価を取り上げるまでには至っていないという現状があげられる。また、学習支援が通訳や日本語指導員、ボランティアなど学校の教員以外の多くの人々が関わって展開されているのとは異なり、評価は学校の教員のみに委ねられており、そのため評価に関わる問題が学校の外の人間には見えにくくなっていることなども推測される。

4.3　研究の概要

4.3.1　研究の目的

言語少数派の子どもたちの教育をめぐり、最近では教科学習支援の必要性が広く認識されるようになったが、そこでは「何を」「どのように」教えるかという議論が中心で評価の問題が取り上げられることはほとんどない。しかし評価は教師と子ども双方に、これまでの学習を振り返らせ、あるいは力づけるという重要な役割を担っている。

　そこで第4章では、言語少数派の子どもたちの教科学習における評価の問題について考えていく。そして多様な評価方法の中でも子ども・教師の双方にとって重要な意味をもつテストを取り上げ、日常会話はできるが教科学習に困難を感じている子どもの記述解答について、教科担当者の採点の観点や基準を明らかにし、望ましい評価のあり方を探っていく。

4.3.2 分析の方法

「国語」の取り出しの授業における課題のうち、日本人生徒の授業でも扱われ、しかも定期テストの問題にもなりうる課題[7]を取り上げ、それらの課題に対する言語少数派の子ども（以下M男と呼ぶ）の創出型の記述解答を国語科教師がどのように採点するのか、その基準や方法を分析する。

採点は、言語少数派の子どもの在籍するクラスで「国語」の授業を担当した経験のある教職歴10年以上の教員11名が行った。調査用紙には、採点の目的として「M男が『走れメロス』の学習をどれほど理解しているかを測ること」を示し、M男の属性として、

- 小学校5年生のときブラジルから来日した、中学2年生である
- 現在は、国際学級の設置されている公立中学校に在籍している
- M男自身は「友だちとのおしゃべりはできるが、「国語」の授業についていけない」と感じている

という点を伝えた。そしてM男の創出型解答（表4-5）について、内容点と言語点をそれぞれ5点満点で、加点や減点の対象とした部分に下線を引いたり書き込みをしながら採点してもらった。また比較データとして、日本語教師（9名）と日本語教育を専攻する大学院レベルの留学生（9名）に言語面のみを5点満点で採点をしてもらった。

4.3.3 子どもの属性

本章では第3章までとは異なる子ども、M男を対象とする。その理由を以下に述べる。

第1章の「子どもの属性」の項で述べたように、来日4年目のM男（中学2年）は日本語も流暢で、日常会話には問題を感じていない。取り出しの授業も週1～2時間程度で、ほとんどの授業は在籍学級で受けている。M男によれば、在籍学級の授業では先生や友達の言っていることは「大体わかる」が、定期テストでは英語以外は得点が取れず、M男自身は「自分は勉強ができない」と強く感じている。しかし、在籍学級と同じ「国語」の教材文を扱っ

ている取り出し授業では、M男は非常に意欲的な態度で取り組み、内容についても確実な理解を示している。友だちとのやりとりも豊富で、教材文についての理解度も高いM男の状況は、いわばS男やK男の「発展形」として考えられよう。

　すなわち、第3章で対象としたS男やK男が、近い将来、日本語力がさらに発達し、教科の内容理解もいっそう進んだとき、そのような子どもたちは学校現場の教師にどのように受け止められるのだろうか。第4章では言語少数派の子どもの日本語力の発達や教科の内容理解の向上という結果を学校現場がどのように受け止めるのかということを探るため、M男を対象として評価の問題について考えていく。

　さて、M男の支援開始当初（来日して3年1ヶ月目）の様子を「授業記録」から拾ってみよう。

> 最初に国語の授業に対する理解度を聞いたところ、20％ぐらいかなあという答えが返ってきた。「テストもそれくらい？」ときくと、「そんなに点数があったら、驚く」という。教科書の漢字はほとんど読めず、「ぼくは聞いたり話したりはできるようになったけれど、読んだり書いたりは全然だめなんだ」という。
> 　　　　　　　　　　　　　　　　　　　　　　　　　（2002年5月）

　また、読むことについては漢字の読み方さえわかれば自分から進んで教材文を読もうとしたが、書くことについては特に漢字への抵抗感が大きかった。しかし2学期の中頃からはその様子にも変化が見られ始めた。

> ・自分が知っている漢字は必ず書こうとしている。　　（2002年9月）
>
> ・M男は書くことを全くいやがらない。このごろは接続詞にも気をつけて文を展開するようになってきた。もう一つの変化はできるだけ漢字を使おうとしているところだ。書けない字があるとひらがなですまそうとせず、教科書を見たり私に聞いたりしながら漢字を使おうとしている。
> 　　　　　　　　　　　　　　　　　　　　　　　　　（2002年12月）

・最近気づいたことだが、彼は内容だけでなくことばの使い方についても自分でモニターしながら書き進めている。単に「書けばいい」のではなく、「どうやったら正しく、よりよく書けるのか」というところまで意識できるようになっている。
(2003年2月)

　1年間を振り返ってのインタビュー（2003年3月）で、M男は「「国語」ができると思い始めたのは2年生になってから」と語っているが、「できる」という思いがテストや成績に結びつくまでには至らず、自信をもって臨んだテストでも「問題文が読めなくて、何をやればいいのかわからなくて、悔しい」（2002年10月）という経験もあった。しかし在籍学級の「国語」の授業は「先生の話もおもしろくて楽しい」と感じており、取り出しの授業でも文章を読んで考えることにいつも積極的で、自分の考えを述べることを楽しんでいる様子を見せていた。その根底には、「「国語」はブラジルにいた時もとても好きで、テストではいつも95点か100点だった。文章を読むとイメージがどんどんわいてくる。書くのも好きで、先生に本を書けばいいと言われたことがある」という母国での経験が大きな影響を与えていたと推測される。

4.4　創出型解答の評価に関する分析結果

4.4.1　学習課題の特質

創出型解答の採点の分析に入る前に、第3章3.1で行ったように、取り出しの授業における課題の特質をMehan (1979) とChamot (1983) の枠組みを用いて分析したところ、次のような結果となった（表4-3）。
　表4-3①②③からは、選択型の1学期から3学期にかけての減少（30%から17%へ）と、プロダクト型の2学期から3学期にかけての減少（37%から21%へ）が認められる。その一方では、プロセス型が1学期から2学期にかけての大幅に増加している（33%から63%へ）。さらに認知レベルの点では、1学期から2学期にかけて「第5段階」の増加（33%から63%へ）という変

表4-3 取り出しの授業における課題の特質

① 1学期（教材名：『ホタルの里作り』、課題数30個）

		課題の型			
		選択	プロダクト	プロセス	メタプロセス
認知レベル	第4段階（分析）	9（30%）	11（37%）	0	0
	第5段階（総合）	0	0	10（33%）	0
	第6段階（評価）	0	0	0	0

② 2学期（教材名：『心のバリアフリー』、課題数27個）

		課題の型			
		選択	プロダクト	プロセス	メタプロセス
認知レベル	第4段階（分析）	0	10（37%）	0	0
	第5段階（総合）	0	0	17（63%）	0
	第6段階（評価）	0	0	0	0

③ 3学期（教材名：『走れメロス』、課題数43個）

		課題の型			
		選択	プロダクト	プロセス	メタプロセス
認知レベル	第4段階（分析）	5（12%）	9（21%）	0	0
	第5段階（総合）	2（5%）	0	27（63%）	0
	第6段階（評価）	0	0	0	0

＊表中の数字は課題の数を表し、（数字）は全体に占める割合を表す。

化をとらえることができる。プロセス型は説明を要求する課題であることからその増加は解答の記述の長さに影響を及ぼし、「第5段階」の増加はM男がより認知的に高度な課題に取り組んだことを表しているといえる。

さらに、プロセス型で認知レベルが「第5段階」の課題に対する解答につ

いて、「抜き出し型」と「創出型」の割合を調べてみたところ表4-4に示す結果となった。

表4-4　プロセス型で「第5段階」の課題に対する解答の記述の仕方

時期	教材名 (プロセス型で第5段階の課題数)	抜き出し型	創出型	その他*
1学期	『ホタルの里作り』(10)	3例(30%)	5例(50%)	2例(20%)
2学期	『心のバリアフリー』(17)	1例(6%)	16例(94%)	0例(0%)
3学期	『走れメロス』(27)	3例(11%)	24例(89%)	0例(0%)

＊「その他」は身振りや口頭のみによる解答である

　表4-4では、「抜き出し型」が1学期から2学期にかけて減少し(30%から6%へ)、その一方で「創出型」が大幅に増えている(50%から94%へ)。「創出型」の割合は3学期になっても低くなることはなく(89%)、2学期以降は一貫して全体の9割程度を占めていることがわかった。

　以上、1学期から2学期にかけてのプロセス型と「第5段階」の課題の増加、創出型解答の増加という傾向からは、M男が2学期以降、認知的により高度な課題に取り組み、それらの課題に対して自分の解釈や意見を進んで書き表しているということがうかがえる。

　このような変化には、課題に対する子どもの応答が豊かになってきたことや、1学期間の支援を通して支援者が子どもの状況をより正確に把握できるようになったことが反映していると考えられる。支援開始当初は、「「国語」の授業は20%ぐらいしかわからない」というM男のコメントや、在籍学級の授業についていくのは難しいという1年次の担当者の情報をもとに授業を組み立てたものの、個々の課題に対するM男の到達状況を支援者が形成的に把握していく中で、M男の状況に即した課題の設定や、より難しい課題への挑戦が可能になり、そのことがプロセス型で「第5段階」の課題や創出型の解答の増加につながったといえよう。

　では、このようなM男の創出型解答は、国語科教師にどのように受け止められているのだろうか。

4.4.2 創出型解答の評価の分析

プロセス型で認知レベルが「第5段階」の課題に対する創出型解答は、どのような基準や方法で評価されるのだろうか。ここでは『走れメロス』(太宰治)の学習における、プロセス型・「第5段階」・「創出型」という条件に当てはまる24の解答のうち、日本人生徒を対象とした授業でも扱われ、テスト問題にもなりうる八つの課題[7]に対する記述解答を対象に分析を進める。表4-5に分析対象とした創出型解答の一覧を掲げる。

なお、『走れメロス』を取り上げたのは、

- 多くの教科書で以前から採録されている教材なので、10年以上の経験のある教師であればくり返し授業で扱っていることが予想され、評価の基準が個々人の中で比較的安定していると考えられる
- 「子どもの属性」の項で述べたように、書くことに対するM男の抵抗感がもっとも薄れた時期に扱った教材である

ことによる。

(1) 内容面の採点基準と方法

「国語」のテストでは、子どもの記述解答に対し、あらかじめ設定しておいた基準に基づいて採点を行うのが一般的である。採点においては何より内容の妥当性が問題になるが、5点満点の問題で4点を付けるか3点とするかという微妙な判断は教師によって異なり、授業の目的や内容、クラスの到達度の影響を受けるといえる。たとえば、「メロスはなぜ激怒したのか」という問いには、「王様が人を殺すから」という内容が不可欠であるが、「王様が人を殺す」という説明だけでよしとするか、「王様は<u>人を信じられないから</u>殺す」ことまで求めるのかについては教師によって判断が分かれることになる。そのため、ある一人の教師が一クラス分の解答を採点する場合には採点時の主観の揺れは少ないが、異なる学校で異なる目的をもって授業をした教師Aと教師Bの採点基準には幅があることが予想される。

　以上の点をふまえながらM男の創出型解答に対する国語科教師の採点状況

表 4–5　分析対象とした創出型解答一覧

	課題	M男の創出型解答
1	メロスはなぜ激怒したのでしょう。	メロスはあい手の話し（あいての話：王様が人を殺している）を聞いて、しかもメロスは一番きらいな事は悪い人、うそをつく人、それでメロスは王様が人を殺している事をゆるせないってゆうかんじ。
2	メロスは王とどんな約束をしましたか。	三日間に自分の町に帰って、妹がメロスの事まているから、もしも三日間いがいにこの町に帰ってこなかたら、ただ一つの人をおいていくから、その人は、むかしの友もだちので、名前セリヌンテイウスてゆ人。三日間いがいに、メロスは帰ってこなかたら、その人の命を取て下さいってゆうやくそくをした。
3	メロスは何のために走っているのですか。	殺れるために走っていた。友もたちは殺さないために走っていた。あの王様に人をしんじることができるのは見せるために走っていた。
4	メロスはなぜつらかったのですか。	走って、それで王様の町にいたら、王様がメロスの命をとられるから。とメロスは自分の町にいたかったから。
5	町まで半分きたところで、一つ目の災難が起こります。どんな災難が起きましたか。	きのうの雨のせーで、川が海になった。川の水がはしの高さ以上になって、はしをとうれなっくなてしまた。（大雨をふってそれで川の水がどんどんおおくとなって、その水はみちにひろがていたので「海」みたいになていると思たです。）
6	メロスはその災難に対して、どうしましたか。	メロスは川の大きなジャンプして、「かき分け、かき分け」のおよぎしました。けど。川の水が力つよい、スピードはやいから、メロスの力をぜんぶあわせておよいでいた。それで、一つの木につかまて、また、大きジャンプしてそれで馬のように大きな胴ぶるいをしてからすぐ王さまの町、走った。
7	メロスはなぜもう一度走り始めたのですか。	体あらたあとに「セリヌンチウス」ってゆう人がメロスの事信じって、王様のところにまっているのだ。その人は自分の命をかけて、メロスの事信じているから、メロスの顔の中にも一回「走れ！メロス」ってかんがえました。
8	メロスはなぜ「私をなぐれ」とセリヌンティウスに言ったのですか。	メロスには一度には悪い夢を見た。その夢は、メロスが走るのことをあきらめてった夢でした。

をみてみよう。表 4–6–1 に示すのは、内容面にのみ注目して 5 点満点で課題 1 の解答を採点した結果である。

表 4-6-1　内容面の採点例（課題1の場合）

	課題	M男の解答
1	メロスはなぜ激怒したのでしょう。	メロスはあい手の話し（あいての話：王様が人を殺している）を聞いて、しかもメロスは一番きらいな事は悪い人、うそをつく人、それでメロスは王様が人を殺している事をゆるせないってゆうかんじ。

内容面の採点基準	1. 王様は人を殺す
	2. 王様は人を信じることができないので殺す
	3. メロスは邪悪に対して人一倍敏感である

採点結果（人数）	（その得点を与えた理由）
5点（7人）	基準の「1」と「3」を十分満たしているため。
4点（3人）	基準の「1」と「3」を満たしているので本来ならば5点だが、 ・「たくさんの人を殺したこと」の言及が不十分なので減点 ・「老爺」ではなく「あい手」と曖昧に表現しているので減点
3点（1人）	基準の「3」は満たしているが、基準「2」が含まれていない。
2点（0人）	―
1点（0人）	―

　表 4-6-1 に示すように、課題1「メロスはなぜ激怒したのでしょう」の採点において11人の採点者は、

1. 王様は人を殺すと聞いて、メロスは激怒した。
2. 王様は人を信じることができないので人を殺すと聞いて、メロスは激怒した。
3. メロスは邪悪に対して人一倍敏感であるので、上記「1」「2」のことを知り、メロスは激怒した。

という内容が含まれているかどうかを採点基準として用いている。11名中10人の採点者は「1」と「3」の内容が解答に含まれていれば満点に相当するとし、M男の解答に対して7人は5点を与えた。同じ採点基準をもつ残りの3名は、M男の解答では「たくさんの人を殺す」「老爺から聞いた話」

の下線部分の表現が曖昧であることから1点減点し、4点を与えた。また、「2」と「3」の採点基準をもつ採点者（1人）は、M男の解答は「3」の基準は満たすものの「（王様は）人を信じられない」ことの説明が欠けているため3点とした。したがって、M男の解答の採点結果は、5点満点中、5点を付けた採点者が7人、4点が3人、3点が1人という結果となった。なお、「1」〜「3」の基準はいずれも日本人生徒と同様の基準である。

　こんどは課題4の場合をみてみよう（表4-6-2）。課題4は「故郷への未練」「若いメロスはつらかった」という教材文の表現を手がかりに、王のところに戻らなくてはならないメロスのつらさを説明する課題である。

　表4-6-2では、課題4の採点にあたり二つの採点基準が用いられているが、11人の採点結果は、5点をつけた者が3人、4点は4人、3点が2人、2点が2人であった。

　M男の答えには「命を取られるから」「自分の町にいたかったから」という理由が含まれているが、それらの説明で十分とする者（5点を付けた3人）から、なぜ自分の町にいたいのかということの説明や、若いメロスが揺れ動く気持ちを断ち切ることのつらさまで解答に要求する者（4点から2点を付けた8人）まで採点に幅が生じている。そして表4-6-2に示された基準も日本人生徒と同じである。

　他の六つの課題についても同様の分析を行った結果、内容面に関する国語科教師の採点については、次のような特徴を見いだすことができた。

　①国語科教師は、今まで積み重ねてきた実践にもとづき、日本人生徒と同様の基準で内容面の採点を行っている
　②採点基準は、採点者によって幅がある
　③「この内容が含まれていれば3点」「この点が説明されていれば5点」というように、採点はあらかじめ個々人において設定された基準にしたがいながら加点法で行われている

表4-6-2　内容面の採点例(課題4の場合)

	課題	M男の解答
4	メロスはなぜつらかったのですか。	走って、それで王様の町にいたら、王様がメロスの命をとられるから。とメロスは自分の町にいたかったから。

内容面の採点基準	1. 故郷(村人、羊、故郷、妹や婿)への愛情がある 2. メロスはまだ若く、生への未練や気持ちの揺れがある

採点結果(人数)	(その得点を与えた理由)
5点(3人)	基準の「1」と「2」を十分満たしているため。
4点(4人)	基準の「1」と「2」を満たしているが、 ・「1」について、なぜ自分の町にいたいのかに関わる説明が足りない。 もしくは、 ・「2」について、「若いメロスはつらかった」という教材文の叙述をふまえた説明が足りない。
3点(2人)	基準の「1」と「2」に触れているが、以下の二点が不十分であるため。 ・「1」について、なぜ自分の町にいたいのかに関わる説明が足りない。 ・「2」について、「若いメロスはつらかった」という教材文の叙述をふまえた説明が足りない。
2点(2人)	基準の「1」と「2」にそれぞれ触れているものの、内容が不十分であるため。
1点(0人)	―

(2) 言語面の採点基準と方法

では、言語面についてはどうだろうか。課題7の場合を例に採点の仕方をみてみよう。

第 4 章　言語少数派の子どもたちの教科学習における評価　157

表 4–7–1　言語面の採点例（課題 7 の場合）

	課題	M 男の解答
7	メロスはなぜもう一度走り始めたのですか。	体あらたあとに「セリヌンチウス」ってゆう人がメロスの事信じって、王様のところにまっているのだ。その人は自分の命をかけて、メロスの事信じているから、メロスの顔の中にも一回「走れ！メロス」ってかんがえました。

	誤りとした事項	M 男の解答における誤り
1.	助詞の不適切な使用や脱落	体（を）あらた、メロスの事（を）、ところに、メロスの事（を）、中に
2.	話し言葉の使用	ってゆう
3.	促音の脱落や不適切な使用	あらた、信じって
4.	長音の脱落	も一回
5.	漢字や送りがなの誤り	顔

採点結果（5 点満点）	5 点：0 人、4 点：0 人、3 点：3 人、2 点：5 人、1 点：2 人

(注) 採点者の合計が 10 人であるのは、「表記は何カ所まちがっていても 1 点減点」という方針で言語面の採点を行った採点者（1 人）をはずしたためである。

　上の課題 7 では、採点者は助詞の使い方、促音や長音の表記、書き言葉と話し言葉の使い分け、漢字に着目している。他の課題の場合をみてみると、この他に文の接続、語彙の選択、文の構成、文字への着目が確認された。ところでこれらの事項はすべて文部省 1998：『小学校学習指導要領 平成 10 年度版』、『中学校学習指導要領 平成 10 年度版』に明示されており、「書き言葉と話し言葉の使い分け」は中学 1 年で、それ以外はすべて小学校 3、4 年までに指導すべき事柄とされている。すなわち中学 2 年生を教える国語科教師にとって、これらは「小学校の早い段階に学んだはず」のことであり、中学 2 年生であれば「できなくてはならないこと」という認識をもっていることが予想される。
　また、得点化の方法についてはどの採点者も減点法を用いて得点化を行っている。しかしそこには次の①〜③のような問題点を見いだすことができる。

問題点①

採点者によって何を誤りとするかが異なる。

　内容面の評価同様、何を減点の対象とするかは採点者によって異なっている。たとえば表4-7-2（課題8）の解答には、助詞、促音、問いと答えの照応に関わる3種類の誤りが認められるが、「1点」をつけた採点者2名はこれらすべてを減点の対象としており、他の7名は助詞と促音のみを減点の対象としている。ここには、「言語少数派の子どもたちには問いと答えの照応まで要求しない」「言語少数派の子どもといえども日本人生徒と同じ基準で」という二つの考え方が認められる。

表4-7-2　言語面の採点例（課題8の場合）

	課題	M男の解答
8	メロスはなぜ「私をなぐれ」とセリヌンティウスに言ったのですか。	メロスは一度には悪い夢を見た。「その夢は、メロスが走るのことをあきらめてった夢でした。」

	誤りとした事項	M男の解答における誤り
1.	助詞の不適切な使用や脱落	一度には、走るのこと
2.	促音の脱落や不適切な使用	あきらめてった
3.	問いと答えの照応	メロスは一度には悪い夢を見た（から）

採点結果（5点満点）	5点：0人、4点：0人、3点：7人、2点：1人、1点：2人

（注）採点者の合計が10人であるのは、「表記は何ヵ所まちがっていても1点減点」という方針で言語面の採点を行った採点者（1人）をはずしたためである。

問題点②

採点者によって換算の仕方が異なる。

　同じく課題8の例で（表4-7-2）、7名は助詞と促音を減点の対象としながらも、その採点結果は「3点」「2点」に分かれている。これは換算の仕方が異なることによる。換算の仕方には誤り1個につき1点減点、誤り2個につき1点減点、誤りの種類ごとに1点減点などがあり、そのため何を誤りと認めるかは同じでも実際の得点には幅が生じることになる。

問題点③

同じ採点者でも、誤りの多少で換算の仕方が異なる。

　同じ採点者であれば、常に同じ基準や方法で採点しているのだろうか。表4-8は採点者Aの、課題の7と8についての採点結果である。採点者Aは「誤り1個につき1点減点」という減点法で採点を行っており、そのことは課題8の結果（誤りが四つあるので、得点は1点）にもあらわれている。しかし、課題7の場合をみてみると、解答における誤りは10カ所にものぼり、誤りの数では課題8の解答よりもはるかに多いにもかかわらず、得点は課題7同様「1点」である。

表4-8　言語面の採点例（採点者Aの場合）

○課題8の採点

誤りとした事項	M男の解答における誤り	採点者Aの採点結果
1. 助詞の不適切な使用や脱落	一度には、走るのこと	
2. 促音の脱落や不適切な使用	あきらめてった	1点
3. 問いと答えの照応	メロスは一度には悪い夢を見た（から）	

○課題7の採点

誤りとした事項	M男の解答における誤り	採点者Aの採点結果
1. 助詞の不適切な使用や脱落	体（を）あらた、メロスの事（を）、ところに、メロスの事（を）、中に	
2. 話し言葉の使用	ってゆう	
3. 促音の脱落や不適切な使用	あらた、信じって	1点
4. 長音の脱落	も一回	
5. 漢字や送りがなの誤り	顔	

　以上のような例は採点者Aだけでなく他の採点者にも見られ、特に課題2、5、6、7のように、記述が長く誤りの多い解答を採点する場合に起きている。誤りの数に応じて減点し続けた場合、計算上は得点が0点以下になってしまうが、解答の中には文法や語彙の選択において正しい部分も確実に存在するわけであり、その正しく書けた部分の記述に対してなにがしかの得点

が与えられた結果と解釈できよう。つまり、記述が短いために誤りも少ない解答に対しては減点法がとられ、記述が長いために誤りも多くなりがちな解答には、減点法と、「正しく書けているところも多いのだから」という理由による加点法が取られているといえる。

　以上のことをふまえて考えるに、言語面に関する採点については次のような特徴をとらえることができる。

　　①国語科教師は、日本人生徒と同様の基準で言語面の採点を行っている
　　②採点は減点法で行われている
　　③採点基準や換算の仕方は、採点者によって異なる
　　④記述が長いために誤りが多い解答の場合、減点法に加えて、「正しく書けているところも多いのだから」という理由による加点法が導入される

このうち①④からは、誤りの多い記述に慣れていない教師の一面が浮かび上がってくる。つまり、M男のような子どもを対象とした場合、日本人生徒と同様の基準を用いた減点法では対応しきれない部分があるということである。日本人生徒にはあたりまえの採点基準や方法であっても、それを言語少数派の子どもたちの場合にそのまま持ち込むことには限界があるといえよう。

（3）　内容面と言語面の得点結果

ここではM男の創出型解答の得点について、数字の上から分析を進めていく。まず、内容面と言語面の平均点とそのばらつきを求めたところ、表4-9に示す結果となった。

　右の表4-9や図4-1をみると、内容面についてはいずれの課題においても5点満点中3点以上で（3.5〜4.6点、平均4.1点）、日本人生徒と同様の基準で採点した場合でも、M男の内容理解には高い評価が与えられていることがわかる。一方、言語面の得点はいずれも3点以下で（1.8〜2.4点、平均2.3点）、M男は内容理解そのものよりも、自分が理解したことを書き表す段階

表4-9　国語科教師（11名）による内容面と言語面の採点結果

内容面	課題1	課題2	課題3	課題4	課題5	課題6	課題7	課題8	（平均）
平均点	4.6	4.4	4.4	3.7	4.5	4.0	3.8	3.5	4.1
標準偏差	0.69	0.81	0.84	1.10	0.82	0.81	0.75	1.04	0.86

言語面	課題1	課題2	課題3	課題4	課題5	課題6	課題7	課題8	（平均）
平均点	2.4	1.8	2.4	2.4	2.3	2.4	2.1	2.5	2.3
標準偏差	0.52	0.63	0.52	0.52	0.48	0.52	0.74	0.85	0.60

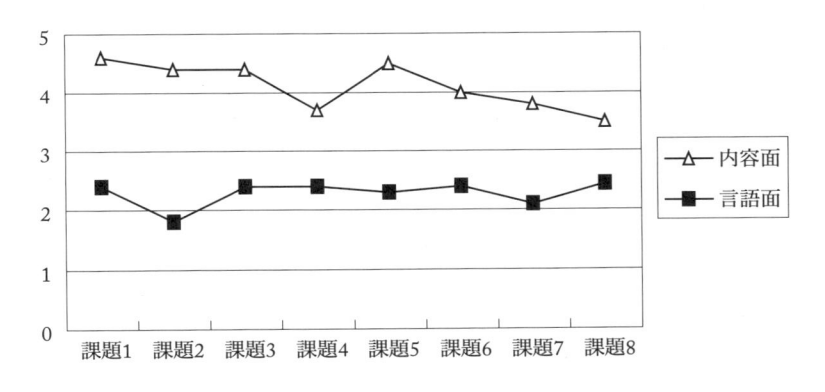

図4-1　内容面と言語面の得点

で苦戦している様子がうかがえる。逆に言えば、M男においてはテストで思うような結果が出ない要因の一つとして、授業がわからないことよりも、授業でわかったことを「正しく」記述できないことがあげられる。

　しかし、日本語を第二言語として学んでいるM男に、日本人生徒と同様の基準をそのまま用いることはそもそも妥当なのだろうか。他の基準や方法はないのだろうか。ここでは視点を変えて、自らも日本語を外国語／第二言語として学び、かつ日本語教育を大学院で専攻している留学生（9名）や、第二言語の指導の専門家である日本語教師（9名）に言語面を対象とした採点をしてもらった。その結果、留学生の採点において、言語面の誤りを5点満点から減点していく方法とは異なり、「意味伝達に問題を生じた表記につき1点減点」「内容が伝われば5点」「意味が伝われば減点しない」「意味が伝わる

かどうかをまず重視する」という視点を調査用紙への書き込みから見いだすことができた。意味伝達を重視した採点者は留学生9名中4名にのぼり、この4名の八つの課題に対する採点結果は平均4.3点であった。正しい表記や表現をスタート地点としてそこから誤りの分だけ減点していくやり方とは異なり、意味伝達の可否を最も重要な採点基準とする留学生の指摘からは、M男のように日本語を第二言語として学んでいく者に何が必要かということについて重要な示唆を得ることができる。

　では、日本語教師はどのような独自の視点をもっているのだろうか。調査用紙のコメントには「学習者が産出した文に誤りがあっても、複文や特別な言い回しに挑戦して誤用となった場合、学習者の積極的なリスクテーキングは評価されるべき」「誤りはないが、難しいことに挑戦しない安全領域で書く学習者よりも、難しい言い回しに挑戦した学習者が評価されるべき。こういった姿勢がないと学習者の産出能力が伸びない」「正確に表現することの減点法と、新しい表現への挑戦を評価する加点法をバランスよく折衷することが必要」などが見られた。誤りに対する減点法を取りながらも、一方では新しい表現や複雑な言い回しへの挑戦を積極的に評価していこうという姿勢は国語科教師には見られない視点といえる。

　それでは、言語少数派の子どもたちの教科学習支援に関わって、M男のような子どもの書いた解答はどのように評価することができるだろうか。次節ではこれまでの分析をまとめた上で、新たな評価のあり方を提案していきたい。

4.5　教科学習における評価についてのまとめ

日常会話はできるが教科学習に困難を感じていたM男は、支援を開始して半年頃から認知的により高度な課題に取り組み、それらの課題に対して自分の解釈や意見を進んで書き表していたことが課題の特質の分析から明らかとなった。そこで、M男の書き表した解釈や意見を国語科教師はどのように評価するかということについて分析を行ったところ、内容面については、日本人生徒と同様の基準を用いて加点法で採点していることが確認された。ま

た、採点基準には採点者によって幅があるものの、八つの課題の得点平均は5点満点中4.1点で比較的高い評価が与えられていることがわかった。一方、言語面についても日本人生徒と同様の基準による減点法が用いられていたが、解答に誤りが多い場合にはそのやり方では対応しきれないことが明らかになった。言語面の得点平均は2.3点で、M男は内容理解よりも自分が理解したことを正しく書き表すことに苦戦している様子がうかがえた。さらに、第二言語の学習に関わりの深い日本語教師や留学生の採点からは、難しい言い回しへの挑戦を積極的に評価する姿勢や意味伝達を重視した視点が示された。

以上の分析結果をもとに、「国語」のテストにおける解答の評価について、M男のように取り出しの授業等で教材文の理解がある程度できても、その理解が十分に書き表せない状況にある子どもを念頭に試案を作成してみたい。

試案においては、全体の方針として評価の観点を内容面、言語面、そして態度面に分けることとする。内容面と言語面を分けたのは、両者の得点が相殺されることなく、何がどこまでできたのか、それぞれの到達状況について教師も子どもも正しく認識するためである。また、態度面という観点を設けたのは、難しい言い回しへの挑戦を積極的に評価するための方策として、また、日本における新しい評価において「関心・意欲・態度」が評価の重要な柱の一つとして位置づけられていることによる。三つの観点の得点化については、たとえば、

- 内容面、言語面とも課題ごとに5点とし、態度面はテスト全体について「A・B・C」で表す
- 内容面のみ課題ごとに得点化し、言語面はテスト全体について、もしくは課題ごとに評価表(表4-10参照)を用いて表す

など、運用にあたってはさまざまな工夫が考えられる。

各々の面についてみていくと、まず内容面については、子どもの日本語力によっては日本人生徒と同じ基準で加点法を用いることも可能であるが、採点者の基準に幅のあることから、子どもが受けている授業を反映したテスト

内容であることが求められる。取り出しの授業を受けている場合には、取り出しの授業担当者がテストの作成に積極的に関わっていくことが必要である。

次に、言語面においては、日本人生徒と同じ基準による減点法からの脱却が図られなければならない。日本語を第二言語として学ぶ子どもたちを対象にした言語面の評価では、正確さだけに注目するのではなく、意味伝達を重視した評価への転換が何より求められよう。その具体的な内容としては、意味伝達の側面を含み（第二言語の学習経験のある留学生からの示唆）、言語面にかかわる評価の観点を明示し（問題点①への対策）、減点法ではなく子どもができたところを伝える（問題点②③への対策）という評価が考えられ、これらの観点をもとに、「国語」のテストにおける言語面の評価表を作成した（表4-10）。なお、表4-10の枠組みとしてはO'Malley and Pierce (1996)を用いた。

表4-10においては、学習内容に関わって理解したことや考えたことを伝えようとする「意味伝達」が最も重視される。また、「文法」では文の構造や時制のほかに、文法上の誤りが意味を損なうかどうかという観点を含む。「語彙の選択」は目的に合った語彙をどれほど自分の力で選択できるかという力を測る。そして「文字、句読法」は、文字や句読法の誤りの多寡を取り上げるのではなく、それらの誤りが意味を損なうかどうかを評価する。さらに漢字については、読み書きできる漢字の数を問題にするのではなく、辞書や教材文などの手がかりを活用して漢字を実際に使っているかどうかを見ていく。

「意味伝達」「文法」「語彙」「文字、句読法」、これらの項目を立てた理由について述べると、「意味伝達」については、M男の解答に対する留学生の採点から得られた示唆、すなわち意味伝達の重要性の指摘による。また、「文法」「語彙」「文字、句読法」の項目を立てたのは、問題の所在を教師も子どもも具体的に認識してテスト後の取り組みに反映させたり、あるいはそれぞれの進歩の状況をテストの実施ごとに把握できるようにするためである。なおこれらの四つの観点は同等の重みをもつとは限らない。「意味伝達」が最も重視されるが、他の三つについては子どもの状況や授業のねらいによって

表 4–10　言語少数派の子どもたちを対象とした書くことの評価表

段階	意味の伝達	文法	語彙の選択	文字、句読法
5	意味をはっきり伝える	・多様な文構造を使う ・適切な時制を使う ・文法上の誤りが少なく、意味を損なわない	目的に応じた、多様な語彙を選ぶ	・誤りは少なく、意味を損なわない ・小学校高学年の漢字が辞書などを手がかりに使える
4	ほとんどの場合、まとまりのある考えが表現されている	・重文と複文も使う ・多様な時制を試みる ・誤りはほとんど意味を妨げない	おおむね目的に合った語彙を選ぶ	・誤りはほとんど意味を妨げない ・小学校低学年の漢字が辞書などを手がかりに使える
3	考えを表現しようとするが、まとまりに欠けている	・主に単文を書く ・誤りはときどき読み手の理解を損なう	頻度の高い語彙を使う	・誤りはときどき意味を損なう ・漢字が少し使える
2	書くことを通して意味を伝え始める	・単文や句を書く ・パターン化された文を書く ・誤りが多く、簡単には理解できない	限られた語彙、繰り返しの多い語彙を使う	・誤りはよく意味を損なう ・ひらがなが書ける
1	絵や単語で意味を伝える	・単語を使う ・パターン化された句を書く ・誤りが多く、理解が困難である	モデルのまねをする	文字についての知識が少ししかない

(O'Malley and Pierce（1996：22、143）をもとに作成)[8]

重みづけは異なってくる。

　ここで、表 4–10 の評価表を用いた例として、M男の記述解答（課題 7 の場合）を採点してみることとする。

表 4-11　M男の課題 7 の解答

	課題	M男の解答
7	メロスはなぜもう一度走り始めたのですか。	体あらたあとに「セリヌンチウス」ってゆう人がメロスの事信じって、王様のところにまっているのだ。その人は自分の命をかけて、メロスの事信じているから、メロスの顔の中にも一回「走れ！メロス」ってかんがえました。

　表 4-11 に示したM男の解答は、国語科教師の採点では 5 点満点中、3 点をつけた者が 3 人、2 点が 5 人、そして 1 点が 2 人で、平均すると 2.1 点であった（表 4-7-1）。この解答を「言語少数派の子どもたちを対象とした書くことの評価表」を用いて採点したところ、次のような結果となった（表 4-12）。

　まず、「意味伝達」に関しては、その内容が十分に伝わることから「段階 5 ：意味をはっきり伝える」と判断される。

　次に「文法」については、M男の解答には「セリヌンチウスってゆう人がメロスの事信じって、王様のところにまっている」という重文や、「（その人は）メロスの事信じているから…」と理由を表す複文が含まれていることから、「段階 4 ：重文も複文も使う」に当たると考えられる。また、「まっているのだ」「かんがえました」と現在形だけでなく過去形も用いている点で、「段階 4 ：多様な時制を試みる」と判断できる。さらには、「体（を）あらた」「ところに」など助詞の脱落や不適切な使用は 5 カ所ほど認められるものの、それらの誤りは意味伝達をほとんど妨げないことから、「段階 4 ：誤りはほとんど意味を妨げない」に相当する。したがって、「文法」の項目は総合的に段階 4 にあると考えられる。

　「語彙の選択」は、「セリヌンティウスってゆう人」のように話し言葉が 1 カ所あるものの、「おおむね目的に合った語彙を選ぶ」ことができているため、段階 4 と判断される。

　「文字、句読法」については、「あら（っ）た」「信じって」という促音の不適切な使用、「も（う）一回」という長音の脱落、そして「顔」と「頭」の漢字の混同が見られるが、いずれも意味は概ね伝わることから、「段階 4 ：誤

表4-12 「言語少数派の子どもたちを対象とした書くことの評価表」
によるM男の解答の採点結果（課題7の場合）

段階	意味の伝達	文法	語彙の選択	文字、句読法
5	意味をはっきり伝える	・多様な文構造を使う ・適切な時制を使う ・文法上の誤りが少なく、意味を損なわない	目的に応じた、多様な語彙を選ぶ	・誤りは少なく、意味を損なわない ・小学校高学年の漢字が辞書などを手がかりに使える
4	ほとんどの場合、まとまりのある考えが表現されている	・重文と複文も使う ・多様な時制を試みる ・誤りはほとんど意味を妨げない	おおむね目的に合った語彙を選ぶ	・誤りはほとんど意味を妨げない ・小学校低学年の漢字が辞書などを手がかりに使える
3	考えを表現しようとするが、まとまりに欠けている	・主に単文を書く ・誤りはときどき読み手の理解を損なう	頻度の高い語彙を使う	・誤りはときどき意味を損なう ・漢字が少し使える
2	書くことを通して意味を伝え始める	・単文や句を書く ・パターン化された文を書く ・誤りが多く、簡単には理解できない	限られた語彙、繰り返しの多い語彙を使う	・誤りはよく意味を損なう ・ひらがなが書ける
1	絵や単語で意味を伝える	・単語を使う ・パターン化された句を書く ・誤りが多く、理解が困難である	モデルのまねをする	文字についての知識が少ししかない

（注）表の中の網掛け部分は、課題7に対するM男の解答を評価した場合、該当する部分を表す。

りはほとんど意味を妨げない」と判断される。そして漢字は、「体、事、信じる、王様、自分、命、中、一回、走る」という使用から、「段階4：小学校低学年の漢字が使える」のレベルにあると考えられる。

　以上のことから「言語少数派の子どもたちを対象とした書くことの評価表」を用いた場合、課題7に対するM男の解答は、言語面においては「意味伝達」が段階5、「文法」は段階4、「語彙の選択」は段階4、「文字、句読法」は段階4に相当し、従来の、日本人生徒と同じ基準による減点法で採点した場合の得点（2.1点）に比べて、より高いレベルに位置づけられる。段階1〜

5 をどのように得点化するかは授業のねらいや内容によって変動することから、従来の採点法による得点結果と数値の比較は単純にはできないが、重要なことは、新しい評価法のもとでは第二言語による意味伝達がどれくらい成功しているかを子どもも教師も認識できるという点である。そして、「理由を表す複文が書ける」などその子どもが今できることと、さらには「今度は高学年の漢字も辞書を使って書いてみよう」などこれから取り組んでいくべきことを、子どもと教師が共通に理解し次の授業や単元に生かしていけるという点である。

　最後にテストにおける態度面の評価について述べたい。

　態度面の評価を考えるに当たっては、まず、M男の記述解答に対する留学生と日本語教師の採点から得られた示唆、すなわち意味伝達の重要性と新しい表現や難しい言い回しへの挑戦を評価する姿勢を反映した項目を立てることとする。

　また、第二言語学習に関わる評価ではないが、日本の中学校における英語の学習では、「コミュニケーションへの関心・意欲・態度」が態度面の観点として設けられている（文部省 1998：『中学校学習指導要領 平成 10 年度版』）。そして、この「コミュニケーションへの関心・意欲・態度」は「書くこと」の活動において、①「書くこと」の言語活動に積極的に取り組んでいる、②さまざまな工夫をすることで、コミュニケーションを続けようとしている、と具体化され、正しく書けることだけではなく、書くことを通して伝えようとする意欲が評価の対象となっている（国立教育政策研究所教育課程研究センター 2002）。これは、ことばの教育においては子どもの学習意欲を支えることが欠かせないことを示している。学び続けていこうとする意欲を養い育てる姿勢は、言語少数派の子どもたちが第二言語を学ぶ際にも重要であるといえよう。

　以上のことをふまえ、態度面の評価では、自分の理解を意味伝達しようとする子どもの意欲をとらえるために「①授業でわかったことを、単語でも一文でも書こうとしているか」という項目を設定し、また新しい表現や複雑な言い回しに挑戦する姿勢を積極的に評価するために「②間違いを気にせず書こうとしているか」「③辞書や教材文を手がかりに、発展的に書こうとして

いるか」という項目を設けることとした。すなわち、態度面の評価については、

　①授業でわかったことを、単語でも一文でも書こうとしているか
　②間違いを気にせず書こうとしているか
　③辞書や教材文を手がかりに、発展的に書こうとしているか

という三つの項目を立て、これらを「A：十分認められる、B：ふつう、C：あまり認められない」の3段階で評価することを提案する。

　日常会話はできるが教科学習は難しいと感じている子どもにとって、「国語」のような文字中心のテストで得点を取ることは大変難しい。なぜ難しいかと言われたとき、何の疑いもなく「日本語力が不十分だから、今は仕方がない」と納得しがちであるが、言語少数派の子どもを対象とする場合、子どもの日本語力が向上することを待つだけでなく、テストの作り方や採点の仕方にも改善の余地があるといえよう。

　折しも日本では個人内評価の実施がめざされている。内容点と言語の点が相殺されてしまうようなやり方ではなく、書けば書くほど減点されてしまうようなやり方でもなく、その子どもが理解できたことを認め、コミュニケーションの手段としての日本語力の進歩をとらえることのできる評価が言語少数派の子どもたちの教科学習場面でも求められているのではないだろうか。高浦（2004）は子どもが自己のよさや可能性等に気付くために評価というものがあると述べているが、言語少数派の子どもたちにとって自分の可能性に気付かせてくれる評価とは、「外国人だから」と甘い点を付けてくれる評価ではない。子どもにとって励みになる評価とは、何がどこまでできたかを教えてくれる評価であり、できたところを認めてくれる評価といえよう。

　今後は、

　　・内容面、言語面、態度面の基準や方法をより精緻なものにしていく
　　・子どもの日本語力に応じた評価の方法を工夫する
　　・教科学習場面における、テスト以外の評価方法を追究する

ことを課題として取り組んでいきたい。

注
（1） 中学校では通例1年間に4〜5回の定期テストが行われる。地域によって教科書準拠の標準テストを用いる場合と、教師自作のテストを用いる場合とがある。
（2） 授業の最後に行われ、生徒がそのコースでどれだけ学んだかを評価する。
（3） 授業の途中で行われ、生徒がどれだけ適切に学習しているかを評価する。
（4） ある特定の学生の能力を、規範となる集団の能力と比較することで測定することが意図されているテスト。学生の評価は、既存する妥当な基準値ではなく、他の学生の得点を参照して決められる。
（5） すでに妥当性が認められている特定の標準あるいは基準に従って、学生の能力を測るテスト。学生は、他の学生の得点ではなく、基準点を参照して評価される。
（6） 佐藤（2002）は、言語少数派の子どもたちの評価の方向性として「日常場面や課題解決場面まで見すえた評価方法（観察、パフォーマンスに基づく評価、ポートフォリオ）、評価基準の多元化、個人の成長や発達に応じてレベルを設定した個人内評価」を提案している。
（7） 課題の選定にあたっては、『教材研究ハンドブック　走れメロス』（明治図書1993）、『中学国語　教師用指導書』（教育出版 1997）、使用教科書の学習の手引きで扱われている課題を参考とした。
（8） O'Malley and Pierce（1996）に示された二つの評価表はESLの生徒の書く力を評価するために作られたものだが、その原型はいずれもバージニア州の公立学校でESLクラスを受け持つ教師が作成したものである。

第 5 章
言語少数派の子どもたちに対する
教科学習支援への提案

第5章では、まず、第2章から第4章で述べてきた一連の分析結果をまとめる。次に、そこで得られた知見から、母語を活用した内容重視のアプローチの意義を考察し、最後にこれからの言語少数派の子どもたちの教科学習支援のあり方について述べる。

5.1 研究のまとめ

第1章で述べたように、本書では教室での学習に必要な言語能力（＝CALP）を育てることについて、それは教科知識の理解や学習用語の習得のみをさすのではなく、教科学習の基礎となる思考力、言語による自己表現力、他者の思考や感情を言語を媒介として受け止める想像力・共感力の育成を含むものとしてとらえる。したがって、教科学習支援の目的についても、「『大造じいさんとガン』のお話がわかった」「漢字を覚えた」という学習の結果だけでなく、学習の過程において考える力や表現する力を育てることや、学ぼうとする意欲を養っていくことにあると考える。

　このような目的を具現化するために、本書では「内容重視のアプローチ」（Brinton 他 1989）と「教科・母語・日本語相互育成学習」（岡崎 1997）を理論的な拠り所として、教科の中でも「国語」を取り上げ、子どもたちの母語を活用しながら支援を展開した。そして「国語」を統合した場合、母語を活用した内容重視のアプローチは上記の目的の達成にどのように貢献すること

ができるのかを探った。以下、本書で述べてきた一連の分析結果をまとめる。

　第2章では、授業の展開にしたがって母語の役割を追究した。母語話者支援者による母語使用には課題の補足説明や課題解決のための手がかりの提示、日本語による説明の補足などの役割が認められ、いずれの展開部分でも子どもの内容理解を促していた。これらの分析結果は、母語で教科を教えてもらうことの重要性や、母語は内容理解の手がかりを与えるという先行研究の主張（Collier 1987、Cummins 1984）を裏付けるものということができよう。さらに母語は、励ましや評価のことばを伝えるなど子どもの意欲を喚起したり、授業を行う日本語話者支援者に対しても意思決定に必要な情報を提供するという役割を果たしていることが認められた。

　第3章では、第一言語の読み書き能力に差がある子どもたち（S男とK男）を対象に、母語を活用した内容重視のアプローチの可能性を三つの点から検討した。

　3.1では、支援の授業で扱った学習課題の特質を認知レベルと質問の型からとらえた。課題の認知レベルは、いずれの子どもにおいても支援開始直後は人物や行動に関する情報をとらえる第4段階の課題が中心となっていたが、時間の経過に伴って獲得した情報をもとに様子を想像したり主題について考える第5段階の課題が増加する傾向が認められた。また、課題の質問の型については、選択型課題が減少し、解釈や意見を求めるプロセス型課題が増加していることが見出された。さらにプロセス型課題の増加という変化の中で、子どもたちは「選択肢に○を付けること」から「語句の記述」そして「文レベルへの記述」へと、書くことの要求度の高い課題にも徐々に取り組んでいることが確認された。なお、認知レベルについても質問の型に関しても、変化の速さは2名の子どもで大きく異なっていた。以上のことから母語を活用した内容重視のアプローチでは、子どもの認知的な発達に働きかけ、書く力を育てるような学習課題の設定が可能であることが示唆された。

　3.2では、教材文について子ども自身の解釈や意見を表した創出型解答をもとに、書く力の分析を行った。その結果、いずれの子どもにおいても文の

長さが伸び、複雑な構造の文が書けるようになり、使用語彙が多様になるという変化が認められた。二人の子どもの変化の速度には大きな違いが見られたが、3.2の結果は、第一言語の読み書きレベルが低いことが第二言語の読み書き能力の発達の可能性を否定するものではないことを示しているといえよう。

3.3では、「国語」の教材文について子どもたちの内容理解の状況を分析した。まず内容理解の到達度をみてみると、文章のあらすじの把握については2名の子どもとも十分な理解に達していた。そして心情や主題の把握に関しては、課題の出題率は低いもののS男もK男もおおよその理解に達していることが確認された。しかしS男とK男とでは、あらすじをとらえるためにどの学年レベルの課題を用いるか、心情や主題をとらえる課題にいつから取り組むか、課題のレベルや導入時期について大きな違いが見られた。

次に、子どもたちが学習課題の解決過程で活用している力に着目してみると、次のような力が認められた（図3–3–9）。

《言語を中心とした情報を処理・操作する力》

考える力
・根拠をもって推測する
・中心的な部分と付加的な部分を区別する
・抽象的な事柄や概念を理解する

感じる力
・人物の行動と関連づけて、心情をとらえる

想像する力
・文章表現をもとに、情景や人物のイメージを描き、自分自身のことばで説明する

・情景と関連づけて、心情をとらえる

《第二言語で書かれた教材文から基本的な情報をとらえる力》

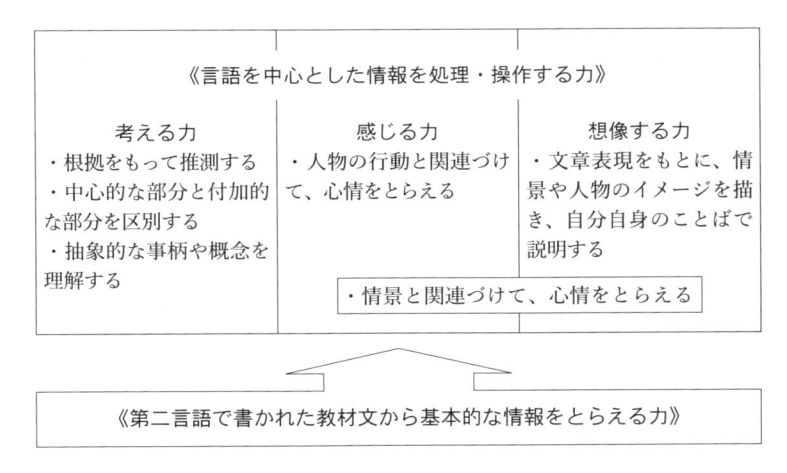

図3–3–9　学習課題の解決過程で活用する力

「第二言語で書かれた教材文から基本的な情報をとらえる力」については、S男もK男も支援開始当初は「誰が＋何だ・どんなだ」「誰が＋何を＋

どうする」という基本的な情報の獲得に終始していたが、時期を追うごとに広範な情報や具体的で詳しい情報を獲得できるようになっていった。しかし、様子の想像や心情把握など、文章から得た基本的情報を処理・操作するという課題においては、K男は母国の学習で身につけた、たとえば「根拠をもって推測する」のような情報処理・操作能力を早い時期から活用していたのに対し、3学年分の飛び級を経験したS男は、「国語」の学習における情報の処理や操作の仕方そのものを学ぶ時間が必要であった。また、主題や要旨を把握する課題でも、K男が支援を始めて半年後には「中心的な部分と付加的な部分を区別する」力を使いながら説明的文章の要旨をとらえたり、また母国の学習で蓄えた抽象概念をもとにさらに新しい概念を獲得していったのに対し、S男が文章の中心的な部分をとらえ始めたのは2年目後半になってからであり、さらに、S男には基本的な抽象概念を一つ一つ理解していくというプロセスも必要であった。

　このように両者の変化の様相は異なるものの、S男が「言語を中心とした情報」を第二言語で獲得する力を高め、さらには「言語を中心とした情報を処理・操作する力」を小学校中学年の段階にさかのぼって徐々に身につけ、心情や主題を把握する課題にも取り組み始めたことからは、母語を活用した内容重視のアプローチは教材文の内容理解においても、K男はもちろんS男にも、すなわち両極端の状況にある子どもに適用可能であると考えられる。

　第4章では、「国語」のテストにおける創出型解答の評価の問題を取り上げた。日常会話はできるが教科学習に困難を感じていた子ども（M男）の創出型解答を、国語科教師がどのように評価するか分析したところ、内容面については、日本人生徒と同様の基準を用いて加点法で採点していることが確認された。また、採点基準には採点者によって幅があるものの、内容面については比較的高い評価（5点満点中平均4.1点）が与えられていた。一方、言語面については日本人生徒と同様の基準による減点法が用いられていたが、解答に誤りが多い場合にはそのやり方では対応しきれないことが明らかになった。言語面の得点平均は2.3点（5点満点）で、M男は内容理解よりも自分が理解したことを正しく書き表すことに困難を感じている様子がうかがえた。さらに、第二言語の学習に関わりの深い日本語教師や留学生の採点か

らは、難しい言い回しへの挑戦を積極的に評価する姿勢や意味伝達を重視した視点が示された。

続いてこれらの分析結果をもとに、M男のように教材文の理解がある程度できても、その理解が十分に書き表せない状況にある子どもを念頭に評価試案を作成した。試案においては子どもが理解できたことを認め、コミュニケーションの手段としての日本語力の進歩をとらえることのできる評価をめざした。具体的には評価の観点を内容面、言語面、態度面に分け、内容面については採点者の基準に幅のあることを考慮し、子どもが受けている授業を反映したテスト内容であることや、取り出し授業の担当者がテストの作成に積極的に関わっていくことを提案した。言語面においては、日本人生徒と同じ基準による、正確さだけに注目した減点法から、意味伝達を重視した評価への転換が必要と考えた。なお、言語面の評価の観点やレベルについては表4-10に示したとおりである。そして態度面の評価については、「伝えよう」「新しいことばや言い方にも挑戦してみよう」という子どもの意欲に着目し、①授業でわかったことを、単語でも一文でも書こうとしているか、②間違いを気にせず書こうとしているか、③辞書や教材文を手がかりに、発展的に書こうとしているか、という三つの観点を示した。

以上が第2章から第4章の結果のまとめである。次節ではこれらの結果について、「国語」を統合した場合、母語を活用した内容重視のアプローチにはどのような意義が認められるかという点から考察を加える。

5.2 母語を活用した内容重視のアプローチの意義

先行研究では「国語」を統合した内容重視のアプローチの意義として、1. 学習に必要な第二言語能力の向上、2. 認知的な発達の促進、3. 他者への共感力や想像力の育成、4. 学習への動機づけ、5. 母文化や目標文化の理解、という五つが示されていた (Custodio and Sutton 1998、Sage 1987、Langer 1997)。本節ではこの五つの観点にしたがって、第2章〜第4章の分析結果をみていきたい。

まず「1. 学習に必要な第二言語能力の向上」についてであるが、第 3 章 3.2 では、文の長さ、文構造の複雑さ、使用語彙の広がりにいずれもプラスの変化が認められ、「国語」の教材文の課題について自分の考えや想像を書いてまとめるという活動は子どもたちの書く力の発達を促すことが示唆された。先行研究では、内容重視のアプローチは言語指導の可能性の大きいことが主張されているが (Met 1998、Stryker and Leaver 1997、Crandall 1987、Snow 他 1992 など)、本書においては「学習に必要な言語能力」の中でも、特に書く力を向上させる可能性が観察された。

次に、「2. 認知的な発達の促進」は以下の 3 点に認められる。第 1 に、自分の解釈や考えを書いて表す解答の記述が長くなり、一つの文の中で複数の従属節や並列節を使いながら多くの事柄を関連づけて文章化していること。第 2 に、課題の解決過程において子どもたちは、根拠をもって推測する、中心的な部分と付加的な部分を区別する、自分自身のことばで説明するなどの力を活用していること。第 3 には、主題や要旨の把握はもちろんあらすじをとらえる際にも、抽象的概念の理解を進めていったことである。これらのことからは、「国語」を統合することは思考力の育成に働きかけるような課題の設定に有効であり、「国語」の教材文がもつ文脈の豊かさは、子どもたちに自分の考えを創造的に産出させる機会を与えていると推測される。

内容重視のアプローチはアカデミックで認知的な発達を促し (Crandall 1993、Snow 他 1992 など)、作品内容に関わる話し合いはより高度なレベルの思考技能を促すことが指摘されているが (Custodio and Sutton 1998)、本書においても、子どもたちがさまざまな思考力を活用しながら課題解決に取り組み、概念形成を進め、自分の考えを創造的に産出していることからは、母語を活用した内容重視のアプローチは子どもたちの認知的な発達を促すという可能性が示唆されたといえよう。

「3. 共感力や想像力の育成」では、行動や情景と関連づけて心情をとらえる、情景や人物のイメージを描いて自分自身のことばで説明するなどの「感じる力」や「想像する力」が認められた。先行研究では読み物を用いることは子どもたちの想像力を養うことにつながると主張されているが (Sage 1987、Langer 1997)、「国語」の学習課題に取り組む中で、叙述を通して情

景を思い描き、教材文に描かれる人物に寄り添う経験は、想像力や他者につながっていく心を養うと期待される。子どもの発達は知・情・意あわせて遂げられていくが、「国語」を統合することは、この「情」の成長に強く働きかけるといえよう。

そして「4.学習への動機づけ」に関しては、支援では課題を巡るやりとりを十分に行ってから子ども自身が理解できたことを記述するという形を取ったため、子どもたちに書くことの必然性をもたせることができた。さらには何時間もの授業を通して積み重ねられた作品世界への理解や親しみは、子どもの動機に好影響を与えたと考えられる。

内容への興味が子どもたちの動機を高めたり、興味深いテキストについて長期的に学習することは子どもに親しみや安心感をもたせることが先行研究に指摘されているが (Stryker and Leaver 1997、Snow 他 1992、Custodio and Sutton 1998)、本書の分析結果からは、特に「書くこと」に対する動機づけに有効であることがうかがえる。

最後に、「5.母文化や目標文化の理解」については、本書で取り上げた三つの支援では文化そのものをテーマにした教材文は扱っていない。しかし、たとえば、『夜は暗くてはいけないか』(S男)の学習では、「夜は暗い方がいい。暗いと、空の星が見えるから」「真っ暗な夜もこわくない」と故郷の夜の様子をもとに意見や感想を述べるなど、母語を使うことでかつての経験が引き出され、子どもたちが、母国での経験やそこで培ったものの見方や感じ方を生かして課題に取り組んでいる様子が随所に観察された。

以上のことから、「国語」を統合した場合、母語を活用した内容重視のアプローチは、子どもたちの日本語力の伸張に貢献し、学年相応の教材文の内容理解を促すだけでなく、認知面や情意面の発達、学ぶ意欲にも働きかける可能性をもつことが示されたといえよう。

5.3　母語を活用した内容重視のアプローチと、従来型の教科学習支援との比較

では、以上のような意義をもつ内容重視のアプローチは、日本語指導から教

科指導へと段階的な移行をめざす従来型の教科学習支援とどのように異なるのだろうか。ここでは、両者の最も大きい相違点として、「学びの継続性の保障」ということを指摘したい。

　言語少数派の子どもたちに対する教育の基本的な課題として、岡崎(2004：10)は「二言語環境に入った子どもたちの発達の中断をどう防ぎ、発達の継続をどう促進するか」ということをあげている。また、Collier(1989：527)は「第二言語での学業達成で成功するためには、子どもが学校教育を受けている間中、全教科における一貫した中断のない認知的でアカデミックな発達が、第二言語の指導を何時間したかということより重要である」と述べているが、母語を活用した内容重視のアプローチは、言語や教科学習という面において発達の継続を可能にする一つの手段となりうるのではないだろうか。

　日本語が全くわからない子どもが教室にやってきたとき、受け入れ側は「まず日本語を」と考える。ことばがわからなければ、授業はもちろん日々の生活にも支障が生じるからである。しかし、ことばがわからないとは、その子の人生においてこれまで何も学んでこなかったということと同義ではない。Brinton他(1992：8)は「言語の限界と認知の限界を混同してはならない」と述べているが、日本語がわからないからといって低学年の教科書を用いたり簡単な課題ばかりを与えることは子どもたちが母国で身につけてきたものや学んできたものを「ゼロ」に戻してやり直させることと同じである。

　また、「まずは日本語を学び、日本語がある程度できるようになったら教科学習に移行する」という段階的指導には、日本語がある程度できるようになるまでの間、教科学習が全く中断されてしまうという問題を内包する。教科学習が中断するということは、認知的な発達への働きかけが中断するということであり、しかも中断期間に進んでしまった学習内容を後で取り戻そうとしても、わずか3年間という中学校生活の中で子どもたちに残されている時間は決して十分とはいえない。

　以上のことをふまえて考えれば、たとえ言語の異なる国に来たとしても、母国での学習につながるような学びの継続性を保障していく支援が求められているといえるのではないだろうか。学びの継続性とは、学習内容の継続性

と能力面の継続性を意味する。学習内容の継続性とは、国や地域によってカリキュラムの異同はあるにしても、母国での学習内容に日本の学校での学習を積み重ね、発達段階にあった課題に取り組んでいくことをいう。そして能力面の継続性とは思考力や想像力などの育成に来日直後から働きかけていくことを意味する。

　第2章〜第3章で対象としたK男の場合、母語を活用した支援を来日直後から行う中で、言語的な情報を処理・操作する力を発揮しながら（能力面の継続性）、学年相応の教材文を読み、小学校高学年レベルの課題に取り組んだ（学習内容の継続性）。このことを可能にしたものの一つとして、母語の積極的な活用があげられる。第2章で述べたように、母語話者支援者と日本語話者支援者の協働体制や、子どもも支援者もいつでも自由に母語を使える環境は、K男の学びを継続させるための鍵となったと推測される。

　一方、3学年分の飛び級をしたS男の場合、来日後約1年間はいずれの継続性も保障されなかった。「S男は日本語を話そうとしない」「日本語が読めない、書けない」と日本語だけに焦点の当てられた対応が取られ、「日本語がわからないから、授業もわからない」とみなされ続けてきた。もちろん「日本語がわからない」ことへの対応も非常に重要ではあるが、しかしS男は、たとえば「心情を想像しなさい」という教科特有の課題の意図が理解できず、あるいは言語的な情報を関係づけ、その情報をもとに推測するなどの練習もどこでも行うことができないなど、日本語だけでなく学習の仕方を知らないという困難をも抱えていた。S男のように飛び級をした子どもの場合、「国語」の学習であれば、これまでにどのようなジャンルの、どのくらいの分量の文章を読み、その文章についてどのような学習活動を経験してきたのか、文章を理解する過程ではどのような情報処理・操作能力を活用することができるのか、子どもの興味を引く課題、発達段階にあった課題とはどのようなものか、などについての状況把握は欠かせない。それは時間のかかる作業であるが、子どもの学びを継続させていくためには必要な手続きである。そして、この場合においても母語話者と協働して子どもの状況をとらえ、さらにはその子がもつ母語の力、すなわち母語の聞く・話す力を活用しながら支援を進めていくことが重要である。

以上のことから、母語を活用した内容重視のアプローチは、来日直後でしかも学年相応の母語力をもつＫ男に対してはもちろん、母語の読み書き能力が不十分で来日後の年数の経過したＳ男にも一定の前進を認めることができ、このことから双方の状況にある子どもたちに適用可能であると考えられる。

　最後に、母国と日本との学制の違いによって生じる飛び級をめぐる対応について述べたい。本書で対象としたＳ男は、母国において9歳で小学校に入学し、2年生を終えて来日した。そして日本では10歳という実年齢に合わせて5年生に編入している。2年生から5年生へという3学年分の飛び級の中で、Ｓ男は教科学習に関してさまざまな困難を抱えることとなった。しかし、それでは子どもの実年齢ではなく学年を重視して、Ｓ男は日本の小学校の2年生に編入すべきだったかといえば、それはまた新たな問題を引き起こすと予想される。10歳のＳ男が、7～8歳の子どもが在籍する日本の小学校の2年生のクラスで、仲間と対等な関係を築き、興味や関心を共有しながら行動することは全く不自然である。10歳の子どもがもつ心と体の成長を無視するわけにはいかないのである。したがってＳ男のような子どもを受け入れる場合には、実年齢に合わせるか学年に合わせるかという二者択一ではなく、実年齢に合わせながらも飛び級によって生じた可能性のある教科学習の欠落部分をいかに把握し、どのように手当てするかという対応こそが必要であると考える。

　言語少数派の子どもたちの受け入れに際しては、子どもたちの日本語指導や学校生活への適応に関心が向けられがちであるが、飛び級をしているのかどうかということも含めて母国での学習歴の把握や、その学習歴に応じた対応の仕方が求められているといえよう。

5.4　言語少数派の子どもたちに対する教科学習支援への提案

5.4.1　言語少数派の子どもたちの教科学習支援に求められる視点

言語少数派の子どもたちの本格的な受け入れが始まって10年ほどの時間しか経っていない日本では、年少者を対象とする「日本語」教員を養成するシ

ステムは確立されていない。そのため学校現場では校務分掌の上で担当部署を置き、担当教員は研修を通じて知識や理解を深めることとなる。しかし研修の内容は日本語指導の内容や教授法が中心で（外国人子女の日本語指導に関する調査研究協力者会議1998）、教科学習に踏み込んだ内容を扱うには至っていない。しかし、子どもが日本語が全くわからないときは母語話者が通訳し、その後はどこか別室で日本語担当者が日本語指導を行い、日本語ができるようになったら教科担当者が教室で日本人生徒と同じように教科を教える、という流れ作業式の分業体制がうまく機能していないことは第1章で述べたとおりである。学校の教員が日本語教育について理解を深めることは重要なことであるが、同時に、日本語教師も教科教育や学校教育について理解を深めることも求められよう。そして何より、学校の教員も日本語教師もそして母語話者支援者も、言語少数派の子どもたちを対象とする教科支援をどう進めていくのかということを課題として設定し、知恵を出し合いながら解決を図っていくことが必要ではないだろうか。

　これからの教科学習支援においては、日本語担当者、母語話者支援者、教科担当者の三者が互いにコミュニケーションを取りながら子どもの教科学習に関わっていくことがめざされるべきであると考えるが、これまでの分析結果から、子どもたちの支援に求められる視点として以下の6点を提案したい。

　　①ことばと教科を統合して教えることの合理性や意義の理解
　　②読むことや書くことに必然性をもたせるような活動の実施
　　③発達上必要な思考力や想像力の育成に働きかけるような学習課題の設定
　　④教科学習場面における母語の積極的な活用
　　⑤第一言語の読み書き能力が不十分な年長の子どもへの対応
　　　　・子どものもっている第一言語の能力を活用した支援の工夫
　　　　・書きことばの獲得には時間を必要とするという認識
　　⑥言語少数派の子どもたちを対象とする評価方法や評価基準の追究

5.4.2 日本人生徒を視野に入れた実践の追究

最後に、学校における言語少数派の子どもたちの教育のあり方について考えたい。先にも述べたように、現在の学校の教員に対する研修は日本語指導の内容や方法が中心となっている。しかし、言語少数派の子どもが一人だけ在籍する「一人校」が全体の半数近くを占めていることや、教科学習の困難をどう解決するかが大きな課題であることを考えると、学校の教員にとって必要なのは「言語少数派の子どもも日本人の子どもも両方いる授業をどう展開するか」ということについて問題意識をもつことではないだろうか。

そして「言語少数派の子どもも日本人の子どもも両方いる授業」の追究は、担当教員の負担を増やすだけのものではなく、授業を行う教員にとってもクラスにいる大勢の日本人生徒にとっても恩恵を受けるような取り組みでなくてはならない。言語少数派の子どもたちは「お客様」でも「お荷物」でもない。彼らが周囲の生徒と互いに刺激しあい、高めあえる存在としてクラスに所属するためにも、「言語少数派の子どもも日本人の子どもも両方いる授業」の追究は重要と考える。

そこで追究の手がかりの一つとして、海外帰国子女の先進的な受け入れ校であったお茶の水女子大学附属中学校の、受け入れ後10年目の記録をひもといてみたい。そこには、「帰国生のもたらしたもの」として教師の変容が指摘されている。帰国生のためにと考えた授業の工夫が、実は他の子どもたちにとっても有効に働き、結果、教師の力量を高めることにつながったという指摘が示されている。

> 「帰国子女教育は本校の教師に何をもたらしたのであろうか。…まず第一にあげられるのは、私たちに日々の営みを見直すきっかけを与えてくれたということである。指導法についての見直しが行われ工夫・改善が試みられたこと、生徒を見る見方に幅が出来たこと、さらには、一人ひとりを見ることの大切さに気がついたことなどがそれである。…私たち教師は、ともすれば毎日の忙しさにまぎれ、これらのことをなおざりにしがちである。また、私たちは新しい実践を試みることに消極的になるこ

> ともあるが、帰国子女教育は私たちに日常の実践について考える絶好の場を与えてくれたのである。」
> 　　　　　（『帰国子女教育がもたらしたもの』お茶の水女子大学附属中学校
> 　　　　　　　　　　　　　　　　　　　　　　　（1988：121）より引用）

　もちろん帰国生と言語少数派の子どもたちを同列には論じられない。しかし、言語少数派の子どもたちに教科学習をどう教えるかということの模索は教師にとって「よけいな負担」などではなく、日本人生徒の教科指導にも応用することのできるものであり、教師にとって自己の専門性を高める契機となりうるのではないだろうか。
　もう一つの手がかりは、Ｓ男の、ある日の学校の授業での発言である。
　言語少数派の子どもたちが同じ教室にいるということは、受け入れ側の子どもたちにとっても大きな意味がある。タガログ語やポルトガル語など普段の生活の中では見聞きすることの少ない言語との出会いももちろんだが、ここでは言語少数派の子どもたちの発言や行動が周りの子どもたちのものの見方や考え方を広げる可能性をもっていることについて述べたい。
　Ｓ男の支援で扱った『夜は暗くてはいけないか』は、日本の夜が明るすぎることに疑問を投げかけた文章である。日本人の子どもたちは普段はコンビニの明るさに何の疑問も抱かない生活をしていながら、学校の授業で教材文を読むときだけは「エネルギーの無駄遣い」と夜間照明の明るさに反対する。一方、中国の農村で育ち、月夜の明るさを自らの体験から知っているＳ男は「こんなに電気をつけなくても、月や星の出ている夜は十分明るい」という理由で東京の夜の明るさに反対意見を述べた。そしてＳ男のような理由で夜が明るすぎることに反対意見を表明した者は他には誰もいなかったのである。また、別の学校に通う上海出身の女生徒は「明るいことはいいことだ。中国では『街をもっと明るく』という標語がでている。この人（＝筆者）の言っていることはおかしい。」と筆者の主張に猛烈な反撃を加えた。受け入れ側の子どもたちが当たり前だと感じていることが、実は、一歩外の世界から見たらまったく当たり前ではないことや、外の世界には予想もしなかっ

た見方やとらえ方があることに、Ｓ男や上海出身の女生徒の意見は気づかせてくれたといえよう。

　しかし、Ｓ男たちのこうした意見は、支援の学習での取り組みをふまえた授業担当者の働きかけや実践上の工夫がなければ引き出すことはできない。言語少数派の子どもたちの見方や考え方を引き出し、授業の中で生かすためにも「言語少数派の子どもも日本人の子どもも両方いる授業」について考えていこうとする問題意識は重要であるといえよう。

5.5　今後の課題

言語と内容を統合し、母語を活用して支援を進めるという内容重視のアプローチの試みは緒についたばかりである。本書では、母語を活用した内容重視のアプローチのプロトタイプ的なものを提示し、その意義や可能性を検討することを行った。次の段階としては、いかに母語を活用した内容重視のアプローチをさまざまな現場で実施していくかという問題があるが、子どもの属性の違いや支援者の状況など実施に当たって予想される問題への取り組みは今後の課題である。特に、本書では母語話者支援者の長期的な協力を得て支援を実施したが、日本語話者支援者による単独支援の場合でも、岡崎（1997）で示されているように、教材文の母語訳やそれを音声化した母語訳テープを利用したり、あるいは子どもの両親に支援の協力を求めるなど、子どもの母語を活用するための工夫も重ねていく必要がある。さらに、社会や理科などを取り上げた場合、子どもの日本語力はどのように伸び、内容理解はどのように進むのかなど、他教科を統合した場合の内容重視のアプローチの可能性を追究することはきわめて重要な課題となる。

　そして、本書を発展させる形として、「「国語」を統合した場合を取り上げ」「母語を活用し」「小学校高学年から中学校段階の子どもを対象とする」という枠組みの中では、今後は以下の課題に取り組んでいきたい。

　　①子どもの属性の違いに注目し、中国語以外の言語を母語とする子どもたちを対象に、母語を活用した内容重視のアプローチの可能性を検討

する。
②言語少数派の子どもを対象とする指導ストラテジーは日本人の子どもを教える場合とどう異なるのか、子どもの日本語力によってどのような指導ストラテジーが用いられるのか、支援者の指導ストラテジーを明らかにする。
③母語による先行学習の役割と意義を、子どもの教科理解に焦点を当てて明らかにする。
④子どもの日本語力に応じた評価の方法を工夫するとともに、教科学習場面におけるテスト以外の評価方法を追究する。

参 考 文 献

安達隆一(1996)「国際化時代の国語教育への提言」『月刊国語教育研究』9月号、No.293　42–43.

天野正治、村田翼夫(2001)『多文化共生社会の教育』　玉川大学出版部

蘭千尋(1989)「子どもの自己概念と自尊感情に関する研究」『上越教育大学研究紀要』8　17–35.

生田裕子(2001)『在日ブラジル人中学生の作文能力におけるバイリンガリズムに関する実証的研究』平成13年度名古屋大学大学院文学研究科学位申請論文

生田裕子(2002)「ブラジル人中学生の第1言語能力と第2言語能力の関係—作文のタスクを通して—」『世界の日本語教育』12　国際交流基金日本語国際センター　63–77.

池上摩希子(1994)「『中国帰国生徒』に対する日本語教育の役割と課題—第二言語教育としての日本語教育の視点から—」『日本語教育』83号　日本語教育学会　16–27.

池上摩希子(1994)「教科書読解に結びつけるための初級読解指導」『中国帰国孤児定着促進センター紀要』第2号　126–138.

池上摩希子(1998)「教科に結びつく初期日本語指導の試み—教材『文型算数』を用いた実践例報告—」『日本語教育』97号　日本語教育学会　118–129.

池上摩希子(1998)「児童生徒に対する日本語教育の課題—研究ノート—」『中国帰国者定着促進センター紀要』第6号　131–146.

池上摩希子(1999)「実践報告　センター小学生低学年クラスにおける算数プログラムの設計」『中国帰国者定着促進センター紀要』第7号　93–106.

池上摩希子、大上忠幸、小川珠子(2003)「実践報告　中高学年児童クラスにおける「書くこと」の指導・再考」『中国帰国者定着促進センター紀要』第10号　31–58.

石井美佳(1999)「多様な言語背景をもつ子どもの母語教育の現状—「神奈川県内の母語教室調査」報告—」『中国帰国者定着促進センター紀要』第7号　148–187.

石黒広昭(2000)「『異文化』の中にある子どもの言語発達」『言語』vol.29(7)　大修館書店　76–83.

伊藤早苗(1997)「年少日本語学習者の構文習得—縦断的事例研究—」『北海道留学センター紀要』第1号　68–82.

伊東祐郎(1999)「外国人児童生徒に対する日本語教育の現状と課題」『日本語教育』100号

日本語教育学会　33–44.
伊東祐郎、菊田怜子、牟田博光(2000)「外国人児童生徒の日本語力測定試験開発のための基礎研究(2)」『東京外国語大学留学生日本語教育センター論集』26　153–168.
岩沢正子、高石久美子(1994)「『算数』の教科学習を助ける日本語テキスト試案」『日本語教育』99号　日本語教育学会　73–84.
岩田純一(1987)「表現としてのことば」『教育の方法4　ことばと教育』　岩波書店　12–133.
岩立志津夫、小椋たみ子(2002)『言語発達とその支援』　ミネルヴァ書房
上原麻子(2001)「少数民族生徒のエンパワーメント」『異文化との共生をめざす教育』　東京学芸大学海外子女教育センター　149–168.
内田伸子(1994)『想像力』　講談社
内田伸子(1995)「談話過程」大津由紀雄編『認知心理学3　言語』　東京大学出版会　177–190.
内田伸子(1998)『言語発達心理学―読む書く話すの発達』　放送大学教育振興会
内田伸子(1999)『発達心理学』　岩波書店
内田伸子(1999)「第2言語学習における成熟的制約」『ことばの獲得』　ミネルヴァ書房　195–228.
宇都宮裕章(2003)「学びの活性化と教育観―年少者日本語教育支援によせて―」『日本語教育』116号　日本語教育学会　99–108.
江畑敬介、曽文星、箕口雅博『移住と適応　中国帰国者の適応課程と援助体制に関する研究』　日本評論社
遠藤辰雄、井上祥治、蘭千尋(1992)『セルフ・エスティームの心理学』　ナカニシヤ出版　168–199.
大嶋百合子、Brian McWhinney(1995)『日本語のためのCHILDESマニュアル』　McGill University、国際交流基金助成事業
太田晴雄(2000)『ニューカマーの子どもと日本の学校』　国際書院
太田晴雄(2002)「教育達成における日本語と母語」宮島喬、加納弘勝編『国際社会2　変容する日本社会と文化』　東京大学出版会　93–118.
太田垣明子(1997)「新国際学校における日本語プログラム開発を通じて―年少者日本語教育における内容重視型プログラムを考える―」『日本語教育学会予稿集』　日本語教育学会　161–166.
岡崎敏雄(1995)「年少者日本語教育の再構成」『日本語教育』86号　日本語教育学会　19–

30.

岡崎敏雄 (1997)「日本語・母語相互育成学習のねらい」『平成8年度外国人児童生徒指導資料』 茨城県教育庁指導課

岡崎敏雄 (1998)「応用言語学研究 (1) 年少者日本語教育と母語保持研究 (2)」『文芸言語研究 言語篇』36号 筑波大学 157-175.

岡崎敏雄 (1998)「年少者日本語教育にかかわる教師の属性による言語教育観」『日本語科学』4 国立国語研究所 74-98.

岡崎敏雄 (1999)「応用言語学研究 (1) 年少者日本語教育と母語保持研究 (1)」『文芸言語研究 言語篇』34号 筑波大学 51-68.

岡崎敏雄 (1999)「教科・日本語・母語相互育成学習」 お茶の水女子大学大学院特別講義資料

岡崎敏雄 (2000)「年少者日本語教育にかかわる教師の属性による言語教育観の違いの分析」『文芸言語研究』37号 筑波大学 87-105.

岡崎敏雄 (2000)「年少者日本語教育にかかわる教師の属性による言語教育観の違いの分析 (2)」『文芸言語研究』38号 筑波大学 17-42.

岡崎敏雄 (2001)「年少者日本語教育にかかわる教師の意思決定の研究」『文芸言語研究』39号 筑波大学 31-44.

岡崎敏雄 (2004)「外国人年少者日本語読解指導方法論―内発的発展モデル―」『地域研究』23 筑波大学 119-132.

岡崎敏雄 (2005)「外国人年少者の教科学習のための日本語習得と母語保持・育成―小学校中高学年と中学生の学習支援―」『文芸言語研究』47号 筑波大学 1-14.

岡崎敏雄 (2002)「学習言語能力をどう測るか― TOAM の開発：言語習得と保持の観点から」『多言語環境にある子どもの言語能力の評価』(日本語教育ブックレット1) 国立国語研究所 45-59.

岡崎眸 (1994)「内容重視の日本語教育―大学の場合―」『東京外国語大学論集』第49号 227-244.

岡崎眸 (2000)『高校・大学連携による母語を生かした学習支援―教科・母語・日本語相互育成教育―』 平成11年度お茶の水女子大学教育改善推進費研究研究成果報告書

岡崎眸 (2000)「多言語・多文化共生社会を切り開く日本語教育」『多言語・多文化共生社会を切り開く日本語教員養成―日本語教育実習を振り返る2000年度』 お茶の水女子大学大学院人間文化研究科博士前期課程言語文化先行日本語教育コース 111-131.

岡崎眸 (2001)「特別企画（地域から創る多言語・多文化共生社会）を振り返って」国際日本学シンポジウム報告書『新しい日本学の構築Ⅲ』 お茶の水女子大学大学院人間文化研究科　139-142.

岡崎眸 (2001)『バイリンガル育成を目指した中・高・大、日本人院生、外国人院生のティームティーチングによる支援—実施とその評価—』 平成12年度お茶の水女子大学教育改善推進費研究研究成果報告書

岡崎眸 (2004)「子どもたちの言語権・学習権の保障のために」『外国人児童生徒教育と母語教育』 東京学芸大学国際教育センター　9-18.

岡崎眸、清田淳子、原みずほ、朱桂栄、小田珠生、袴田久美子 (2003a)「教科・母語・相互育成学習は日本語学習言語能力の養成に有効か」『お茶の水女子大学人文科学紀要』第56巻　63-73.

岡崎眸、小田珠生、清田淳子、佐藤真紀、朱桂栄、高橋織恵、原みずほ、三宅若菜、河野麻衣子、富田啓子 (2003b)「二言語環境に育つ子どもたちの認知的・言語的発達をどう促進するか」『フォーラム「ことばと学び—昨日・今・明日—」多文化共生時代の子どもの教育』報告書　スリーエーネットワーク　52-75.

岡本夏木 (1985)『ことばと発達』 岩波書店

岡本夏木 (1987)「ことばと人間形成」『教育の方法4　ことばと教育』 岩波書店　2-21.

小川郁子 (2003)「外国人児童・生徒の学習権を保障する—制度改革、意識改革、今のままでもできること—」『中国帰国者定着促進センター紀要』第10号　59-79.

尾木和英 (2002)「観点別評価から評定へ」『中学校国語科の絶対評価規準づくり』 明治図書　78-87.

落合正行 (1988)「子どもの論理」岡本夏木編『認識とことばの発達心理学』 ミネルヴァ書房　206-231.

お茶の水女子大学附属小・中学校 (1999)『児童生徒が自分にとって「意味ある学び」を創出する教育課程の開発』

お茶の水女子大学附属中学校 (1988)『帰国子女教育がもたらしたもの—帰国子女教育学級10年の歩み』昭和63年度教育研究協議会紀要

小野博、坂本優、林部英雄、池上摩希子 (1997)「外国人子女の来日時の母語力及び教科の達成度と日本語習得の関係」『日本語教育学会秋季大会予稿集』 日本語教育学会　135-140.

小野博、五十島優、林部英雄、池上摩希子 (1998)「中国から来日した児童・生徒の日本語・中国語力及び計算力の調査とその応用」『中国帰国者定着促進センター紀要』第6

号　278–292.

甲斐睦朗（1997）「日本語教育と国語教育」『日本語学』vol.16（6）　明治書院　71–78.

甲斐睦朗（1998）「連携からとらえ直した国語教育―日本語教育との連携を中心に―」『日本語学』vol.17（2）　明治書院　150–159.

外国人子女の日本語指導に関する調査研究協力者会議（1998）『外国人子女の日本語指導に関する調査研究』

梶田叡一（1985）『子どもの自己概念と教育』　東京大学出版会

川上郁雄（2002）「今何が起きているのか」『月刊日本語』7月号　アルク　14–17.

川上郁雄（2003）「年少者日本語教育における「日本語能力測定」に関する観点と方法」『早稲田日本語教育研究』第2号　1–16.

菊地康人（1996）「国語教育と日本語教育」『日本語教育』新「ことば」シリーズ3　文化庁　77–90.

北原保雄（1996）「国際化時代の国語教育への提言」『月刊国語教育研究』9月号、No.293　1.

教育課程審議会『幼稚園、小学校、中学校、高等学校、盲学校、聾学校及び養護学校の教育課程の基準の改善について（答申）』（平成10年7月）

教育課程審議会『児童生徒の学習と教育課程の実施状況の評価の在り方について（答申）』（平成12年12月）

教育出版（1997）『中学国語　教師用指導書』

清田淳子（2000）「教科としての『国語』と日本語教育を統合した内容重視のアプローチの試み」平成11年度お茶の水女子大学大学院日本語教育コース修士論文

清田淳子（2001a）「教科としての『国語』と日本語教育を統合した内容重視のアプローチの試み」『日本語教育』111号　日本語教育学会　76–85.

清田淳子（2001b）「母語を活用した内容重視の日本語教育」国際日本学シンポジウム報告書『新しい日本学の構築Ⅲ』　お茶の水女子大学大学院人間文化研究科　119–124.

清田淳子（2003）「社会科と日本語教育を統合した内容重視のアプローチの試み―日本語指導を必要とする海外帰国生徒を対象に」『言語文化と日本語教育』第26号　お茶の水女子大学日本語言語文化学研究会　1–13.

清田淳子（2004）「母語を活用した内容重視のアプローチの試み　―来日直後の外国人児童を対象に」『人間文化論叢』第6巻　お茶の水女子大学大学院人間文化研究科　199–210.

清田淳子、原みずほ、朱桂栄、小田珠生、袴田久美子（2002）「多様な文化・言語背景を持つ子どもたちへのサポートを問い直す」国際日本学シンポジウム報告書『国際日本

学との邂逅』 お茶の水女子大学大学院人間文化研究科 1-7.
工藤真由美(1999)『児童生徒に対する日本語教育のための基本語彙調査』 ひつじ書房
国松昭(1989)「日本語教育と国語教育」『講座日本語と日本語教育』 明治書院 277-334.
倉治谷賀子(1998)「中学校現場における中国帰国生徒の現状と受け入れの課題―帰国生徒に必要な対応とは―」『中国帰国者定着促進センター紀要』第6号 147-182.
桑原隆(1992)『ホール・ランゲージ：言葉と子どもの学習』 国土社
国立教育政策研究所教育課程研究センター(2002)『評価規準、評価方法等の研究開発（報告）』
国立国語研究所(1978)『児童の表現力と作文』 東京書籍
国立国語研究所(2001)『教育基本語彙の基本的研究』 明治書院
小林春美、佐々木正人(1997)『子どもたちの言語獲得』 大修館書店
小林一仁(1993)『国語科教育の理論（人間形成・情報操作）』 明治図書
小林一仁(1996)「国際化時代の国語教育への提言」『月刊国語教育研究』9月号、No.293 2-3.
小山正(2000)『ことばが育つ条件』 培風館
小山恵美子(1996)「国際化時代の国語教育への提言」『月刊国語教育研究』9月号、No.293 16-21.
西郷竹彦、山中幸三郎(1993)『教材研究ハンドブック 走れメロス』 明治図書
齋藤ひろみ(1997)「中国帰国者子女の母語喪失の実態―母語保持教室に通う4名のケースを通して―」『言語文化と日本語教育』第14号 お茶の水女子大学日本語言語文化学研究会 26-40.
齋藤ひろみ(1998)「内容重視の日本語教育の試み―小学校中高学年の子どもクラスにおける実践報告―」『中国帰国者定着促進センター紀要』第6号 106-129.
齋藤ひろみ(1999)「教科と日本語の統合教育の可能性」『中国帰国者定着促進センター紀要第7号』 70-89.
齋藤ひろみ(2002)「学校教育における日本語学習支援」『日本語学』5月号 明治書院 23-35.
齋藤ひろみ、池上摩希子、田中義栄、小川珠子、大沢操子(2000)「子どもクラス授業実践記録」『中国帰国者定着促進センター紀要』第8号 124-144.
佐伯胖(1995)『「わかる」ということの意味』 岩波書店
坂元忠芳(1979)「少年期における発達の特徴と教育」太田堯編『発達段階と教育』 岩波書店 1-54.

佐々木倫子(1998)「これからの国語教育―日本語教育の立場から―」『日本語学』1月増刊号　明治書院　37-45.

佐々木泰子、川口良(1994)「日本人小学生・中学生・高校生・大学生と日本語学習者の作文における文末表現の発達過程に関する一考察」『日本語教育』84号　日本語教育学会　1-13.

佐藤あや子(1980)「帰国子女に対する作文指導」『日本語教育』43号　日本語教育学会　61-73.

佐藤郡衛(1995)『転換期にたつ帰国子女教育』　多賀出版

佐藤郡衛(1997)「学校教育と日本語教育　帰国子女教育との連携」『日本語学』vol.16　明治書院　65-70.

佐藤郡衛(2001)『多文化共生社会の学校づくり』　明石書店

佐藤郡衛(2002)「子どもに対する評価をどう考えるか」『多言語環境にある子どもの言語能力の評価』(日本語教育ブックレット1)国立国語研究所　7-24.

佐藤公治(1996)『認知心理学からみた読みの世界―対話と協同的学習をめざして―』　北大路書房

汐見稔幸(1979)「言語能力の発達と学習」太田堯編『発達段階と教育』　岩波書店　55-104.

汐見稔幸(1987)「教育におけることばの役割」『教育の方法4　ことばと教育』　岩波書店　23-57.

汐見稔幸(1987)「ことばの教育―教科としての国語―」『教育の方法4　ことばと教育』　岩波書店　202-238.

篠崎正明(1995)「書くことにおける態度の指導と評価」『コミュニケーションを図ろうする態度の育成と評価』　開隆堂　139-152.

志水宏吉、清水睦美(2001)『ニューカマーと教育―学校文化とエスニシティの葛藤をめぐって―』　明石書店

J.カミンズ、古川ちかし訳(1997)「教室と社会におけるアイデンティティの交渉」『多言語・多文化コミュニティーのための言語管理』　国立国語研究所　171-183.

J.カミンズ、中島和子(1985)「トロント補習校小学生の2言語能力の構造」『バイリンガル・バイカルチュラル教育の現状と課題』　東京学芸大学海外子女教育センター　143-179.

J.クロフォード、本名信行(訳)(1994)『移民社会アメリカの言語事情』　ジャパンタイムズ

ジム・カミンズ、マルセル・ダネシ(著)、中島和子、高垣俊之(訳)(2005)『カナダの継承語教育』 明石書店
JASETバイリンガリズム研究会(2004)『日本のバイリンガル教育　学校の事例から学ぶ』 三修社
朱桂栄(2003)「教科学習における母語の役割―来日まもない外国人児童の「国語」学習の場合」『日本語教育』119号　日本語教育学会　75–84.
朱桂栄、清田淳子(2004)「両言語リテラシーをどう獲得するか―第一言語の力が不十分な子どもの場合」母語・継承語・バイリンガル教育研究会2004年度大会資料
ジョン・C・マーハ、八代京子(1991)『日本のバイリンガリズム』　研究社出版
スーザンH. フォスターコーエン、今井邦彦訳(2001)『子どもは言語をどう獲得するのか』 岩波書店
鈴木宏昭、鈴木高士、村山功、杉本卓(1989)『教科理解の認知心理学』　新曜社
角有紀子、芹沢ちよ乃、中西良子、坂井厚子(1988)「帰国子女と日本語教育」『日本語教育』66号　日本語教育学会　110–119.
世羅博昭(1991)「国語科の学習指導過程」全国大学国語教育学会『中学校・高等学校国語科教育研究』　学芸図書　29–33.
総務庁行政監察局(1997)『教育の国際化をめざして』
高浦勝義(2004)『絶対評価とルーブリックの理論と実際』　黎明書房
高橋登(1999)『子どもの読み能力の獲得過程』　風間書房
高橋登(2000)「読む力はどう育つのか―文字への気付きと音への意識」『言語』vol.29　大修館書店　68–75.
滝沢武久(1984)『子どもの思考力』　岩波書店
田中真理、坪根由香里、初鹿野阿れ(1998)「第二言語としての日本語における作文評価基準―日本語教師と一般日本人の比較」『日本語教育』96号　日本語教育学会　1–12.
田中真理、坪根由香里、初鹿野阿れ(1998)「第二言語としての日本語における作文評価―「いい」作文の決定要因―」『日本語教育』99号　日本語教育学会　60–71.
谷口理恵(2000)「算数科の体験型学習の実践報告」『子どもの日本語支援を考える』セミナー資料　アルク
津田塾大学言語文化研究所読解研究グループ(1992)『学習者の中心の英語読解指導』　大修館書店
恒吉僚子(1998)「ニューカマーの子どもと日本の教育」『岩波講座　現代の教育』第11巻　岩波書店　187–202.

寺田裕子(1994)「義務教育課程における教科指導を目的とした日本語指導―中南米からの日系就労者子弟への社会科・算数指導の実践報告―」『日本語教育』83号　日本語教育学会　29-39.

寺村秀夫(1981)『日本語の文法』(上・下)　国立国語研究所

東京学芸大学(1995)『「異言語・異文化体験児童生徒の増加にともなう学校教育の課題とその対応策」に関する調査研究報告書』

徳島陽子(1995)「日本語読解過程に関する認知的考察―母語話者と第二言語学習者の読解過程の比較から―」『名古屋学院大学日本語学・日本語教育論集』第2号　146-165.

塘利枝子(1999)『子どもの異文化受容』　ナカニシヤ出版

塘利枝子(2001)「受け入れ側の子どもたちの異文化受容」『異文化との共生をめざす教育』東京学芸大学海外子女教育センター　169-186.

中島和子(1998)『バイリンガル教育の方法』　アルク

中島和子、鈴木美知子、桶谷仁美(2000)『子どもの会話力の見方と評価―バイリンガル会話テスト(OBC)の開発―』　カナダ日本語教育振興会

中島誠、岡本夏木、村井潤一(1999)『ことばと認知の発達』　東京大学出版会

中西晃、佐藤郡衛(1995)『外国人児童・生徒教育への取り組み』　教育出版

成田信子、宗我部義則、田中美也子(1997)「作文能力発達に関する縦断的研究　その一―小学生から大学生に至る同題作文の分析」『児童・生徒・学生および日本語学習者の作文能力の発達過程に関する研究』平成8年度文部省科学研究費補助金基盤研究(B)(2)研究成果報告書(研究代表者　長友和彦)　23-30.

西谷まり(1998)「外国人児童の日本語習得段階と日本人児童との対人関係」『一橋大学留学生センター紀要』創刊号　67-82.

西原鈴子(1995)「日本語が必要な子ども達―学校のあり方、地域の取り組み」『月刊日本語』11号　アルク　488-493.

西原鈴子(1996a)「外国人児童生徒のための日本語教育のあり方」『日本語学』2月号　明治書院　67-74.

西原鈴子(1996b)「日本語教育と国語教育　子どもへの日本語教育の諸側面」『国語教育研究』　日本国語教育学会　345-340.

西原鈴子(1996c)「年少者の日本語習得と文化習得」『国際政治経済研究センター研究叢書』6　青山学院大学総合研究所　494-501.

縫部義憲(1995)「日本語指導学級の現状と課題―二言語教育の視点から―」『日本語教育

学科紀要』第 5 号　広島大学教育学部　1–10.
縫部義憲(1997)「入国児童の言語生活調査―語彙を中心として―」『日本語教育学科紀要』第 7 号　広島大学教育学部　35–39.
縫部義憲(1999)『入国児童のための日本語教育』　スリーエーネットワーク
野山広(1992)「在日外国人児童・生徒への日本語教育に対する多文化教育的一考察」『日本語教育論集』9　国立国語研究所日本語教育センター　35–67.
野山広(2000)「地域社会における年少者への日本語教育の現状と課題」山本雅代編著『日本のバイリンガル教育』　明石書店　165–212.
野山広(2001)「日本語の国際化―地域社会における年少者の言語学習支援の充実へ向けて―」国際日本学シンポジウム報告書『新しい日本学の構築Ⅲ』　お茶の水女子大学大学院人間文化研究科　125–134.
畠山理恵(2000)「年少者日本語教育における学習言語習得のためのネットワーク―大学を起点とするネットワークの可能性―」『日本語教育学会春季大会予稿集』　日本語教育学会　130–135.
G. バターワース、M. ハリス、村井潤一監訳(1994)『発達心理学の基礎を学ぶ』　ミネルヴァ書房
原みずほ(2001)「教室内の二言語の分布―外国人児童に対する日本語と第一言語育成を目指した支援教室の場合―」国際日本学シンポジウム報告書『新しい日本学の構築Ⅲ』　お茶の水女子大学大学院人間文化研究科　19–26.
原みずほ(2002)「多言語併用教室の言語使用に関する研究：日本における加算的バイリンガリズムの実現を目指して」『第二言語習得・教育の研究最前線―あすの日本語教育への道しるべ―』　日本言語文化学研究会　354–367.
原みずほ、三宅若菜(2004)「言語少数派年少者の母語力の保持育成―「教科・母語・日本語相互育成学習モデル」の試みから」『言語文化と日本語教育』第 28 号　お茶の水女子大学日本語言語文化学研究会
バトラー後藤裕子(2003)『多言語社会の言語文化教育』　くろしお出版
D. K. バーンスタイン、E. ティーガーマン(1994)『子どもの言語とコミュニケーション―発達と評価―』　東信堂
一二三朋子(1996)年少者の語彙習得過程と言語使用状況に関する考察―在日ベトナム人子弟の場合―」『日本語教育』90 号　日本語教育学会　13–24.
飛田多喜雄(1984)『国語学力論と教材研究法』国語科教育方法論体系 2　明治図書
福沢周亮(1987)『児童のことば』　大日本図書

藤永保(2001)『ことばはどこで育つか』 大修館書店
古岡俊之(1996)『今求められる帰国子女・外国人子女教育』 近代文芸社
古川ちかし(1995)「第二言語話者の主流教室内での音声言語を巡る行動」『日本語教育と国語教育における聴解過程の解明』 国立国語研究所
古川ちかし(1996)「文字をめぐる行動―関係性を深めるためのコミュニケーション」『実践国語研究』159号 明治図書 339–336.
古川ちかし(1996)「子どもと親と地域社会と学校」『実践国語研究』161号 明治図書 335–332.
古川ちかし(1996)「『離れ』の日本語教室」『実践国語研究』163号 明治図書 331–328.
古川ちかし(1996)「ほどほどの言語教育―大言語と「自分のことば」」『実践国語研究』165号 明治図書 327–324.
文化庁(1995)『国際化と日本語』新「ことば」シリーズ1
文化審議会答申(2004)『これからの時代に求められる国語力について』
ヴィゴツキー、広瀬信雄訳(2002)『子どもの想像力と創造』 新読書社
ベーカー・コリン、岡秀夫訳・編(1996)『バイリンガル教育と第二言語習得』 大修館書店
牧野高吉(1993)「言語理論と言語習得研究」北海道教育大学教科教育学研究と諸編集委員会・編『教科と子どもとことば』 東京書籍
松本恭子(1999)「ある中国人児童の来日2年目の語彙習得―『取り出し授業』での発話と作文の縦断調査(形態素レベルの分析)」『第二言語としての日本語の習得研究』第3号 第二言語習得研究会 36–55.
益岡隆志、田窪行則(1992)『基礎日本語文法―改訂版』 くろしお出版
益岡隆志(1997)『複文』 くろしお出版
三島敦子(1996)「外国人児童への教科学習支援について」『東北大学文学部日本語学科論集』第6号 93–104.
嶺井明子(2001)「外国籍の子どもの学習機会の保障」『異文化との共生をめざす教育』 東京学芸大学海外子女教育センター 133–148.
箕浦康子(1990)『文化の中の子ども』 東京大学出版会
箕浦康子(1991)『子どもの異文化体験』 思索社
宮島喬、太田晴雄(2005)『外国人の子どもと日本の教育―不就学問題と多文化共生の課題』 東京大学出版会
無藤隆、藤崎真知代、市川伸一(1991)『教育心理学』 有斐閣

村越邦男（1979）『学力回復　講座日本の学力 13 巻』　日本標準
村松賢一（2001a）『スピーチの産出・理解・相互交流能力の発達～幼児・児童・生徒・学生及び日本語学習者に関する横断研究』平成 12 年度お茶の水女子大学教育改善推進費研究研究成果報告書
村松賢一（2001b）「多言語・多文化社会における「国語」教育の可能性―教室言語の多様化を見通す中で―」国際日本学シンポジウム報告書『新しい日本学の構築Ⅲ』　お茶の水女子大学大学院人間文化研究科　27–34.
村松賢一（2002a）「国語科におけるコミュニケーション能力の育成―音声言語教育の現状と課題」『第二言語習得・教育の研究最前線―あすの日本語教育への道しるべ―』お茶の水女子大学日本言語文化学研究会　368–380.
村松賢一、岡崎敏雄、松崎正治、清田淳子（2002b）「共生時代の日本語教育・国語教育の連携を考える―学校教育における「ことばの学び」に焦点を合わせて―」『日本語教育学会秋期大会予稿集』　日本語教育学会　257–268.
森敏昭（2002）「これからの期末テストのあるべき姿」『授業研究 21』vol.4／No.552　明治図書　9.
文部省（1998）『小学校学習指導要領　平成 10 年度版』（平成 10 年 12 月）
文部省（1998）『中学校学習指導要領　平成 10 年度版』（平成 10 年 12 月）
文部科学省（2002）『「学校教育における JSL カリキュラムの開発について（中間まとめ）」の公表について』
文部科学省（2003）『平成 15 年度学校基本調査』
文部科学省（2004）『日本語指導が必要な外国人児童生徒の受け入れ状況等に関する調査（平成 15 年度）の結果』
矢崎満夫（1999）「外国人児童に対する教科学習支援のための日本語教育のあり方―算数文章題におけるストラテジー運用の考察から―」『日本語教育』99 号　日本語教育学会　84–95.
安場淳（2000）「望まざる『飛び級』…子どもの編入学年問題を巡る事例調査報告」「中国帰国者定住促進センター紀要」第 8 号　68–89.
山田泉（2004）「多文化・多言語主義と子どもの発達」田尻英三他『外国人の定住と日本語教育』　ひつじ書房　132–162.
山本紀美子、荻野誠人、浅井清子、吉田絹子（1996）『子どものための日本語教育』　アルク
山本清隆（2002）「外国人児童の日本語指導を阻害する要因について」『日本語教育』117 号

日本語教育学会　73-82.

山本雅代(1999)『バイリンガルの世界』　大修館書店

湯川笑子(1998)「バイリンガル教育の要る子どもたち」 *Japan Journal of multilingualism and multiculturalism*, Volume 4　1-31.

吉田研作(1995)「子どもの第2言語習得と外国語習得」*The Language Teacher*, 全国語学教育学会　29-32.

劉郷英(1998)「中国語と日本語の二言語環境における1歳から3歳までの幼児の言語発達」『京都大学教育学部紀要』第41号　217-228.

August, D. and Hakuta K. (1998) *Educating Lamguage-Minority Children*, National Academy Press.

Allard, R. and Landry, R. (1992) Ethnolinguistics Vitality beliefs and Language Maintenance and Loss. In Fase, W., Jaspaert, K. & Kroon, S. (ed.), *Maintenance and Loss of Minority Languages*, John Benjamins Publishing Company.

Berry, J. (1997) Immigration, Acculturation, and Adaptation, *Applied Psychology: An International Review*, 46.

Brinton, D., Snow, A. and Wesche, M. (1989) *Content-based Second Language Instruction*, Newberry House Publishers.

Brinton, D., Sasser, L. and Winningham, B. (1992) Language Minority Students in Multicultural Classrooms. In Richard-Amato and Snow, M. A. (ed.), *The Multicultural classroom*, Addition-Wesley, 5-15.

Cantoni-harvey, G. (1992) Facilitating the Reading process. In Richard-Amato and Snow, M. A. (ed.), *The Multicultural classroom*, Addition-Wesley, 175-197.

Chamot, A. U. (1983) Toward a Functional ESL Curriculum in the Elementary School, TESOL QUARTERLY, 17, 459-471.

Chamot, A. U. and O'Malley, J. M. (1992) The Cognitive Academic Language Learning. In Richard-Amato and Snow, M. A. (ed.), *The Multicultural classroom*, Addition-Wesley, 39-57.

Coelho, E. (1998) *Teaching and Learning in Multicultural Schools: An Integrated Approach*, Multilingual Matters.

Collier, V. P. (1987) Age and Rate of Acquisition of Second Language for Academic Purposes, TESOL QUARTERLY, VOL. 21, No. 4, 617-640.

Collier, V. P. (1989) How Long? A Synthesis of Research on Academic Achievement in a

Second Language, TESOL QUARTERY, VOL. 23, No. 3, 509–531.

Collier, V. P. (1992) A Synthesis of Studies Examining Long-Term Language Minority Student Data on Academic Achievement, Bilingual Research Journal, 16:1&2, 187–212.

Crandall, J. (ed.) (1987) *ESL through Content - Area Instruction*, Prentice Hall Regent.

Crandall, J. (1993) Content-Centered Learning in the United States, Annual Review of Applied Linguistics, 13, Cambridge University Press, 111–126.

Crawford, L. W. (1993) *Language and literacy learning in multicultural classrooms*, Allyn and Bacon.

Cummins, J. (1984) *Bilingualism and special education*, Multilingual Matters.

Cummins, J. and Swain, M. (1986) *Bilingualism in Education*, Longman.

Cummins, J. (1989) *Empowering Minority Students*, California Association for Bilingual Education.

Cummins, J. (1991) Interdependence of first- and second language proficiency. In Bialystok, E. (ed.), *Language Culture and Cognition*, Cambridge University Press, 70–89.

Cummins, J. (2000) *Language, power and pedagogy*, Multilingual Matters.

Cummins, J. and Swain, M. (1986) *Bilingualism in Education*, Longman.

Custodio, B. and Sutton, M. J. (1998) Literature-Based ESL for Secondary School Students, TESOL Journal, vol.7, No.5, 19–23.

Diaz, R. M. and Klingler, C. (1991) Towards an explanatory model of the interaction between bilingualism and cognitive development. In Bialystok, E. (ed.), *Language Processing in Bilingual Children*, Cambridge University Press, 167–192.

Dixon, C. N. and Nessel, D. (1983) *Language experience approach to reading (and writing)*, Alemany Press.

Elley, W. B. and Mangubhai, F. (1983) The Impact of reading in Second language Learning, Reading Research Quarterly, xix/1, 53–67.

Fase, W., Jaspaert, K. & Kroon, S. (1992) *Maintenance and Loss of Minority Languages*, John Benjamins Publishing Company.

Freeman, Y. and Freeman, D. (1998) *ESL / EFL teaching: principles for success*, Heinemann.

Genesee, F. and Hamayan, V. (1994) Classroom-based Assessment, In Genesee, F.(ed.), *Educating second language children*, Cambridge University Press, 212–240.

Gonzales, E. and Lezama, J. (1976) The Dual Language Model: A Practical Approach to Bilingual Education, English as a second language in Bilingual Education, TESOL, 105

–112.

Hamayan, E. V. (1994) Language development of low-literacy students. In Genesee, F.(ed.), *Educating second language children*, Cambridge University Press, 278–300.

Hudelson, S. (1986) ESL Children's Writing: What We've Learned, What We've Learning. In Rigg, P. and Enright D. S. (ed.), *Children and ESL: Integrating Perspectives*, TESOL Washington, D.C. U.S.A., 23–54.

Hudelson, S. (1994) Teaching Content through a Second Language, In Genesee, F.(ed.), *Educating second language children*, Cambridge University Press, 129–158.

Hurley, S. H. and Tinajero J. V. (2001) *Literacy Assessment of Second Language Learners*, Allyn and Bacon.

James, M.O. (1987) Implications of Schema-Theoretical Research, In Devine, J., Carrell, P. L., and Eskey, D. E., *Research in Reading in English as a Second Language*, Teachers of English to Speakers of Other Languages, 175–188.

King, M., Fagan, B., Bratt, T. and Bear, R. (1992) Social Studies Instruction, In Richard-Amato and Snow, M. A. (ed.), *The Multicultural classroom*, Addition-Wesley, 287–299.

Kroll, B. M. (1981) *Exploring speaking-writing relationships: connections and contrasts*, National Council of Teachers of English.

Langer, J. A.(1997)Literacy Acquisition through Literature, Journal of adolescent & Adult Literacy, vol.40, 606–614.

Lucas, T. and Wagner, S. (1999) Facilitating Secondary English Language Learners' Transition into the Mainstream, TESOL Journal, vol.8, No.14, 6–13.

Mehan, H. (1979) *Learning Lessons*, Harvard University Press.

McLeod, B. (1994) Linguistic Diversity and Academic Achievement, In McLeod, B., *Language and Learning*, States University of New York Press, 9–44.

Met, M. (1994) Teaching content through second language, In Genesee, F. (ed.), *Educating second language children*, Cambridge University Press, 159–182.

Met, M. (1998) Curriculum Decision-making in Content-based Language Teaching. In Cenoz. J. and Genesee F. (eds) *Beyond the Bilingualism*, Multilingual Matters, 35–63.

Mohan, B. A. (1986) *Language and Content*, Addition-Wesley.

Mohan, B. A. (1979) Relating Language Teaching and Content Teaching, TESOL QUARTERLY, vol.13, No.2, 171–182.

O'Malley, J. M. and Pierce, L. V. (1996) *Authentic Assessment for English Language Learners*,

Longman.

Ovando, C. J. (1985) *Bilingual and ESL Classrooms*, McGraw-Hill Inc.

Ovando, C. J. and Collier, V. P. (1985) *Bilingual and ESL Classrooms*, McGraw-Hill International Editions.

Richard-Amato, P.A. and Snow, A. (1992) *The Multicultural classroom: reading for content-area teachers*, Addison-Wesley.

Rigg, P. (1986) Reading in ESL: Learning from Kids. In Rigg, P. and Enright D. S. (ed.), *Children and ESL: Integrating Perspectives*, TESOL Washington, D.C. U.S.A., 55–92.

Sage, H. (1987) *Incorporating literature in ESL Instruction*, Prentice-Hall.

Sheppard, K. (1997) Integrating Content-ESL: A Report from the Front. In M. A. Snow and D. A. Brinton, *Content-Based Classroom*, Longman.

Short, D. J. (1993) Assessing integrated language and content instruction, TESOL QUARTERLY, 27, 627–656.

Short, D. (1994) Expanding Middle School Horizons: Integrating Language, Culture and Social Studies, TESOL QUARTERLY, 28, 581–608.

Snow, C. E. (1991) *Unfulfilled Expectations: Home and School Influence on Literacy*, Harvard University Press.

Snow, M. A., Met, M. and Genesee, F. (1992) A Conceptual Framework for the Integration of Language and Content Instruction. In Richard-Amato and Snow, M. A. (ed.), *The Multicultural classroom*, Addition-Wesley, 27–38.

Snow, M. A. and Brinton, D. (1997) *The Content-Based Classroom*, Longman.

Snow, M. A. (1998) Trends and Issues in Content-Based Instruction, Annual Review of Applied Linguistics, 18, Cambridge University Press, 243–267.

Spanos, G. (1989) On the Integration of Language and Content Instruction, Annual Review of Applied Linguistics, 10, Cambridge University Press, 227–240.

Stoller, F. L. (2004) Content-Based Instruction: Perspectives on Curriculum Planning, Annual Review of Applied Linguistics, 24, Cambridge University Press, 261–283.

Stryker, S. and Leaver, B. (1997) *Content-based instruction in foreign language education: models and methods*, Georgetown University Press.

Teemant, A., Bernhardt, E. and Rodriguez-Munoz, M. (1996) Collaborating with Content-Area Teachers, TESOL Journal, vol.5, No.4. 16–20.

Tchudi, S.N. and Tchudi, S. J. (1983) *Teaching writing in the content areas: Elementary school*.

Washington, DC: National Education Association.

Verplaetse, L. (1996) *How Content Teachers Interact with English Language Learners* TESOL Journal, vol.5, No.4, 24–28.

Wolfe-Quintero, K., Inagaki, S. and Kim, H. (1998) *Second language development in writing: measures of fluency, accuracy, & complexity*, University of Hawaii.

資料

三つの支援で用いた教材文について、教科書掲載の際の提出意図と概要、及び支援の授業で扱った学習課題と課題に対する子どもの解答を以下に示す。

【S男　I期】

そこまで飛べたら（安東みきえ 作）（『国語1』光村図書）
【教材の提出意図】 ・場面の様子や人物の気持ちを読みとる。 ・作品を読んで、感じたこと、考えたことを発表し合う。
【概要】 　中学一年生になったばかりの「わたし」は、これという目的もなく毎日を過ごしている。ある日、「わたし」の大好きな祖父が倒れ、「わたし」や家族は病院に駆けつける。祖父は意識を失いながらも、「わたし」が小学生の時に県大会に出場し、幅跳びで一等賞を取ったことをうれしそうにつぶやく。そんな祖父のうわごとを聞いて、「わたし」は祖父がいつも励ましてくれたことを思い出す。「わたし」は病院の中庭に向かい、「あの桜の木までとべたら、じいちゃんはきっと治る！」と誓い、全力で助走に入る。 　やがて、祖父は快方に向かい、「わたし」は陸上部に入るという決意を祖父に伝える。

	課題	子どもの解答	課題の認知レベル	課題の質問の型	解答の種類
1	誰が「ぬいだ服をかけておきなさい」と言いましたか。	(該当部分の抜き出し)	第4段階	プロダクト	抜き出し型
2	誰が「何もしないでいいの」と言いましたか。	(該当部分の抜き出し)	第4段階	プロダクト	抜き出し型
3	わたしはお母さんに答えましたか。	(選択肢)	第4段階	選択	
4	わたしは（ドア・まど）をばしんと（つよく・よわく）しめました。	(選択肢)	第4段階	選択	
5		(選択肢)	第4段階	選択	
6	小学生のころ、わたしは（はばとび・たかどび）の記録が（よかった・よくなかった）から、県大会に（でました・でませんでした）。	(選択肢)	第4段階	選択	
7		(選択肢)	第4段階	選択	
8		(選択肢)	第4段階	選択	

205

	課題	子どもの解答	課題の認知レベル	課題の質問の型	解答の種類
9	部屋のドアが（あいて・とじて）、（お母さん・お父さん）が言いました。「（病院・学校）から　れんらくがあった。（おじいちゃん・おばあちゃん）のぐあいが（よい・よくない）から、（すぐ・あした）行きましょう。	（選択肢）	第4段階	選択	
10		（選択肢）	第4段階	選択	
11		（選択肢）	第4段階	選択	
12		（選択肢）	第4段階	選択	
13		（選択肢）	第4段階	選択	
14		（選択肢）	第4段階	選択	
15	車の中で、わたしは（本をよみました・外をみていました）。	（選択肢）	第4段階	選択	
16	外には（さくら・たんぽぽ）がさいています。	（選択肢）	第4段階	選択	
17	きせつは（春・夏・秋・冬）です。	（選択肢）	第4段階	選択	
18	時間は（朝・昼・夜）です。	（選択肢）	第4段階	選択	
19	わたしは（じいちゃん・父さん）に似ています。	（選択肢）	第4段階	選択	
20	どこが似ていますか。	（選択肢）	第4段階	選択	
21	じいちゃんは戦争に行きましたか。	（選択肢）	第4段階	選択	
22	じいちゃんは鉄砲でうたれましたか。	（選択肢）	第4段階	選択	
23	じいちゃんは戦争に行って、すぐ帰ってきましたか。	（選択肢）	第4段階	選択	
24	じいちゃんは（病院・家）にいます。	（選択肢）	第4段階	選択	
25	じいちゃんは、わたしのことがわかりましたか。	（選択肢）	第4段階	選択	
26	「まごむすめ」とは（父さん・母さん・わたし）のことです。	（選択肢）	第4段階	選択	
27	じいちゃんが言いました。「孫娘が、県大会の（はばとび・たかとび）で（一等賞・三等賞）になった」。	（選択肢）	第4段階	選択	
28		（選択肢）	第4段階	選択	
29	わたしは本当は（一位・三位）でした。	（選択肢）	第4段階	選択	
30	わたしは（下・上）をむきました。	（選択肢）	第4段階	選択	
31	そして（泣きました・泣きませんでした）。	（選択肢）	第4段階	選択	

	課題	子どもの解答	課題の認知レベル	課題の質問の型	解答の種類
32	孫娘はおじいさんが（大好き・大きらい）です。	（選択肢）	第4段階	選択	
33	おじいさんは（うれしそうに・かなしそうに）笑いました。	（選択肢）	第4段階	選択	
34	「これだけは　うそじゃないよ」とは、わたしはじいちゃんが（本当に好きだ・本当は嫌いだ）ということです。	（選択肢）	第4段階	選択	
35	「空の色が明るくなりはじめたころ」というのは、（朝の早いころ・昼・夜）のことです。	（選択肢）	第4段階	選択	
36	わたしが病室を見ると、誰がいましたか。	（該当部分の抜き出し）	第4段階	プロダクト	抜き出し型
37	じいちゃんは静かに（眠っていました・起きていました）。	（選択肢）	第4段階	選択	
38	わたしはどんなことをしましたか。	（選択肢）	第4段階	選択	
39	・（いす・つくえ）をなおす	（選択肢）	第4段階	選択	
40	・ごみを（ひろう・すてる）・（うしろ・まえ）むきに歩く	（選択肢）	第4段階	選択	
41	明け方の空気は（暖かい・冷たい）です。	（選択肢）	第4段階	選択	
42	（広い・せまい）庭は、まだ（明るい・暗い）です。	（選択肢）	第4段階	選択	
43		（選択肢）	第4段階	選択	
44	「そこ」とは（足もと・庭・桜の木）のことです。	（選択肢）	第4段階	選択	
45	わたしは、（足もと・庭・桜の木）までとびたいです。	（選択肢）	第4段階	選択	
46	そこまでとべたら、じいちゃんはどうなるのですか。	（該当部分の抜き出し）	第5段階	プロセス	抜き出し型
47	「助走にはいる」とは、（はばとび・たかとび）をするために（走りはじめる・歩きはじめる）ことです。	（選択肢）	第4段階	選択	
48		（選択肢）	第4段階	選択	
49	わたしはどんな靴がほしかったのですか。	（該当部分の抜き出し）	第4段階	プロダクト	抜き出し型
50	誰が靴を買ってくれましたか。	（該当部分の抜き出し）	第4段階	プロダクト	抜き出し型
51	父さんと母さんは靴を買ってくれましたか。	（選択肢）	第4段階	選択	
52	わたしは桜の木までとんだと思いますか。	（選択肢）	第4段階	選択	

	課題	子どもの解答	課題の認知レベル	課題の質問の型	解答の種類
53	それはなぜですか。	*(口頭で返答)	第5段階	プロセス	
54	じいちゃんの病気はなおると思いますか。	(選択肢)	第4段階	選択	
55	それはなぜですか。	このこがと(ん)だ	第5段階	プロセス	創出型
56	病室で、じいちゃんのまわりには誰がいましたか。	(選択肢)	第4段階	選択	
57	誰が「みんな、わたしに似ないで、ぶさいくな顔だ」と言いましたか。	(選択肢)	第4段階	選択	
58	みんなはじいちゃんのことばをきいて(泣きました・びっくりしました)。	(選択肢)	第4段階	選択	
59	じいちゃんのことばをきいて、誰がさいしょに笑いましたか。	(該当部分の抜き出し)	第4段階	プロダクト	抜き出し型
60	病院の先生は、じいちゃんは(もうだいじょうぶ・死にそうだ)といいました。	(選択肢)	第4段階	選択	
61	先生の話きいて、父さんは(笑いました・泣きました)。	(選択肢)	第4段階	選択	
62	わたしは何をきめたのですか。	(選択肢)	第4段階	選択	
63	じいちゃんがしたことに「○」、しなかったことに「×」をつけましょう。 ・仕事 ・老人会にはいること ・戦争に行くこと ・戦争でたたかうこと ・死ぬこと ・「わたし」に靴を買うこと	(選択肢)	第4段階	選択	
64	「わたしもこんどは自分で決めるよ」について、わたしは、これからどんなことを自分で決めると思いますか。	*(口頭で返答)	第5段階	プロセス	
65	あなたはどんなことを自分で決めますか。	*(口頭で返答)	第5段階	プロセス	

資料　209

【S男　Ⅰ期】

大人になれなかった弟たちに（米倉斉加年 作）（『国語1』光村図書）
【教材の提出意図】 ・人物の心情をさぐる。 ・作者の思いをとらえる。
【概要】 　太平洋戦争の最中、小学校四年生の「僕」の弟、ヒロユキは生まれた。父は出征中で、一家の暮らしは母が支えていた。都市部の空襲は日増しにひどくなり、「僕」たちは田舎に疎開をすることになった。疎開先は自然の美しいところだったが、食糧不足は深刻化し、ある日、ヒロユキはとうとう栄養失調で死んでしまう。食べ物がなくても必死に生きようとしていた弟と、母の涙を前に、「僕」はひもじかったことと、弟の死は一生忘れないと語る。

	課題	子どもの解答	課題の認知レベル	課題の質問の型	解答の種類
1	「ぼく」の弟の名前は何と言いますか。	（該当部分の抜き出し）	第4段階	プロダクト	抜き出し型
2	「ぼく」は何年生ですか。	（該当部分の抜き出し）	第4段階	プロダクト	抜き出し型
3	「ぼく」のお父さんは（仕事・戦争）に行っています。	（選択肢）	第4段階	選択	
4	何という戦争ですか。	（該当部分の抜き出し）	第4段階	プロダクト	抜き出し型
5	「ぼく」たちは毎晩どこで寝ましたか。	（選択肢）	第4段階	選択	
6	防空壕は誰がほりましたか。	（選択肢）	第4段階	選択	
7	防空壕は大きいですか、小さいですか。	（選択肢）	第4段階	選択	
8	弟は生まれてまもないです。だから、弟は（赤ちゃん・おにいさん）です。	（選択肢）	第4段階	選択	
9	弟はいつも（泣いている・泣かない）。	（選択肢）	第4段階	選択	
10	弟は、（おとなしい・うるさい）です。	（選択肢）	第4段階	選択	
11	戦争中は食べ物がたくさん（ありました・ありませんでした）。	（選択肢）	第4段階	選択	
12	お母さんは自分の食べ物を（　　　）に食べさせて、自分は（たくさん食べました・あまり食べませんでした）。	（該当部分の抜き出し）	第4段階	プロダクト	抜き出し型
13		（選択肢）	第4段階	選択	
14	ヒロユキは何を食べましたか。	（該当部分の抜き出し）	第4段階	プロダクト	抜き出し型

	課題	子どもの解答	課題の認知レベル	課題の質問の型	解答の種類
15	戦争中は（あまい・からい）ものが、(たくさんありました・	（選択肢）	第4段階	選択	
16	ぜんぜんありませんでした)。	（選択肢）	第4段階	選択	
17	だから、ぼくは、ヒロユキの（あまい・からい）ミルクが	（選択肢）	第4段階	選択	
18	（のみたかった・のみたくなかった）のです。	（選択肢）	第4段階	選択	
19	ぼくは、かくれて弟のミルクを（飲みました・飲みませんでした）。	（選択肢）	第4段階	選択	
20	親戚のいる田舎に、誰が出かけましたか。	（該当部分の抜き出し）	第4段階	プロダクト	抜き出し型
21	親戚の人は何と言いましたか。	（該当部分の抜き出し）	第4段階	プロダクト	抜き出し型
22	僕たちはなぜ親戚のいる田舎に行ったのですか。	（選択肢）	第5段階	選択	
23	親戚の人に「食べ物はない」と言われて、母は僕に何と言いましたか。	（該当部分の抜き出し）	第4段階	プロダクト	抜き出し型
24	母の顔は どんな顔でしたか。	（選択肢）	第4段階	選択	
25	「あのとき」とは、いつのことですか。	（選択肢）	第4段階	選択	
26	誰が疎開をしますか。	（選択肢）	第4段階	選択	
27	僕たちはどこに疎開しましたか。	（選択肢）	第4段階	選択	
28	母は自分の（お金・着物）と米を交換してもらいました。	（選択肢）	第4段階	選択	
29	母の（お金・着物）はなくなってしまいました。	（選択肢）	第4段階	選択	
30	僕とヒロユキは、どこで遊びましたか。	（選択肢）	第4段階	選択	
31	僕は弟を（とてもかわいがりました・いじめました）。	（選択肢）	第4段階	選択	
32	ヒロユキは（病気・元気）になりました。	（選択肢）	第4段階	選択	
33	だから、（家・病院）にいます。	（選択肢）	第4段階	選択	
34	僕はいつ弟のいる病院へ行きますか。	（選択肢）	第4段階	選択	
35	僕は何に乗って病院へ行きますか。	（選択肢）	第4段階	選択	

	課題	子どもの解答	課題の認知レベル	課題の質問の型	解答の種類
36	ヒロユキは何日間入院しましたか。	(該当部分の抜き出し)	第4段階	プロダクト	抜き出し型
37	弟が死んだとき、そばには誰がいましたか。	(選択肢)	第4段階	選択	
38	弟はなぜ死んだのですか。	食べ物がない	第5段階	プロセス	創出型
39	誰が死んだ弟をおんぶしましたか。	(該当部分の抜き出し)	第4段階	プロダクト	抜き出し型
40	お母さんは、なぜ「ヒロユキは幸せだった」と言ったのですか。	(選択肢)	第5段階	選択	
41	農家のおじいさんは何を作りましたか。	(該当部分の抜き出し)	第4段階	プロダクト	抜き出し型
42	ヒロユキは棺に入りましたか。	(選択肢)	第4段階	選択	
43	それはなぜですか。	(該当部分の抜き出し)	第5段階	プロセス	抜き出し型
44	お母さんはなぜ泣いたのですか。	(選択肢)	第5段階	選択	
45	8月6日に、何がおきましたか。	(該当部分の抜き出し)	第4段階	プロダクト	抜き出し型
46	8月9日に、何がおきましたか。	(該当部分の抜き出し)	第4段階	プロダクト	抜き出し型
47	8月15日に、何がおきましたか。	(該当部分の抜き出し)	第4段階	プロダクト	抜き出し型
48	僕は何を忘れないと言いましたか。	(該当部分の抜き出し)	第4段階	プロダクト	抜き出し型

【S男　Ⅱ期】

小さな自然の診断役(青木淳一 作)(『国語1』光村図書)

【教材の提出意図】
・要点をとらえて、文章の構成を考える。
・自分の考えをまとめる。

【概要】
　土の中のダニは三つの仲間に分けられるが、そのうちのササラダニ類は、種類によってすんでいる場所が違う。このようなササラダニの特性を利用し、筆者は自然の健康診断を実施する。すなわち、自然が豊かな所だけに生息するササラダニが見つかれば、そこは「自然が残っているところ」と診断され、人間が荒らしたところを好むササラダニが見つかれば、そこは「自然が荒らされつつあるところ」と診断するのである。
　ササラダニを使った健康診断には、自然を荒らさずに、いつでもどこでも調査できるという利点があるが、ダニも人間も一緒に生きていける環境こそが、人間の住みやすい環境だと筆者は考える。

	課題	子どもの解答	課題の認知レベル	課題の質問の型	解答の種類
1	ダニの仲間はどこにすんでいますか。	(該当部分の抜き出し)	第4段階	プロダクト	抜き出し型
2	1平方メートルの中には、ダニは何びきいますか。	(該当部分の抜き出し)	第4段階	プロダクト	抜き出し型
3	片方の靴の下に、ダニは何びきいますか。	(該当部分の抜き出し)	第4段階	プロダクト	抜き出し型
4	「血をすうダニ」と「血をすわないダニ」は、どちらが多いですか。	(選択肢)	第4段階	選択	
5	ダニの種類は( )種類です。	(該当部分の抜き出し)	第4段階	プロダクト	抜き出し型
6	「血をすうダニ」は、全体の10パーセントより(多い・少ない)です。	(選択肢)	第4段階	選択	
7	「血をすわないダニ」は、全体の( )パーセントです。	90%	第4段階	プロダクト	創出型
8	「血をすわないダニ」は、何を食べていますか。	(該当部分の抜き出し)	第4段階	プロダクト	抜き出し型
9	土の中のダニの仲間は、いくつに分けられますか。	(該当部分の抜き出し)	第4段階	プロダクト	抜き出し型
10	次の表を完成させましょう。	(該当部分の抜き出し)	第4段階	プロダクト	抜き出し型
11	・ヤドリダニ類	(該当部分の抜き出し)	第4段階	プロダクト	抜き出し型
12	・ケダニ類・ササラダニ類	(該当部分の抜き出し)	第4段階	プロダクト	抜き出し型
13	僕は( )について調べます。	(該当部分の抜き出し)	第4段階	プロダクト	抜き出し型
14	ササラダニは、種類によって( )が違います。	(該当部分の抜き出し)	第4段階	プロダクト	抜き出し型
15	次の表を完成させましょう。	(該当部分の抜き出し)	第4段階	プロダクト	抜き出し型
16	・第一のグループ	(該当部分の抜き出し)	第4段階	プロダクト	抜き出し型
17	・第二のグループ	(該当部分の抜き出し)	第4段階	プロダクト	抜き出し型
18	・第三のグループ	(該当部分の抜き出し)	第4段階	プロダクト	抜き出し型
19	・第四のグループ	(該当部分の抜き出し)	第4段階	プロダクト	抜き出し型
	・第五のグループ	(該当部分の抜き出し)	第4段階	プロダクト	抜き出し型
20	5つのグループのダニを使うと、何ができますか。	(該当部分の抜き出し)	第4段階	プロダクト	抜き出し型
21	強いダニが住んでいる所は、自然が(残っている・荒らされている)所です。	(選択肢)	第4段階	選択	
22	弱いダニが住んでいる所は、自然が(残っている・荒らされている)所です。	(選択肢)	第4段階	選択	

	課題	子どもの解答	課題の認知レベル	課題の質問の型	解答の種類
23	誰が「自然の状態を教えてくれる」のですか。	(該当部分の抜き出し)	第4段階	プロダクト	抜き出し型
24	「自然の状態が健康で元気」とは、自然が(残っている・荒らされている)ということです。	(選択肢)	第4段階	選択	
25	自然の状態を教えてくれる生物のことを(　　)と言います。	(該当部分の抜き出し)	第4段階	プロダクト	抜き出し型
26	ダニを「指標生物」にすると、便利なことが三つあります。一つ目は、(いつでも・ときどき)調査できることです。	(選択肢)	第4段階	選択	
27	なぜいつでも調査できるのですか。	(選択肢)	第5段階	選択	
28	なぜ確実な健康診断ができるのですか。	(選択肢)	第5段階	選択	
29	三つ目は、自然を(荒らさずに・荒らして)調査ができることです。	(選択肢)	第4段階	選択	
30	なぜ自然を荒らさずに調査ができるのですか。	(選択肢)	第5段階	選択	
31	自然は年々荒らされていますか。	(選択肢)	第4段階	選択	
32	この人はどんな自然を「よい」と思っていますか。	(選択肢)	第5段階	選択	
33	あなたは①～③のなかで、どんな自然を「よい」と思いますか。	(選択肢)	第6段階	選択	
34	それはなぜですか。	*(口頭で返答)	第5段階	プロセス	

【S男　Ⅱ期】

少年の日の思い出（ヘルマン・ヘッセ 作）（『国語1』光村図書）
【教材の提出意図】 ・作品の構成に注意して、心情をとらえる。 ・作品の主題を考える。

【概要】
　「ぼく」は子どもの頃、チョウの収集に夢中だった。ある日、隣に住むエーミールがクジャクヤママユガという貴重なチョウを手に入れたことを聞き、「ぼく」は一目見せてもらおうとエーミールのところに出かける。ところが、エーミールの姿は部屋にはなく、ただ机の上にクジャクヤママユガが置かれていた。「ぼく」は吸い寄せられるようにクジャクヤママユガに近づき、自分の手に載せる。そのとき部屋の外で足音がし、「ぼく」は夢中でチョウをもっていた手をポケットに入れる。家の入り口まで来たとき、「ぼく」は自分の行為に気づき、チョウを戻そうと部屋に引き返すが、ポケットの中のチョウはつぶれていた。
　帰宅後、「ぼく」はすべてを母に打ち明け、エーミールのもとに謝罪に向かう。しかし、エーミールは軽蔑のまなざしで「僕」を見つめるだけだった。一度起きたことは、もう償いのできないものだと悟った「ぼく」は、自分がこれまで収集してきた宝物のチョウを、一つ一つ自分の指で粉々に押しつぶすのだった。

	課題	子どもの解答	課題の認知レベル	課題の質問の型	解答の種類
1	誰と誰が話していますか。	(該当部分の抜き出し)	第4段階	プロダクト	抜き出し型
2	どこで話していますか。	(選択肢)	第4段階	選択	
3	外には何が見えますか。	(選択肢)	第4段階	選択	
4	いつ話していますか。	(選択肢)	第4段階	選択	
5	「私」は「客」に何を見せましたか。	(該当部分の抜き出し)	第4段階	プロダクト	抜き出し型
6	「客」は「私」にどんな話を始めましたか。	(選択肢)	第4段階	選択	
7	「僕」は誰のことですか。	(選択肢)	第4段階	選択	
8	「僕」は何を熱心に集めましたか。	(該当部分の抜き出し)	第4段階	プロダクト	抜き出し型
9	「僕」は子どものころ、どこで、いつ、チョウをとりましたか。	(該当部分の抜き出し)	第4段階	プロダクト	抜き出し型
10	「僕」がチョウに近づくと、何が見えてきましたか。	(該当部分の抜き出し)	第4段階	プロダクト	抜き出し型
11	となりの子どもはどんな子どもですか。	*文字の判読一部分不能	第5段階	プロセス	
12	僕はチョウをどんな箱に入れましたか。	(選択肢)	第4段階	選択	
13	僕はチョウを誰に見せましたか。	(選択肢)	第4段階	選択	
14	ある時、僕は何というチョウを見つけましたか。	(該当部分の抜き出し)	第4段階	プロダクト	抜き出し型
15	それを誰に見せましたか。	(選択肢)	第4段階	選択	

資料　215

	課題	子どもの解答	課題の認知レベル	課題の質問の型	解答の種類
16	となりの子には欠点がありますか。	(選択肢)	第4段階	選択	
17	となりの子は模範少年ですか。	(選択肢)	第4段階	選択	
18	となりの子の名前は何ですか。	(該当部分の抜き出し)	第4段階	プロダクト	抜き出し型
19	エーミールは何という名前のチョウをもっていますか。	(該当部分の抜き出し)	第4段階	プロダクト	抜き出し型
20	僕はクジャクヤママユを(とてもほしかった・少しほしかった・ほしくなかった)。	(選択肢)	第4段階	選択	
21	僕はどこへ出かけましたか。	(該当部分の抜き出し)	第4段階	プロダクト	抜き出し型
22	エーミールは部屋にいましたか。	(選択肢)	第4段階	選択	
23	部屋にはかぎがかかっていましたか。	(選択肢)	第4段階	選択	
24	僕はエーミールの部屋に入りましたか。	(選択肢)	第4段階	選択	
25	部屋の中には何がありましたか。	(該当部分の抜き出し)	第4段階	プロダクト	抜き出し型
26	なぜクジャクヤママユのはん点が見えなかったのですか。	(該当部分の抜き出し)	第5段階	プロセス	抜き出し型
27	僕はクジャクヤママユをどうしましたか。	もてポケットにいけ(れ)た	第5段階	プロセス	創出型
28	僕は階段を下りるとき、クジャクヤママユを(右手・左手)にもっていました。	(選択肢)	第4段階	選択	
29	僕はなぜ右手をポケットに入れたのですか。	たれかきたときに右手のポケットに入れた	第5段階	プロセス	創出型
30	僕はすぐにエーミールの部屋にもどりましたか。	(選択肢)	第4段階	選択	
31	僕はなぜ部屋にもどったのですか。	じぶ(ん)がわるいたけと、もとにもどしった。	第5段階	プロセス	創出型
32	クジャクヤママユはどうなりましたか。	ばらばらにな(っ)た。	第5段階	プロセス	創出型
33	僕はどんな気持ちでしたか。	100びきをつかもたとうけしい。と、エーミールにかえす	第5段階	プロセス	創出型

	課題	子どもの解答	課題の認知レベル	課題の質問の型	解答の種類
34	僕はクジャクヤママユのことを、誰に話しましたか。	(該当部分の抜き出し)	第4段階	プロダクト	抜き出し型
35	お母さんに話したあと、僕はエーミールのところに行きましたか。	(選択肢)	第4段階	選択	
36	エーミールは僕に何といいましたか。	(該当部分の抜き出し)	第4段階	プロダクト	抜き出し型
37	「そういうやつ」とはどんな人のことですか。	(選択肢)	第5段階	選択	
38	僕は自分のチョウをどうしましたか。	一つ一つつぶした。	第5段階	プロセス	創出型
39	なぜチョウをつぶしたのですか。	ちょうをまも(ら)なか(っ)た、つぶした。	第5段階	プロセス	創出型
40	あなたが「僕」だったら、エーミールに何と言いますか。	エーミールの家にいてちゃんとあやまていたほんていとおもいまし(た)。クジャクヤママユをつかまてやる。	第6段階	プロセス	創出型

【S男　Ⅲ期】

短歌・その心（武川忠一 作）（『国語1』光村図書）

【教材の提出意図】
・短歌に描かれた世界を想像し味わう。
・短歌のリズムや表現方法をとらえる。

【概要】
　筆者は正岡子規から現代までに作られた短歌四首を通し、短歌が描く世界をわかりやすく紹介する。そして、短歌に描かれた情景や、短歌に込められた感覚や感情について、鑑賞のポイントを説明する。さらに、中学生が作った二首を取り上げ、口語の短歌の広がりについて展望を述べる。

	課題	子どもの解答	課題の認知レベル	課題の質問の型	解答の種類
1	バラの色は何色ですか。	(該当部分の抜き出し)	第4段階	プロダクト	抜き出し型
2	バラの長さはどれくらいですか。	(該当部分の抜き出し)	第4段階	プロダクト	抜き出し型
3	「バラの芽の針」とは何ですか。	(該当部分の抜き出し)	第4段階	プロダクト	抜き出し型

	課題	子どもの解答	課題の認知レベル	課題の質問の型	解答の種類
4	「バラの芽の針」は、やわらかいですか、かたいですか。	（選択肢）	第4段階	選択	
5	それはなぜですか。	でてきてやわらかい	第5段階	プロセス	創出型
6	外には何が降っていますか。	（該当部分の抜き出し）	第4段階	プロダクト	抜き出し型
7	雨はどんなふうに降っていると思いますか。	やさしい、ゆっくりふる、音を小さい。	第5段階	プロセス	創出型
8	この人の髪は長いですか、短いですか。	（選択肢）	第4段階	選択	
9	「おとめごころ」とは、誰の心ですか。	（該当部分の抜き出し）	第4段階	プロダクト	抜き出し型
10	この短歌では、何と何が「やわらかい」といっていますか。	（該当部分の抜き出し）	第4段階	プロダクト	抜き出し型
11	この人は「おとめごころ」をほかの人に（見せよう・隠そう）と思っています。	（選択肢）	第4段階	選択	
12	貝はどこにいますか。	（該当部分の抜き出し）	第4段階	プロダクト	抜き出し型
13	貝は何をしていますか。	貝は音を聞いている、小さい音	第5段階	プロセス	創出型
14	どんな天気ですか。	（該当部分の抜き出し）	第4段階	プロダクト	抜き出し型
15	人々は何をしていますか。	学校が家に帰って、いろいろのかさをひらいている。	第5段階	プロセス	創出型
16	「私の赤」とは、私の何が赤いのですか。	（該当部分の抜き出し）	第4段階	プロダクト	抜き出し型
17	「私の赤も　今　咲きにゆく」とは、私は何をしているのですか。	ひらいて帰る	第5段階	プロセス	創出型
18	何の試合をしていますか。	（該当部分の抜き出し）	第4段階	プロダクト	抜き出し型
19	作者は何をしようとしていますか。	（該当部分の抜き出し）	第4段階	プロダクト	抜き出し型
20	作者はどんなふうにシュートをすると思いますか。	力をたすと顔をこわい。力からをたすはシュートをする。	第5段階	プロセス	創出型

【S男　Ⅲ期】

字のないはがき（向田邦子 作）（『国語2』光村図書）

【教材の提出意図】
・描写を通して、人物の状況や心情を読みとる。

【概要】
　「私」の父は、筆まめな人だった。終戦の年、小学校一年生の妹が甲府に疎開することになり、父は「元気な日はマルを書いて、毎日ポストに入れるように。」とたくさんのはがきを妹に渡した。最初のはがきは大きなマルが書いてあったが、次の日からマルは急激に小さくなり、ついにバツに変わった。まもなくバツのはがきもこなくなった。母が迎えに行ったとき、妹は百日咳を患い、シラミだらけの頭で寝かされていた。
　妹が家に帰ってきたとき、父は裸足で外へ飛び出し、声を立てて泣いた。

	課題	子どもの解答	課題の認知レベル	課題の質問の型	解答の種類
1	「私」とは、誰ですか。	（該当部分の抜き出し）	第4段階	プロダクト	抜き出し型
2	「私」は何年生で、何才でしたか。	（該当部分の抜き出し）	第4段階	プロダクト	抜き出し型
3	「私」は、誰とくらしていましたか。	（選択肢）	第4段階	選択	
4	父の仕事は何ですか。	（該当部分の抜き出し）	第4段階	プロダクト	抜き出し型
5	父は娘のことを何と呼びますか。	（該当部分の抜き出し）	第4段階	プロダクト	抜き出し型
6	父は家の中ではどんな様子ですか。	*創出型の部分 父は手紙をたくさんをかいた	第5段階	プロセス	抜き出し型＋創出型
7	あなたのお父さんは、家の中でどんな様子ですか。	父はかいたのときをビデオとゲームとがする。父はかいたのときすくともたちの家にいた。酒をあまり飲まない。父は手を上げるのはない。	第5段階	プロセス	創出型
8	妹はどこにいますか。	（該当部分の抜き出し）	第4段階	プロダクト	抜き出し型
9	妹はなぜ自分の家にいないのですか。	戦争があるから甲府にいった。	第5段階	プロセス	創出型
10	妹の手紙には何が書いてありましたか。・初めの手紙	（該当部分の抜き出し）	第4段階	プロダクト	抜き出し型
11	・次の手紙	（該当部分の抜き出し）	第4段階	プロダクト	抜き出し型
12	・最後の手紙	（該当部分の抜き出し）	第4段階	プロダクト	抜き出し型
13	妹の手紙で、大きい「〇」はどういう意味ですか。	甲府にいったときよかたよう。	第5段階	プロセス	創出型
14	小さい「〇」はどういう意味ですか。	ちょうとよくない。食物とかなかった。	第5段階	プロセス	創出型

15	「×」はどういう意味ですか。	かせをひいた。ぜんぜんだめ。食物がいない。家にかえいたい。	第5段階	プロセス	創出型
16	母が迎えに行ったとき、妹はどんな様子でしたか。	(該当部分の抜き出し)	第5段階	プロセス	抜き出し型
17	妹が帰ってくる日、弟と私は何をしましたか。	(該当部分の抜き出し)	第4段階	プロダクト	抜き出し型
18	なぜそんなことをしたのですか。	(該当部分の抜き出し)	第5段階	プロセス	抜き出し型
19	妹が帰ってきたとき、父はどんな様子でしたか。	(該当部分の抜き出し)	第5段階	プロセス	抜き出し型
20	なぜ父は泣いたのですか。	妹がそかいにいたのはやだ。食物もない、百日ぜき。すごくかわいそうでした。	第5段階	プロセス	創出型
21	「字のないはがき」とは、誰が書いた、どんな手紙のことですか。	(該当部分の抜き出し)	第4段階	プロダクト	抜き出し型
22		*(口頭で返答)	第5段階	プロセス	

【S男　Ⅳ期】

縄文土器に学ぶ（後藤和民 作）（『国語2』光村図書）

【教材の提出意図】
・要点を押さえ、文章の構成をとらえる。

【概要】
　縄文土器は、人類が発明した世界最古の土器といわれる。縄文人が土器を発明した最大の目的は、ものを煮ることにある。ものを煮ることによって、縄文人の食糧は増大し、またそれを保存することもできるようになると、人々は共同生活を営むようになった。
　筆者は、いつ、どこで、誰が縄文土器を作っていたかということを明らかにするために、土器の製作を試みた。二年ほどかかって外見は縄文土器と同じ物が作れるようになったが、その土器には水が漏れるという問題があった。そこでさらに縄文土器を調べてみると、そこには水漏れを防ぐ工夫が施されていることがわかった。さらに「土作り」にも改良を加え、筆者は十年の歳月を費やして水漏れのない土器作りに成功した。
　筆者が経験した縄文土器の製作工程、土器作りに必要な知識や技術の高さから考えるに、縄文土器は特定の工人集団が適切な時期を選んで製作したもので、完成後、各地に供給されていたと考えられる。遺跡の出土品の状況はこの推測を裏付け、縄文人は土器によって食生活を安定させ、共同生活を営むなど高度な文化を創造していたといえる。

	課題	子どもの解答	課題の認知レベル	課題の質問の型	解答の種類
1	縄文時代は、今から何年前の時代ですか。	(該当部分の抜き出し)	第4段階	プロダクト	抜き出し型
2	「世界最古の土器」とは、どういう意味ですか。	世界一ばんふるいのは縄文土器	第5段階	プロセス	創出型
3	縄文人はなぜ土器を発明したのですか。	ものを煮るためにつくった。	第5段階	プロセス	創出型
4	「縄文土器の目的はものを煮ること」だと、なぜわかるのですか。	下半分を火でやけたした。下半分か黒になった。	第5段階	プロセス	創出型
5		土器の底が細くなった。	第5段階	プロセス	創出型
6		貝と魚を煮る栄養を身の中にはいい。	第5段階	プロセス	創出型
7		煮るしていないものを身の中にはよくないです。消化にわるい。	第5段階	プロセス	創出型
8	食べ物が増えると、人々はどんなふうに暮らしましたか。	いばの人かいとつのばしゅうにあつまる。それて共同生活します。	第5段階	プロセス	創出型
9	「共同生活」とはどんな生活ですか。	みんなていしゅうに生活をする。	第5段階	プロセス	創出型
10	「縄文土器は、どんな時節に、どんな地域で、どんな人たちが作っていたのだろうか」を知るために、筆者は何をしましたか。	土をじゅんびしたり縄文土器を作る	第4段階	プロダクト	創出型
11	土器を作るために、まず何をしますか。次に何をしますか。	(該当部分の抜き出し)	第4段階	プロダクト	抜き出し型
12	土器が完成するまでに、何年かかりましたか。	(該当部分の抜き出し)	第4段階	プロダクト	抜き出し型
13	完成した土器に水を入れると、どうなりましたか	水をそとにでてしまた。漏れる。	第5段階	プロセス	創出型
14	でんぷん質のものを煮ると、土器はどうなりますか。	(選択肢)	第5段階	選択	
15	それはなぜですか。	でんぷん質を煮とのりになる。そののりを土器にくつて水か漏れなくなる。	第5段階	プロセス	創出型

	課題	子どもの解答	課題の認知レベル	課題の質問の型	解答の種類
16	筆者はでんぷん質のものとして何を煮ましたか。	(該当部分の抜き出し)	第4段階	プロダクト	抜き出し型
17	じゃがいもを煮ると、土器の中の水の量はどうなりますか。	だんだんへてしまった。	第5段階	プロセス	創出型
18	土器の中の水の温度はどうなりますか。	(該当部分の抜き出し)	第5段階	プロセス	抜き出し型
19	じゃがいもはどうなりますか。	生のままである。また煮ていない	第5段階	プロセス	創出型
20	なぜじゃがいもは煮えなかったのですか。	温度がたりない	第5段階	プロセス	創出型
21	筆者は土器の「どこに」「何を」発見しましたか。	(該当部分の抜き出し)	第4段階	プロダクト	抜き出し型
22	土器の内側には何がありましたか。	川原石と貝殻の跡がある。つぶしの跡があった。	第4段階	プロダクト	創出型
23	筆者は何の実験を始めましたか。	つぶしの実験を始めた。あと土づくりを始また。	第4段階	プロダクト	創出型
24	「つなぎ」には、どんなものを使いますか。	(該当部分の抜き出し)	第4段階	プロダクト	抜き出し型
25	なぜ「つなぎ」が必要ですか。	土器が割れてしまう。	第5段階	プロセス	創出型
26	縄文土器は、誰が作りましたか。	(該当部分の抜き出し)	第4段階	プロダクト	抜き出し型
27	いつ作りましたか。	(該当部分の抜き出し)	第4段階	プロダクト	抜き出し型
28	どこで作りましたか。	(該当部分の抜き出し)	第4段階	プロダクト	抜き出し型
29	どちらが正しいですか。	(選択肢)	第4段階	選択	
30	土器を作らない集落は、どうやって土器を手に入れましたか。	ひとつのばしょうて土器がいばある。その土器をいなの人たちにあけた。	第5段階	プロセス	創出型
31	縄文人は高度な文化を(もっていた・もっていなかった)。	(選択肢)	第4段階	選択	
32	高度な文化とはどんな文化ですか。	ものを煮、土器を作る。共同生活。食料をあつめる	第5段階	プロセス	創出型
33	縄文人はみんなでいっしょに暮らしていましたか。	(選択肢)	第4段階	選択	
34	この文章を読んで, どんなことを考えたり思ったりしましたか。	つくってみたい。縄文人と現在な人とおらじ。かおとからだか現在の人とおなじ。	第6段階	プロセス	創出型

【S男　Ⅴ期】

夜は暗くてはいけないか（乾正雄 作）（『新しい国語3』東京書籍）

【教材の提出意図】
・説明的な文章の構成、要旨を分析的に読み、説明的な文章の基本的な読み方をおさえる。
・筆者の論に対して自分自身の考えを明らかにする。

【概要】
　江戸時代までの夜は信じられないほど暗かった。しかし、真の闇がどこにでもあった昔とは異なり、今、真の闇には希少価値がある。
　現代の夜は享楽的生活と車社会のためにまばゆいばかりに明るい。気象衛星に映し出された写真を見ると、先進国の都市はおしなべて明るく、日本は国土全部が光っているように見える。かつて明るいことは繁栄のしるしだったが、光の行き渡りすぎた夜間の環境は、人に常に動き回ることばかりを強いて、じっと考える能力を喪失させてしまった。

	課題	子どもの解答	課題の認知レベル	課題の質問の型	解答の種類
1	江戸時代の夜は、どんな様子ですか。	けっこう暗、とても暗、暗すぎる	第5段階	プロセス	創出型
2	江戸時代の夜、商店の前はどんな様子ですか。	（該当部分の抜き出し）	第5段階	プロセス	抜き出し型
3	それはなぜですか。	商店の中には光がある。中の光も外に漏れている。外にも光がある。	第5段階	プロセス	創出型
4	屋敷街はなぜくらいのですか。	街灯はない。塀で囲まれている。	第5段階	プロセス	創出型
5	街を離れると、どんな様子ですか。	*（口頭で返答）	第5段階	プロセス	
6	次の①から④はどんな明るさですか。①満月の夜 ②月が細い時 ③月がない時 ④星がない時	（該当部分の抜き出し）	第4段階	プロダクト	抜き出し型
7	①から④のうち、どれを「闇」といいますか。	（選択肢）	第4段階	選択	
8	空が最も暗くなった時を、何といいますか。	（該当部分の抜き出し）	第4段階	プロダクト	抜き出し型

資料 223

	課題	子どもの解答	課題の認知レベル	課題の質問の型	解答の種類
9	あなたは「闇」というと、どんな場所やものを思いうかべますか。	中国の夜をいつも暗い。	第5段階	プロセス	創出型
10	あなたは闇の中にいると、どんな気持ちがしますか。	闇の中ではこわさはない。家のちかっくの山のあやしい光のところにいて見たい。	第5段階	プロセス	創出型
11	闇の中で、顔の前の自分の手が見えますか。	(選択肢)	第4段階	選択	選択
12	昔の人は「真の闇」に、ありがたみを感じましたか。	(選択肢)	第4段階	選択	選択
13	今、闇には「希少価値」があります。なぜですか。	いまは闇が日本の東京には少ない。	第5段階	プロセス	創出型
14	現代の夜は享楽的生活と（　）のために、明るくなりました。	(該当部分の抜き出し)	第4段階	プロダクト	抜き出し型
15	「享楽的生活」とはどんな生活ですか。	いつも人を夜のときでおそくあそんでいる	第5段階	プロセス	創出型
16	「車社会」の光には、どんなものがありますか。	(該当部分の抜き出し)	第4段階	プロダクト	抜き出し型
17		(該当部分の抜き出し)	第4段階	プロダクト	抜き出し型
18		(該当部分の抜き出し)	第4段階	プロダクト	抜き出し型
19	何のせいで闇がないのですか。	(該当部分の抜き出し)	第4段階	プロダクト	抜き出し型
20	地球表面の光で、一番明るいのは何の光りですか。	(該当部分の抜き出し)	第4段階	プロダクト	抜き出し型
21	世界の国々の中で、どこの都市が最も明るいですか。	(該当部分の抜き出し)	第4段階	プロダクト	抜き出し型
22	次に明るいのはどこですか。	(該当部分の抜き出し)	第4段階	プロダクト	抜き出し型
23	日本はどのように光っていますか。	(該当部分の抜き出し)	第5段階	プロセス	抜き出し
24	中国はどのように光っていますか。	中国は上海と北京と南京と台湾と広州が明るい。山や砂漠はくらい。	第5段階	プロセス	創出型
25	かつて、明るいことはなんの「しるし」でしたか。	(該当部分の抜き出し)	第4段階	プロダクト	抜き出し型
26		夜や朝を人がたくさん。買い物がたくさん。車がたくさん。け	第5段階	プロセス	創出型

	課題	子どもの解答	課題の認知レベル	課題の質問の型	解答の種類
26		とうるさい。金を使うすぎ。			
27	今の人は明るすぎることを（自慢して・不思議に思って・引け目に感じて）います。	（選択肢）	第4段階	選択	
	どうすれば日本の明るさは減ると思いますか。	（該当部分の抜き出し）	第5段階	プロセス	抜き出し型
28 29		人はあまりてかけないて、車はそんなにたさないと減てほんがいいかもいれない。	第5段階	プロセス	創出型
30	人間はどんな夜に星空を一番楽しめますか。	（該当部分の抜き出し）	第5段階	プロセス	抜き出し型
31	今よりももっとずっと暗かったころ　とは、いつごろですか。	江戸時代、いまから400年前のころ。	第4段階	プロダクト	創出型
32	なぜ夜は暗い方がいいのですか。	（該当部分の抜き出し）	第5段階	プロセス	抜き出し型
	夜が明るすぎるために、人はどんな能力を失いましたか。	（該当部分の抜き出し）	第5段階	プロセス	抜き出し型
33 34		やはり作者のように暗いのようになてほんかいいかもしれない。明るすぎると人は街に回りまくると能力か喪失させる。	第6段階	プロセス	創出型

【S男　VI期】

故郷（魯迅 作）（『新しい国語3』東京書籍）

【教材の提出意図】
・文学作品を読み味わう。
・社会や歴史の変動の中の人物像を読みとる。
・表現の特徴に注意して読み、主題を探る。

【概要】
　「わたし」は故郷の家をたたむために二十年ぶりに帰郷するが、活気のない故郷の姿を目にして寂しさを感じる。家では母と親戚の子どもが出迎えてくれたが、母との話をきっかけに、子どもの頃の友だち、ルントーとの楽しく美しい思い出がよみがえる。
　「わたし」は近所のヤンおばさんと再会し、そのすさんだ様子にとまどう。そして三十年ぶりに訪ねてきたルントーの変わり果てた姿におどろき、「わたし」に向かって「旦

那様」と呼びかけることばに、深い悲しみと絶望を感じる。
　「わたし」は孤独を感じながら故郷を後にするが、「わたし」の甥やルントーの子どもたちの若い世代が新しい生活をもつことを切望する。

	課題	子どもの解答	課題の認知レベル	課題の質問の型	解答の種類
1	「わたし」は何年前に故郷を出ましたか。	(該当部分の抜き出し)	第4段階	プロダクト	抜き出し型
2	「わたし」はどんな季節に故郷へ帰りますか。	(該当部分の抜き出し)	第4段階	プロダクト	抜き出し型
3	20年ぶりの故郷はどんな様子でしたか。	(選択肢)	第5段階	選択	
4	故郷の様子を見た時、「わたし」はどんな気持ちでしたか。	さびしい。人は家の中にいって、冬なので、外にたれもいないのがさびしい。	第5段階	プロセス	創出型
5	「わたし」が今見ている故郷と、「わたし」が覚えていた故郷は同じですか。	(選択肢)	第4段階	選択	
6	「わたし」はなぜ故郷に帰ってきたのですか。	家を引っ越しいに帰ってきた。	第5段階	プロセス	創出型
7	家では誰が「わたし」を迎えてくれましたか。	(該当部分の抜き出し)	第4段階	プロダクト	抜き出し型
8	「わたし」や母は故郷から引っ越すことを楽しみにしていますか。なぜですか。	楽しみにしていません。もうすぐ引っ越を話と母にはよろこまない。母にはまたこの家にすみたのです。	第5段階	プロセス	創出型
9	さし絵の説明をしてください。誰が、どこで、何をしていますか。	ルントーを刺又をもってチャーをころすとをもっていた。	第5段階	プロセス	創出型
10	チャーはどんな様子ですか。	チャーをひらりと身をかわして、またにとって逃げてしまった。	第5段階	プロセス	創出型
11	どんなところですか。	(該当部分の抜き出し)	第5段階	プロセス	抜き出し型
12	辺りはどんな様子ですか。	夜のとき、空は紺碧、月は金色です。	第5段階	プロセス	創出型
13	「わたし」とルントーは、今から何年前、何才ごろに知り合いましたか。	(該当部分の抜き出し)	第4段階	プロダクト	抜き出し型

	課題	子どもの解答	課題の認知レベル	課題の質問の型	解答の種類
14	今から30年前、「わたし」の家の生活はどんな様子でしたか。	(該当部分の抜き出し)	第5段階	プロセス	抜き出し型
15		金もあって、好のものをかいるようになって。なにもかいるようになる	第5段階	プロセス	創出型
16	ルントーはいつ来ましたか。	(該当部分の抜き出し)	第4段階	プロダクト	抜き出し型
17	「わたし」がはじめてルントーと会った時、ルントーはどんな様子でしたか。	(該当部分の抜き出し) *私とは平気でした。はなすことができる	第5段階	プロセス	抜き出し型＋創出型
18 19 20 21	ルントーは「わたし」にどんな遊びを教えてくれましたか。	小鳥をつかまるのを遊だ。	第5段階	プロセス	創出型
		海に行って貝殻を拾に行った。	第5段階	プロセス	創出型
		父ちゃんといっしょにすいか畑にいって、チャーにすいかを食べないようにする。	第5段階	プロセス	創出型
		跳ね魚を二本の足で跳ねている。	第5段階	プロセス	創出型
22	「わたし」とルントーが別れた時、「わたし」はなぜ泣いたのですか。	ルントーにはまだ話をしたくて、もあえないかもしれないので泣いた。	第5段階	プロセス	創出型
23	その後、「わたし」はルントーと会ったことがありましたか。	(選択肢)	第4段階	選択	
24	ヤンおばさんの今の様子を絵に描いてください。	*(絵を描きながら口頭で説明)	第5段階	プロセス	
25 26 27	30年前のヤンおばさんは、どんな様子でしたか。	(該当部分の抜き出し)	第5段階	プロセス	抜き出し型
		(該当部分の抜き出し)	第5段階	プロセス	抜き出し型
		(該当部分の抜き出し)	第5段階	プロセス	抜き出し型
28	わたしはヤンおばさんがすぐ分かりましたか。なぜですか。	*(口頭で返答)	第5段階	プロセス	
29	ヤンおばさんは、なぜ「わたし」の家に来たのですか。	しずようにないものをもらうにきった。ても、もらわなかった。	第5段階	プロセス	創出型
30	なぜもらえなかったのですか。	ただし物を売って、金にかえて新家をかう。	第5段階	プロセス	創出型
31	ヤンおばさんは、なぜ「ふくれっつら」をしていたのですか。	物をもらわなかったのてふくれっつらをした。	第5段階	プロセス	創出型

	課題	子どもの解答	課題の認知レベル	課題の質問の型	解答の種類
32	ヤンおばさんは、どんないけないことをしましたか。	*（口頭で返答）	第5段階	プロセス	

【K男　Ⅰ期】

大造じいさんとガン（椋鳩十 作）（『国語 五』光村図書）

【教材の提出意図】
・情景を思い浮かべる。
・大造じいさんの気持ちの移り変わりをとらえる。
・感想をまとめる。

【概要】
　大造じいさんはガンの狩人である。家の近くの沼地にはガンの群れが毎年やってくるが、群れの頭領、残雪はたいへんりこうなガンだった。
　大造じいさんはガンを捕るためにいろいろなしかけを工夫するが、そのたび残雪に見破られてしまった。ある年、じいさんは以前生け捕った一匹のガンをおとりに使って、残雪の仲間をとらえようとした。そのとき、ガンの天敵、ハヤブサが突然現れ、おとりのガンに向かってきた。すると、残雪は仲間のガンを助けようとハヤブサに攻撃を加えた。残雪とハヤブサは激しく戦い、とうとう地上に落下する。駆けつけた大造じいさんは、最後まで堂々たる態度を崩さない残雪に強く心をうたれ、残雪を介抱する。
　翌春、傷の癒えた残雪を空へ放ちながら、大造じいさんは「おうい、ガンの英雄よ、…また堂々と戦おうじゃないか」と大きな声で呼びかけるのだった。

	課題	子どもの解答	課題の認知レベル	課題の質問の型	解答の種類
1	「わたし」は（イノシシがり・ガンがり）に出かけました。	（選択肢）	第4段階	選択	
2	イノシシがりの人は、誰の家に集まりますか。	（該当部分の抜き出し）	第4段階	プロダクト	抜き出し型
3	じいさんの名前は何ですか。	（該当部分の抜き出し）	第4段階	プロダクト	抜き出し型
4	じいさんは何才ですか。	（該当部分の抜き出し）	第4段階	プロダクト	抜き出し型
5	じいさんは元気ですか。	（選択肢）	第4段階	選択	
6	じいさんは話し上手ですか。	（選択肢）	第4段階	選択	
7	じいさんはどんな話をしましたか。	（選択肢）	第4段階	選択	
8	「残雪」は（イノシシ・ガン）の名前です。	（選択肢）	第4段階	選択	

	課題	子どもの解答	課題の認知レベル	課題の質問の型	解答の種類
9	残雪はガンの頭領で、たいへん（りこうです・りこうではありません）。	（選択肢）	第4段階	選択	
10	大造じいさんはガンを手に入れることができましたか。	（選択肢）	第4段階	選択	
11	なぜ大造じいさんは残雪をいまいましく思ったのですか。	（該当部分の抜き出し）	第5段階	プロセス	抜き出し型
12	大造じいさんは（イノシシ・ガン）をとるために、（ウナギつりばり・タニシ）をしかけました。	（選択肢）	第4段階	選択	
13		（選択肢）	第4段階	選択	
14	よく日の（朝、昼、晩）、じいさんはどこに行きましたか。	（選択肢）	第4段階	選択	
15		（該当部分の抜き出し）	第4段階	プロダクト	抜き出し型
16	ぬま地には何がいましたか。	（該当部分の抜き出し）	第4段階	プロダクト	抜き出し型
17	じいさんは、なぜ「すばらしい」と言ったのですか。	ガンが一羽手に入れることができました。	第5段階	プロセス	創出型
18	次の日、じいさんはガンをつかまえましたか。	（選択肢）	第4段階	選択	
19	誰がつりばりの糸を引っぱりますか。	（選択肢）	第4段階	選択	
20	ガンはえさを食べるとき、まず何をしますか。	（選択肢）	第4段階	選択	
21	次に、何をしますか。	（選択肢）	第4段階	選択	
22	誰がこの方法を教えましたか。	（該当部分の抜き出し）	第4段階	プロダクト	抜き出し型
23	よく年、残雪はぬま地に来ましたか。	（選択肢）	第4段階	選択	
24	大造じいさんはぬま地に何をまきましたか。	ガンのたべもの	第4段階	プロダクト	創出型
25	残雪はぬま地に来ましたか。	（選択肢）	第4段階	選択	
26	なぜ残雪は来なかったのですか。	（選択肢）	第5段階	選択	
27	じいさんは（ガン・イノシシ）にえさをあげました。	（選択肢）	第4段階	選択	
28	じいさんはこのガンをいつつかまえましたか。	（該当部分の抜き出し）	第4段階	プロダクト	抜き出し型
29	誰が来たからガンの群れは飛び立ったのですか。	（選択肢）	第4段階	選択	
30	鳥小屋には何がいましたか。	（選択肢）	第4段階	選択	

	課題	子どもの解答	課題の認知レベル	課題の質問の型	解答の種類
31	「一羽のガン」は、誰が、いつ、つかまえましたか。	（該当部分の抜き出し）	第4段階	プロダクト	抜き出し型
32	大造じいさんは、「一羽のガン」に　何をあげましたか。	とりのたべもの	第4段階	プロダクト	創出型
33	「一羽のガン」は、じいさんに（なついています・なついていません）。	（選択肢）	第4段階	選択	
34	じいさんが口笛をふくと、「一羽のガンはじいさんのところに（帰ってきます・帰ってきません）。	（選択肢）	第4段階	選択	
35	じいさんのかたに（止まります・止まりません）。	（選択肢）	第4段階	選択	
36	じいさんは「一羽のガン」をおとりに使って、何をつかまえますか。	（該当部分の抜き出し）	第4段階	プロダクト	抜き出し型
37	ハヤブサが来たとき、何が逃げ遅れましたか。	（選択肢）	第4段階	選択	
38	ハヤブサは何を攻撃しましたか。	（選択肢）	第4段階	選択	
39	誰がおとりのガンを助けましたか。	（選択肢）	第4段階	選択	
40	なぜ残雪はおとりのガンを助けましたか。	おとりのガンは残雪の友達です。	第5段階	プロセス	創出型
41	（　）は（　）にぶつかりました。	（該当部分の抜き出し）	第4段階	プロダクト	抜き出し型
42	（　）は（　）をなぐりました。	（該当部分の抜き出し）	第4段階	プロダクト	抜き出し型
43	（　）は（　）の胸もとに飛びこみました。	（該当部分の抜き出し）	第4段階	プロダクト	抜き出し型
44	ハヤブサと残雪はどうなりましたか。	ハヤブサと残雪はいっしょに地におちて	第5段階	プロセス	創出型
45	誰が来たから、ハヤブサは逃げたのですか。	（選択肢）	第4段階	選択	
46	じいさんが来たとき、残雪はじいさんを（にらみました・逃げました）。	（選択肢）	第4段階	選択	
47	大造じいさんは（強く・弱く）心をうたれました。	（選択肢）	第4段階	選択	

	課題	子どもの解答	課題の認知レベル	課題の質問の型	解答の種類
48	じいさんはなぜ心を打たれましたか。	残雪がすごいです。ハヤブサはおとりのカンにつかまえるのとき、残雪はおとりのカンにたすけてです。	第5段階	プロセス	創出型
49	冬の間、残雪はどこにいましたか。	(選択肢)	第4段階	選択	
50	残雪の傷は(治りました・治りませんでした)。	(選択肢)	第4段階	選択	
51	残雪はいつ行きましたか。	(選択肢)	第4段階	選択	
52	残雪はどこに行きましたか。	(選択肢)	第4段階	選択	
53	じいさんは残雪に言いました。・今年の冬もぬま地へ(来い・来るな)。	(選択肢)	第4段階	選択	
54	・堂々と(戦おう・戦わない)。	(選択肢)	第4段階	選択	
55	残雪は(東・西・南・北)へ飛びました。	(選択肢)	第4段階	選択	
56	なぜじいさんは残雪を逃がしたのですか。	大造じいさんは残雪をえらいとおもいます。	第5段階	プロセス	創出型
57	感想	残雪はどてもえらいです。残雪はまえのときとハヤブサ戦おします。ぼくは20ページかいたのことがすきてす。	第6段階	プロセス	創出型

【K男　Ⅱ期】

森へ(星野道夫 作)(『国語 六』光村図書)
【教材の提出意図】 ・筆者の心の動きと場面の情景を叙述に即して読む。 ・自然とのふれあいについて話し合い、自分の考えがわかるように感想を発表する。 ・自由に想像をふくらませて森の物語を書く。
【概要】 　「ぼく」は南アラスカからカナダにかけて広がる原生林を旅する。「ぼく」の耳にはさまざまな動物の声や水の音が聞こえてくる。「ぼく」はクマの道をたどり、森の奥へと

入っていくが、根元に大きな穴の開いた気味の悪い大木や、クマの古い糞から生えている白いキノコ、倒木をわたるリス、川を埋め尽くすサケの群れ、川岸にいるクマの親子など、次から次へと不思議な光景に出会う。そして、「ぼく」は苔むした倒木の上に座りながら、森がさまざまな物語を聞かせてくれたように感じていた。

	課題	子どもの解答	課題の認知レベル	課題の質問の型	解答の種類
1 2 3 4 5	朝の海はどんな様子ですか。 ・霧 ・音 ・風 ・太陽 ・山や森	ふかいきりは、しろくて、すごしみえない。でも、すごしみえるのかんじです。	第5段階	プロセス	創出型
		(該当部分の抜き出し)	第5段階	プロセス	抜き出し型
		(該当部分の抜き出し)	第5段階	プロセス	抜き出し型
		(該当部分の抜き出し)	第5段階	プロセス	抜き出し型
		(該当部分の抜き出し)	第5段階	プロセス	抜き出し型
6	ここはどこですか。	(該当部分の抜き出し)	第4段階	プロダクト	抜き出し型
7	何の、どんな音が聞こえますか。	(該当部分の抜き出し)	第4段階	プロダクト	抜き出し型
8	浜辺で何が飛んでいますか。	(該当部分の抜き出し)	第4段階	プロダクト	抜き出し型
9	森は砂はまから(遠い・近い)です。	(選択肢)	第4段階	選択	
10	森の中は(明るい・暗い)です。	(選択肢)	第4段階	選択	
11	森の中の木は、何におおわれていますか。	(該当部分の抜き出し)	第4段階	プロダクト	抜き出し型
12	僕はどんな道を歩いていますか。	(該当部分の抜き出し)	第5段階	プロセス	抜き出し型
13	この道はどこまで続いていますか。	(該当部分の抜き出し)	第4段階	プロダクト	抜き出し型
14	ずっと昔、この森は何でしたか。	ぜんぶが水。	第4段階	プロダクト	創出型
15	「足で立っているように根がはえ、その間に大きいあながあいている木」を絵に描いてください。	*(絵を描きながら口頭で説明)	第5段階	プロセス	
16	僕はクマのことを最初はどう思っていましたか。	こわくてどきどきしました。	第5段階	プロセス	創出型
17	僕はその後、クマのことをどう思っていますか。	こわくない。	第5段階	プロセス	創出型
18	僕は何を発見しましたか。	クマのふんからキノコがでてきました。	第4段階	プロダクト	創出型

	課題	子どもの解答	課題の認知レベル	課題の質問の型	解答の種類
19	僕は何になったような気分になりましたか。	リスになった気分になりました。	第4段階	プロダクト	創出型
20	川の中に何がいましたか。	サケがいました。	第4段階	プロダクト	創出型
21	僕はサケを見つけると、どんなことをしましたか。	ぼくはサケをつかまえました。	第4段階	プロダクト	創出型
22	対岸の岩の上には何がいましたか。	クマのおやこがいました。	第4段階	プロダクト	創出型
23	「サケが森を作る」とは、どういうことですか。	サケがしんだら、体の中の栄養を木にあげるから木がおおきくなる。	第5段階	プロセス	創出型
24	「不思議な光景」とはどんな光景ですか。絵に描いてみましょう。	*（絵を描きながら口頭で説明）	第5段階	プロセス	
25	「年老いて死んでしまった倒木」は、どの部分ですか。	*（図示）	第4段階	プロダクト	
26	「新しい木々」はどの部分ですか。	*（図示）	第4段階	プロダクト	
27	なぜ新しい木々は大きな木に育ったのですか。	1. そのふるい木がまたえいようをもてる。そのちいさな種子にあげました。 2. 種子がながいじかんたってから、巨木になった。	第5段階	プロセス	創出型
28	先週描いた絵は、根の間に穴があいています。そこには何があったのでしょう。	ふるい木があった。	第4段階	プロダクト	創出型
29	それはどうして消えてしまったのですか。	えいようがなくなったから。ほかの種子にあげた。	第5段階	プロセス	創出型
30	僕は森をどう思っていますか。	すごかったです。クマのふんからキノコかあった。きがしんたら、またちいさな動物のはしになった。サケがじんたら、またえいようにきぎにあげる。しんたのきはまたえいようをもてるあたらしい	第5段階	プロセス	創出型

	課題	子どもの解答	課題の認知レベル	課題の質問の型	解答の種類
		種子にあげる。種子が巨木になった。			

【K男　II期】

砂漠に挑む（遠山柾雄 作）（『国語 六』光村図書）

【教材の提出意図】
・筆者の考えと事実を読みとる。
・筆者の考え方や呼びかけに対して、自分の考えをもつ。

【概要】
　砂漠は植物にとっては厳しい環境であるが、「わたし」は工夫さえすれば、砂漠を農地にできるのではないかと考えて研究を続けてきた。
　砂漠を農地にするためには、強い日差しと乾燥した熱風への対策が必要である。砂漠に住む人々の伝統的な農法には、土塀を作り、背の高いヤシを植え、畦を作るという工夫が見られる。筆者はこれらの工夫に現代の技術を加え、サハラ砂漠で実験を行ったところ、果物や野菜を収穫することができた。
　人口増加と食糧不足の問題を解決するためにも、砂漠で農産物を作ることは現代の大きな課題といえる。

	課題	子どもの解答	課題の認知レベル	課題の質問の型	解答の種類
1	砂漠の例が4つあります。どんな砂漠がありますか。	（該当部分の抜き出し）	第5段階	プロセス	抜き出し型
2		（該当部分の抜き出し）	第5段階	プロセス	抜き出し型
3		（該当部分の抜き出し）	第5段階	プロセス	抜き出し型
4		もうれつなさむさの砂漠。	第5段階	プロセス	創出型
5	①〜④に共通することは何ですか。	（該当部分の抜き出し）	第4段階	プロダクト	抜き出し型
6	砂漠ではなぜ植物が枯れてしまうのですか。	雨がすくなくてあつくて、つちのしつはだめとおもう。	第5段階	プロセス	創出型
7	「わたし」は誰ですか。	（該当部分の抜き出し）	第4段階	プロダクト	抜き出し型
8	「わたし」はどんな研究をしますか。	砂漠で植物がどうすればうえるのかの研究者。	第5段階	プロセス	創出型
9	砂漠の利点は何ですか。	（該当部分の抜き出し）	第4段階	プロダクト	抜き出し型
10	砂漠で作物を育てるためには、何に対する対策が必要ですか。	（該当部分の抜き出し）	第4段階	プロダクト	抜き出し型

資料　233

	課題	子どもの解答	課題の認知レベル	課題の質問の型	解答の種類
11	教科書の図を見て、確かめましょう。（土べい、ナツメヤシ、オレンジやライム、野菜や牧草、あぜ）	*絵を見て指示	第4段階	プロダクト	
12	何が熱風や日光から「野菜や牧草」を守りましたか。	土べいは熱風から野菜や牧草をまもる。ナツメヤシは日光から野菜や牧草をまもる。おれんじはもしまた日光があったら野菜や牧草にうつさないようになる。	第4段階	プロダクト	創出型
13	この部分には、「現代の技術」が3つ書いてあります。どんな技術ですか。そして、その技術を使うとどんなことができますか。	（該当部分の抜き出し）	第4段階	プロダクト	抜き出し型
14		（該当部分の抜き出し）	第4段階	プロダクト	抜き出し型
15		（該当部分の抜き出し）	第4段階	プロダクト	抜き出し型
16	「わたし」は、いつ、どこで、「現代の技術」を使って実験しましたか。	（該当部分の抜き出し）	第4段階	プロダクト	抜き出し型
17	「強い風に対する対策」として、「わたし」は何をしましたか。	木をうえた	第4段階	プロダクト	創出型
18	「強い日光や夜の気温低下への対策」として、「わたし」は何をしましたか。	（該当部分の抜き出し）	第4段階	プロダクト	抜き出し型
19	「わたし」はどんな作物を育てますか。	（該当部分の抜き出し）	第4段階	プロダクト	抜き出し型
20		（該当部分の抜き出し）	第5段階	プロセス	抜き出し型
21	種はどうなりましたか。(1)1週間後(2)10月	（該当部分の抜き出し）	第5段階	プロセス	抜き出し型
22	何をすればおいしい野菜や果物を作ることができますか。	（該当部分の抜き出し）	第4段階	プロダクト	抜き出し型
23	なぜ砂漠で農産物を作ることが必要なのですか。	人口がふえるとしょくりょうがたりなくなる。しょくりょうがないといっぱいつくらなければならない。いままではさばくじゃないところでつくった。だから、	第5段階	プロセス	創出型

資料　235

	課題	子どもの解答	課題の認知レベル	課題の質問の型	解答の種類
		こんどはさばくでつくらなければならない。			

【M男　一学期】

ホタルの里づくり（大場信義 作）（『現代の国語2』三省堂）

【教材の提出意図】
・環境問題について考えを深める。
・具体的な事実の提示の仕方から、筆者の意図をとらえる。

【概要】
　筆者はホタルの研究家である。1985年、石垣島では光の絨毯のようなヤエヤマボタルが見られたが、森の開発に伴い、今では全く失われてしまった。ホタルが暮らす自然は環境破壊によって急激に失われているが、その一方で、名古屋や横須賀では人々の長年にわたる知恵と工夫によってホタルを復活させる試みが行われている。ホタルを呼び戻すという夢は、人間の工夫と環境を作ることなしには叶わないといえる。

	課題	子どもの解答	課題の認知レベル	課題の質問の型	解答の種類
1	あなたはホタルを知っていますか。見たことがありますか。	（選択肢）	第4段階	選択	
2	「わたし」とは誰ですか。	（該当部分の抜き出し）	第4段階	プロダクト	抜き出し型
3	私はなぜホタルの研究を始めたのですか。	大場さんが子どものときがホタルの事が好きだったので、大となになてしまたら、ホタルの事をしらべたかったになって。森の中に入ってホタルをいっぱいみつけたので「すばらしい」とゆうことばが自分の文章の中にかいてしまたです。	第5段階	プロセス	創出型
4	「わたし」が子どものころ、どこでホタルを見ましたか。	（該当部分の抜き出し）	第4段階	プロダクト	抜き出し型
5	いつごろホタルを見ましたか。	（該当部分の抜き出し）	第4段階	プロダクト	抜き出し型

	課題	子どもの解答	課題の認知レベル	課題の質問の型	解答の種類
6	「わたし」は何を持ってホタルを追いかけましたか。	(該当部分の抜き出し)	第4段階	プロダクト	抜き出し型
7	「わたし」はどんなふうにホタルを捕りましたか。	*(動作で示す)	第5段階	プロセス	
8	自分の手の中にホタルを見たとき、「わたし」はどんな気持ちがしましたか。	(該当部分の抜き出し)	第5段階	プロセス	抜き出し型
9	「わたし」は今どんな仕事をしていますか。	(該当部分の抜き出し)	第4段階	プロダクト	抜き出し型
10	ホタルの調査のために、わたしは、いつ、どこにいますか。	(該当部分の抜き出し)	第4段階	プロダクト	抜き出し型
11		(該当部分の抜き出し)	第4段階	プロダクト	抜き出し型
12	午後7時30分、セミはどうなりましたか。	(該当部分の抜き出し)	第5段階	プロセス	抜き出し型
13	ホタルはどんな様子ですか。	(該当部分の抜き出し)	第5段階	プロセス	抜き出し型
14	午後7時40分、ホタルはどんな様子ですか。	「光のじゅうたん」→十分前にホタルの光がちょっとしか見えなかったのでそのあとに光がどんどん見えてくる。	第5段階	プロセス	創出型
15	ホタルは、どのくらいの高さのところを飛んでいますか。	(該当部分の抜き出し)	第4段階	プロダクト	抜き出し型
16	「光の海の中」とはどんな様子でしょう。	光の海の中に立っているとゆういみは、自分で森の中に入って、ホタルのところまでにいきました。それをよくみたら下にホタルの光がいっぱいので「大場信義さん」が光の海ていえました。	第5段階	プロセス	創出型
17	20分後、ホタルはどうなりましたか。	消えました。ホタルの光がどんどん消えている。	第5段階	プロセス	創出型
18	「光のじゅうたん」をつくっているホタルの名前は何ですか。	(該当部分の抜き出し)	第4段階	プロダクト	抜き出し型
19	どこに住んでいますか。	(該当部分の抜き出し)	第4段階	プロダクト	抜き出し型
20	飛びながら光っているのはメスですか、オスですか。	(選択肢)	第4段階	選択	

	課題	子どもの解答	課題の認知レベル	課題の質問の型	解答の種類
21	ヤエヤマホタルは、どんなときに滅びますか。	(該当部分の抜き出し)	第4段階	プロダクト	抜き出し型
22	それはなぜですか。	*(口頭で返答)	第5段階	プロセス	
23 24 25 26 27 28	「わたし」が光のじゅうたんを見たのは、どんな森ですか。	(選択肢)	第4段階	選択	
		(選択肢)	第4段階	選択	
		(選択肢)	第4段階	選択	
		(選択肢)	第4段階	選択	
		(選択肢)	第4段階	選択	
		(選択肢)	第4段階	選択	
29	なぜこの森は貴重なのですか。	その森は「ホタルの光がじんたん」をできて、大場さんに貴重になった。	第5段階	プロセス	創出型
30	人々はこのような森を「貴重だ」と思っていましたか。	(選択肢)	第4段階	選択	

【M男　二学期】

心のバリアフリー（乙武洋匡　作）（『現代の国語2』三省堂）

【教材の提出意図】
・人々がともに生きる社会のあり方について考える。
・自分の立場を明確にして、意見を述べる方法について理解する。

【概要】
　「ぼく」は障害者であるが、「環境さえ整っていれば、障害者は障害者でなくなる」と考えてきた。障害者を苦しめる物理的な壁を取り除くには、障害者に対する理解や配慮をどれだけもてるかということが重要だ。その理解や配慮は障害者に対する「慣れ」から生じるが、それには子どもの頃の環境が大きく影響する。だからこそ「ぼく」は子どもたちに、「あの人、手がないよ、どうして？」ともっともっと尋ねてほしいと感じている。
　そして「慣れ」と同時に、障害者に対する心のバリアを取り除くためには、自分を大切にし、他人を認める心が必要だ。障害者だけでなく、すべての人が暮らしやすいバリアフリー社会を作るために、自分の存在を認め、自分に誇りをもって生きていきたい。そのことが相手らしさを認めることにきっとつながるはずだ。

	課題	子どもの解答	課題の認知レベル	課題の質問の型	解答の種類
1	「ぼく」は誰ですか。	（該当部分の抜き出し）	第4段階	プロダクト	抜き出し型
2	「ぼく」はどんなふうに「体が不自由」ですか。	車まいすにの子いますから（うで、足が13cmしかないです。）	第5段階	プロセス	創出型
3	どんな「環境」があれば、「ぼく」は、A地点からB地点まで行くことができますか。	（該当部分の抜き出し）	第4段階	プロダクト	抜き出し型
4		段差がなくて、すきまはもちょっとちかかたら車まいすの人がのりやすいと思います。	第5段階	プロセス	創出型
5		バスやタクシーがリフトや車まいすをかたづける（とまる）ところがあればよかったと思います。	第5段階	プロセス	創出型
6	「ぼく」が、A地点からB地点に行くには、どんな「壁」がありましたか。	かいだん／だんさ、すきま／バスののる時はかいたんみたいがあります。	第4段階	プロダクト	創出型
7		タクシーはのるやすわるところが車いすをのれないから。	第5段階	プロセス	創出型
8	「物理的な壁」をなくすには、何が大切ですか。	（該当部分の抜き出し）	第4段階	プロダクト	抜き出し型
9		ぼくたち、わたしたちみんな、まわりの人が障害者の人たち配慮をあげなきゃいけないかな。障害者の人はふつの人や自分でひとりでする物をできない事があるから、自分で障害者なので「がんばれ」てゆうことばをいろんな人からもらったら自分の心をのぞくとゆうことできるかな。	第5段階	プロセス	創出型
10	「障害者に対する理解や配慮は、どこから生まれてくるのか。ぼくは（　）に注目している」	（該当部分の抜き出し）	第4段階	プロダクト	抜き出し型

	課題	子どもの解答	課題の認知レベル	課題の質問の型	解答の種類
11	障害者に一番はやく慣れるのは、どんな人たちですか。	(該当部分の抜き出し)	第4段階	プロダクト	抜き出し型
12	子どもたちは、最初、どんなようすでしたか。	さいしょうは子どもたちは乙武さんを見たらちょっとびびったと思います。けどそのあとに「シーン」しずかにしながら乙武さんの話をきいたと思います。	第5段階	プロセス	創出型
13	子どもたちは、最後は、どんなようすでしたか。	そのあとは子どもたちが「オト君、オト君、てよんだり、あそんだりした。	第5段階	プロセス	創出型
14	「ぼく」が幼稚園や小学校にいたころ、子どもたちは、最初、どんなようすでしたか。	子どもはまわりや車いすにのてるしとに「なんて」てきくかな。手、足がない、なんで車いすにのってるの？→乙武さんが答えてました。	第5段階	プロセス	創出型
15	子どもたちは、そのあとどうなりましたか。	子どもたちは手や足がなっくてかんけないと思ってながらあそんだりと友だちつくていました。	第5段階	プロセス	創出型
16	ぼくが道を歩いているとき、子どもは何と言いましたか	(該当部分の抜き出し)	第4段階	プロダクト	抜き出し型
17	お母さんは何と言いましたか	(該当部分の抜き出し)	第4段階	プロダクト	抜き出し型
18	なぜあやまったのですか	(まずあやまたのに、子供はしつれいのしつ問を聞いてたから。)」	第5段階	プロセス	創出型
19	「ぼく」はその時どう思いましたか。	「アーア」とそのどうしてのぎもんをもっと聞きたいな、その「どうして」は障害者の心の壁をのぞくから。	第5段階	プロセス	創出型
20	障害者に対する「心の壁」を取り除くには、何が必要ですか。	(該当部分の抜き出し)	第4段階	プロダクト	抜き出し型

	課題	子どもの解答	課題の認知レベル	課題の質問の型	解答の種類
21	「他人を認めるには、自分を（　　）することが必要です」	(該当部分の抜き出し)	第4段階	プロダクト	抜き出し型
22	「ぼく」はなぜバリアフリーをめざす活動を始めたのですか。	(該当部分の抜き出し)	第5段階	プロセス	抜き出し型
23	「ぼく」は、この言葉をどう思っていますか。	「どうせ自分なんて」とゆう言葉は口にしなくならないと思っている言葉かな。乙武さんが自分の事を好きじゃない人きらいから。	第5段階	プロセス	創出型
24	次の表現はどんな意味だと思いますか。 ①「自分の存在を認める」	自分のいいところをかんがえるてゆう事です。	第5段階	プロセス	創出型
25	②「相手らしさを認める」	相手の人が僕の事をどうおもってるとか、「好きか」しんじている。	第5段階	プロセス	創出型
26	③「自分に誇りをもって生きる」	自分に大切に思って生きをつづく。「その時には自分は自分の事を好き、それに大して自分には100％をしているとゆう事」	第5段階	プロセス	創出型
27	「心のバリアフリー」とは、どういう意味だと思いますか。	心のバリアフリーは、自分が障害者だったらずっとその「いやだな」の気もちをとりだす。まわりの人はてつだうことがあたら、てつだって、それで、自分が慣れっている時にはほかの人たちが「大じょう文、てつだうことがあるですか」と声がだしたらいいかな。	第5段階	プロセス	創出型

【M男　三学期】

走れメロス（太宰治 作）（『現代の国語2』三省堂）
【教材の提出意図】 ・メロスの言動をとおして、人間のあり方や、人間にとって大切なものについて考える。 ・場面ごとの情景や心情の描写をとらえ、すぐれた表現を味わう。
【概要】 　妹の結婚式の準備のために町にやってきたメロスは、老爺から王が人を殺すことを聞いて激怒する。王城に入っていったメロスは捕らえられてしまうが、「三日以内に城に戻ってくるから、妹の結婚式に出させてほしい」と王に懇願する。王は、戻ってこないときは人質になったメロスの親友、セリヌンティウスを殺すという条件を出し、メロスの願いを聞き届ける。 　直ちに村へ戻ったメロスは、無事、結婚式を見届けた後、全速力で走り出す。しかし、濁流や山賊との戦いで疲れ切り、メロスは途中で走ることをあきらめまどろんでしまう。ふと、水の流れる音を聞いたメロスは再び立ち上がり、「もっと恐ろしくて大きいもの」のために再び走り始める。約束の刻限ぎりぎりに城についたメロスは、友と殴り合い、そして抱き合う。その光景を前に、王は自分の過ちを認め、群衆は歓声を上げる。

	課題	子どもの解答	課題の認知レベル	課題の質問の型	解答の種類
1	メロスの仕事は何ですか。	（該当部分の抜き出し）	第4段階	プロダクト	抜き出し型
2	メロスは村で誰と住んでいますか。	（該当部分の抜き出し）	第4段階	プロダクト	抜き出し型
3	メロスはなぜ町に来たのですか。	花嫁、ふく、祝宴のごちそうを買いにいた。	第5段階	プロセス	創出型
4	メロスは買い物の後、誰を訪ねようとしましたか。	（該当部分の抜き出し）	第4段階	プロダクト	抜き出し型
5	「メロスは邪悪に対して人一倍敏感だった」とはどういう意味ですか。	まずメロスはヘラクレスてゆうかんじポイ。りゆう：そうゆう邪悪に対して「敏感」てゆうのはわるいことをしたらゆるせないとか。	第5段階	プロセス	創出型
6	町はどんな様子でしたか。	（該当部分の抜き出し）	第5段階	プロセス	抜き出し型
7	二年前の町はどんな様子でしたか。	（該当部分の抜き出し）	第5段階	プロセス	抜き出し型
8	なぜ今は、町が暗く、寂しく、静かなのですか。	町の人たちは、夜にそとにでたら王様が殺します。だから。	第5段階	プロセス	創出型

	課題	子どもの解答	課題の認知レベル	課題の質問の型	解答の種類
9	王はたくさんの人を殺しましたか。	(選択肢)	第4段階	選択	
10	王は乱心しているのですか。	(選択肢)	第4段階	選択	
11	王はなぜ人を殺すのですか。	(該当部分の抜き出し)	第5段階	プロセス	抜き出し型
12	メロスはなぜ激怒したのでしょう。	メロスはあい手の話し(あいての話:王様が人を殺している)を聞いて、しかもメロスは一番きらいな事は悪い人、うそをつく人、それでメロスは王様が人を殺している事をゆるせないってゆうかんじ。	第5段階	プロセス	創出型
13	メロスはどこへ行きましたか。	(該当部分の抜き出し)	第4段階	プロダクト	抜き出し型
14	メロスは王に「人の心を疑うのは、最も恥ずべき行為だ」といいました。これはどういう意味ですか。	人が信じられないから、人の命を取って王様じゃないよ！	第5段階	プロセス	創出型
15	王はメロスに「疑うのが正当な心構えだ。人の心はあてにならない」といいました。これはどういう意味ですか。	王様が人の事信じらなから疑うしかない。	第5段階	プロセス	創出型
16	メロスは王とどんな約束をしましたか。	三日間に自分の町に帰って、妹がメロスの事まているから。もしも三日間いがいこの町に帰ってこなかたら、ただ一つの人をおいていくから。その人は、むかしの友もだちので、名前セリヌンテイウスれゆ人。三日間いがいに、メロスは帰ってこなかたら、その人の命を取て下さいってゆうやくそくをした。	第5段階	プロセス	創出型
17	メロスは、何キロ離れた村まで、どんなふうに帰りましたか。	40キロ離れていた。はして、帰りました。	第5段階	プロセス	創出型

資料 243

	課題	子どもの解答	課題の認知レベル	課題の質問の型	解答の種類
18	結婚式の日は、どんな天気でしたか。	(該当部分の抜き出し)	第4段階	プロダクト	抜き出し型
19	結婚式の時、メロスの気持ちはどのようなものでしたか。	(選択肢)	第5段階	選択	
20		(選択肢)	第5段階	選択	
21	いつごろ出発しましたか。	ちょっと明くなくていた後	第4段階	プロダクト	創出型
22	どんな天気ですか。	雨の天気でした。	第4段階	プロダクト	創出型
23	メロスは何のために走っているのですか。	殺れるために走っていた。友もたちは殺さないために走っていた。あの王様に人をしんじることができるのは見せるために走っていた。	第5段階	プロセス	創出型
24	メロスはなぜつらかったのですか。	走って、それで王様の町にいたら、王様がメロスの命をとれるから。とメロスは自分の町にいたかったから。	第5段階	プロセス	創出型
25	町まで半分きたところで、1つ目の災難が起こります。どんな災難が起きましたか。	きのうの雨のせーで、川が海になった。川の水がはしの高さ以上になって、はしをとうれなくなてしまた。(大雨をふってそれで川の水がどんどんおおくなって、その水はみちにひらがていたので「海」みたいになていると思たです。)	第5段階	プロセス	創出型
26	メロスはその災難に対して、どうしましたか。	メロスは川の大きなジャンプして、「かき分け、かき分け」のおよぎしました。けど。川の水が力つよい、スピードはやいから、メロスの力をぜんぶあわせておよいでいた。それ	第5段階	プロセス	創出型

	課題	子どもの解答	課題の認知レベル	課題の質問の型	解答の種類
26		で、一つの木につかまて、また、大きジャンプしてそれで馬のように大きな胴ぶるいをしてからすぐ王さまの町、走った。			
27	2つ目の事件が起こります。いつごろ起こりましたか。	ごごの4時ごろ	第4段階	プロダクト	創出型
28	なぜ山賊たちはやってきたのですか。	王さまがその山賊に「めろすてゆう人をつかまて」おくれていてちょうだい」っていたから。	第5段階	プロセス	創出型
29	メロスは山賊たちをどうしましたか。	めろすはその三人の山賊の人たちをぜんぶたおした。のこりの三山賊がにげていました。	第5段階	プロセス	創出型
30	山賊をたおした後、メロスは立ち上がることができなくなりました。それはなぜですか。	つかれていたからです。山賊をたおして、よろよろ二,三歩歩いてひざをおた。それ立ちたかったけ(ど)、たつのできまんでした。ので、はしるのむりだったからくやしくてないてしまた。	第5段階	プロセス	創出型
31	メロスはたいへん疲れて、草の上に寝てしまいました。この時のメロスの心の中には、どんな気持ちや考えがありましたか。さがしてみましょう。	*創出型の部分「もうどうでもいいよ」「やっぱりむりだ。もう、あきらめた。」	第5段階	プロセス	創出型+抜き出し型
32	メロスはもう一度「歩ける。行こう」と思いました。何がきっかけで、そう思うようになったのですか。	山ぞくの事がおわて、ちょっとねってたふりしていた時に、耳に川の水をながれているお音を聞こえて。それでポットンてたってよろよろに川までゆっくり	第4段階	プロダクト	創出型

	課題	子どもの解答	課題の認知レベル	課題の質問の型	解答の種類
32		歩いていてちょっとつめたい水をのんで頭と顔にもつめたい水もあらってそこにまだがんばる「歩ける。行こう」とゆうふうにかんがえたと思います。			
33	メロスはなぜもう一度走り始めたのですか。	体あらたあとに「セリヌンチウス」ってゆう人がメロスの事信じって、王様のところにまっているのだ。その人は自分の命をかけて、メロスの事信じているから、メロスの顔の中にも一回「走れ！メロス」ってかんがえました。	第5段階	プロセス	創出型
34	フィロストラトスは、なぜ「走るのはやめてください」と言ったのですか。	フィロストラトスには、メロスが走ってもまにあわないから走るのはやめろ！ってゆうかんじ。	第5段階	プロセス	創出型
35	メロスは走るのをやめましたか。	（選択肢）	第4段階	選択	
36	それはなぜですか。	・メロスは自分では間に合うから走る。 ・セリヌンチウスがメロスは「来るいていたかぜったい来る」ってゆう事を信じてた、からメロスは走る。	第5段階	プロセス	創出型
37	「もっと恐ろしくて大きいもの」とは何でしょう。	その恐ろしくて大きい物は、自分で王様にしてたやくそくをまもるために走ている事。セリヌンチウスにもやくそくをしているからまもらな	第5段階	プロセス	創出型

資料　245

	課題	子どもの解答	課題の認知レベル	課題の質問の型	解答の種類
37		きゃいけないから走ているってゆう事だと思います。			
38	メロスは約束の時間に間に合いましたか。	（選択肢）	第4段階	選択	
39	メロスは王との約束を守ることができましたか。	（選択肢）	第4段階	選択	
40	メロスはなぜ「私をなぐれ」とセリヌンティウスに言ったのですか。	メロスには一度には悪い夢を見た。「その夢は、メロスが走るのことをあきらめてった夢でした。」	第5段階	プロセス	創出型
41	セリヌンティウスはなぜ「私をなぐれ」とメロスに言ったのですか。	セリヌンティウスは、その3日間で、メロスの事を信るのをやめてたから。	第5段階	プロセス	創出型
42	王はなぜ顔を赤らめたのですか。	王様が信じるってゆう事ができなかったから。顔がまあ赤のははずかしいからだ。	第5段階	プロセス	創出型
43	群衆はなぜ「王様万歳」と言ったのでしょう。	王様が殺す事がやめるから、王様が殺す事をやめる。なぜってゆうのは「これから、王様が人の事を信ってくれるから。」	第5段階	プロセス	創出型

あとがき

　本書は、2005年3月に筆者がお茶の水女子大学大学院人間文化研究科に提出した学位論文に基づいたものである。学位論文の作成に際しては、岡崎眸先生、村松賢一先生、佐々木義則先生、佐々木泰子先生、森山新先生のご指導をいただいた。特に主査である岡崎眸先生には、論文作成のみならず、学問に対する真摯な姿勢を通して多くのことを学ばせていただいた。ここに深く感謝の意を表したい。

　実践を行うにあたっては、東京都の区立中学校、神奈川県の市立中学校の先生方や生徒の皆さん、「NPO法人子どもLAMP」の方々から多大な協力をいただいた。また、第4章の研究では、「外国人児童生徒の日本語及び教科学習に関する研究プロジェクト」(東京学芸大学国際教育センター)において収集したデータを用いた。東京学芸大学の齋藤ひろみ先生はじめ、ご協力いただいた関係者の皆様に心より感謝したい。

　筆者のかつての勤務校、お茶の水女子大学附属中学校の卒業生の皆さんからは、ことばがわからないときどんな思いがするのか、教科学習についていけないことがどれほど苦しいことなのか、わかり合うということがどんなに楽しいことなのか、率直なことばで、ときには態度や行動を通して教えてもらった。この経験がなければ、言語少数派の子どもたちに迫ることは到底できなかっただろう。

　そして、支援のパートナーであるお茶の水女子大学大学院後期課程の朱桂栄さんの情熱と探求心、家族からの励ましと助言は、どれほど心の支えとなり、あるいは道しるべとなってくれたか、ことばにできないほどである。

　最後に、本書の刊行の機会を与えていただき、編集の労をとってくださったひつじ書房の松本功氏はじめ青山美佳氏、河口靖子氏、編集部の皆様に心から感謝を申し上げる。

なお、本書の出版にあたっては、平成 18 年度科学研究費補助金「研究成果公開促進費 #185082」の助成を受けた。

索　引

事　項　索　引

C
CALP ································· 6, 7

T
TT (Team Teaching) 指導 ················ 2

あ
あらすじの把握 ················· 100, 107

い
一次的ことば ························ 65

か
書きことば ······················ 66, 67
学業的自己概念 ························ 5
書くことの評価表 ··················· 165
書く力 ····························· 176
書く力の発達 ························ 87
課題の学年レベル ················ 93, 96
課題の認知レベル ···················· 57
活動に基づく評価 ··················· 142
考える力 ··························· 105
観察 ······························· 142
感じる力 ··························· 105

き
教科学習の困難 ······················· 3
教科・母語・日本語相互育成学習 ··· 16, 17, 18
共感力 ····························· 176
教室での学習に必要な言語能力 (CALP) ··· 5

け
言語少数派の子どもたち ··········· 1, 32
言語と内容の統合 ················ 10, 11
言語能力発達モデル ··················· 4
言語面の採点 ··················· 156, 160
言語面の評価 ··················· 140, 141
言語面の評価表 ····················· 164

こ
国語科教育と日本語教育の相違点 ······ 12
国語科教育と日本語教育を統合した学習モデル
　································ 53, 54
国語科教育の目標 ···················· 11
国語の学習（読むこと）に必要な思考力の育成
モデル ·························· 93, 95
「国語」を統合することの意義 ···· 14, 15

し
思考力 ························· 88, 130
自尊感情 ····························· 6
質問の型 ························ 55, 59
ジャーナル ························· 142
従属節 ······················ 78, 79, 81
主題や要旨の把握 ··············· 103, 117
使用語彙の広がり ················ 82, 83
心情把握 ······················ 102, 113

せ
選択型 ····························· 55

そ
創出型 ························· 72, 73
想像する力 ························· 105
想像力 ························ 130, 176

た
態度面の評価 ······················· 168
第二言語学習モデル ·················· 53

ち
抽象概念の理解 ················ 121, 130
抽象的概念の理解 ··················· 176
抽象的な概念を理解 ················· 118

て
テスト ···················· 143, 144, 145

と
動機 ··························· 88, 177
取り出し指導 ························· 2

な

内容重視のアプローチ……………………… 8, 9
内容面の採点………………………………152, 155
内容面の評価………………………………139, 140
内容理解の到達度………………………………124

に

二次的ことば……………………………………65
日常生活を送るための言語能力（BICS）……… 5
日本語による先行学習…………………………27
認知的な発達……………………………………176

ふ

プロセス型………………………………………55
プロダクト型……………………………………55

へ

平均文節数…………………………………75, 76
並列節………………………………78, 80, 81

ほ

ポートフォリオ…………………………………142
母語による先行学習……………………………27
母語の活用……………………………19, 20, 35, 36
母語の使用頻度…………………………………38
母語の役割…………………………………39, 48

ま

学びの継続性の保障……………………………178

め

メタプロセス型…………………………………55
面談………………………………………………142

よ

様子の想像………………………………101, 109

[著者] 清田淳子 (きよた・じゅんこ)

1982年 お茶の水女子大学附属中学校国語科教諭（〜1999年）。
2005年 お茶の水女子大学大学院博士課程修了。応用言語学博士。
現在、お茶の水女子大学リサーチフェロー。専門は年少者日本語教育、国語教育、帰国子女教育。中学校検定教科書（『伝え合う言葉』教育出版）編集委員。年少者日本語教育研究を進める傍ら、教職を志す学生対象の「日本語非母語話者年少者教育学」（お茶の水女子大学）の講座を担当。NPO法人子どもLAMP会員。主な論文に、「教科としての『国語』と日本語教育を統合した内容重視のアプローチの試み」『日本語教育』111号（2001年）、「言語少数派の子どもの学習支援における母語活用の可能性の追求」——来日直後の中国人児童を対象とした「国語」支援の実例からの検討 Japan Journal of Multilingualism and Multiculturalism, 12（2006年）など。

シリーズ言語学と言語教育
【第8巻】
母語を活用した内容重視の教科学習支援方法の構築に向けて

発行	2007年2月22日　初版1刷
定価	8300円＋税
著者	©清田淳子
発行者	松本功
装丁者	吉岡透(ae)／明田結希(okaka design)
印刷所	三美印刷 株式会社
製本所	田中製本印刷 株式会社
発行所	株式会社 ひつじ書房 〒112-0002 東京都文京区小石川5-21-5 Tel 03-5684-6871　Fax 03-5684-6872 郵便振替　00120-8-142852 toiawase@hituzi.co.jp http://www.hituzi.co.jp/

造本には充分注意しておりますが、落丁・乱丁などがございましたら、
小社かお買い上げ書店にておとりかえいたします。
ご意見、ご感想など、小社までにお寄せ下されば幸いです。

❖

ISBN978-4-89476-328-9 C3081
Printed in Japan

────── 好評発売中！──────

成長する教師のための
日本語教育ガイドブック（上・下）
川口義一・横溝紳一郎　著
A5判　各2800円＋税

OPIの考え方に基づいた日本語教授法
話す能力を高めるために
山内博之　著　A5判　2200円＋税

━━━━━ 近　刊！ ━━━━━

ベーシック日本語教育
佐々木泰子 編　A5判　予価 2100 円＋税

ピアラーニング入門
創造的な学びのデザインのために
池田玲子・舘岡洋子 著　A5判　予価 2400 円＋税

―――――― **好評発売中！** ――――――

国際交流基金 日本語教授法シリーズ【全14巻】

【第1巻】日本語教師の役割／コースデザイン
　B5判　580円＋税

【第6巻】話すことを教える B5判　800円＋税

【第7巻】読むことを教える B5判　700円＋税

以後、続刊！